Model Graphix

ガンダム アーカイヴス プラス

アムロ・レイ U.C.0079−0093

モデルグラフィックス編

大日本絵画

Model Graphix ガンダム アーカイヴス プラス

アムロ・レイ U.C.0079−0093

＊本書では基本的に雑誌掲載当時の記事表記に準じるようにしています。そのため、「本誌」＝『月刊モデルグラフィックス』、「MG」＝マスターグレード、「PG」＝パーフェクトグレード、「センチネル」＝ガンダムセンチネルの略となっています。また、記事中にあるマテリアルやキットに関する表記は掲載当時のものになっている場合があり、現在は販売が停止されていたり名称が変更になっていたり価格が改訂されていたりする場合があります。なお、本書に掲載されている『機動戦士ガンダム』、『機動戦士Zガンダム』、『機動戦士ガンダム 逆襲のシャア』などに関する考証は模型製作をより楽しむためのものであり、公式設定を元にしていますが公式設定ではありません。また記事作成時に書かれた考証は現在の公式設定とは異なる設定を元にしている場合があることをご了承ください。

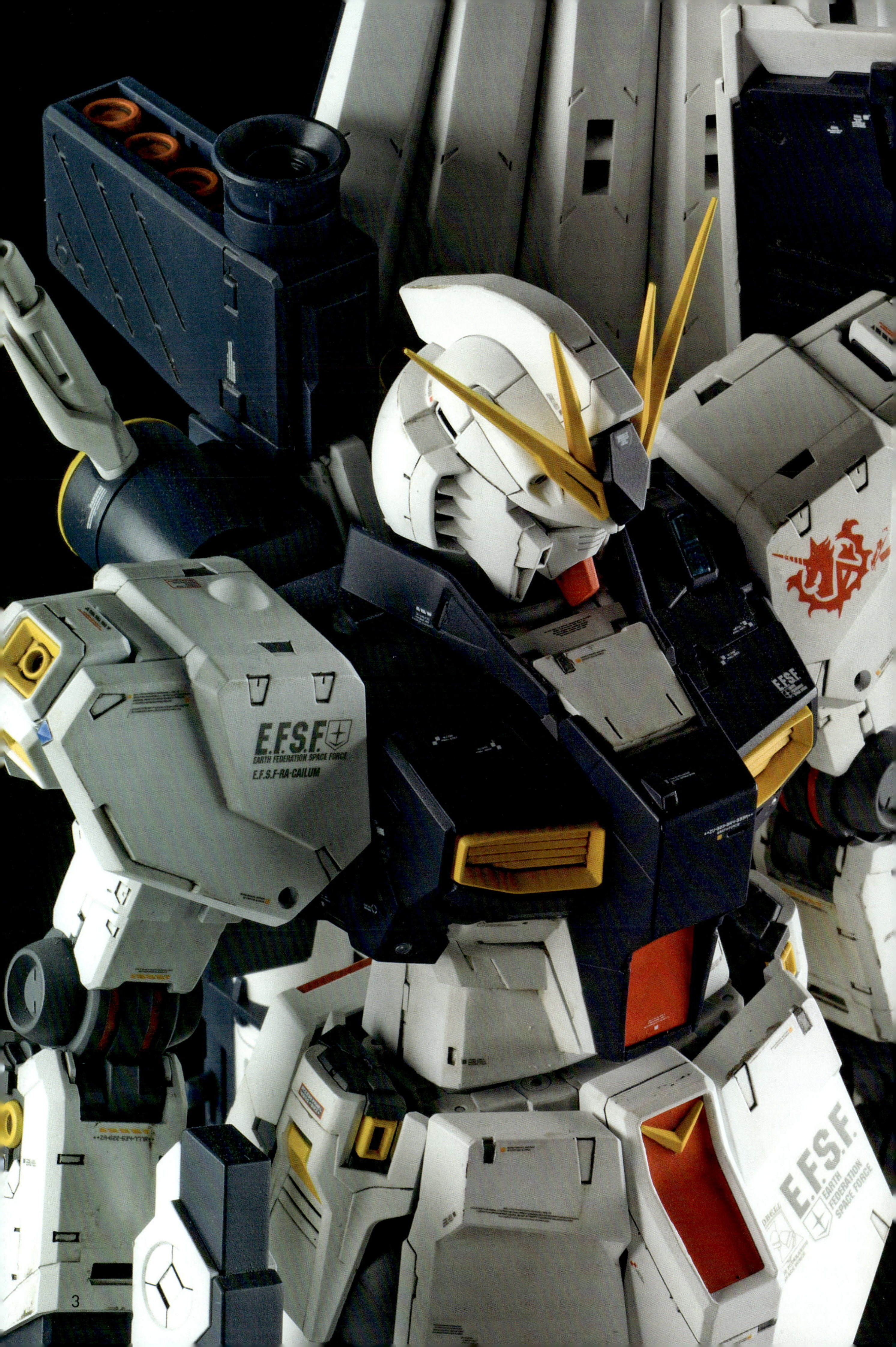
E.F.S.F.
EARTH FEDERATION SPACE FORCE
E.F.S.F-RA-CAILUM
E.F.S.F.
EARTH FEDERATION SPACE FORCE

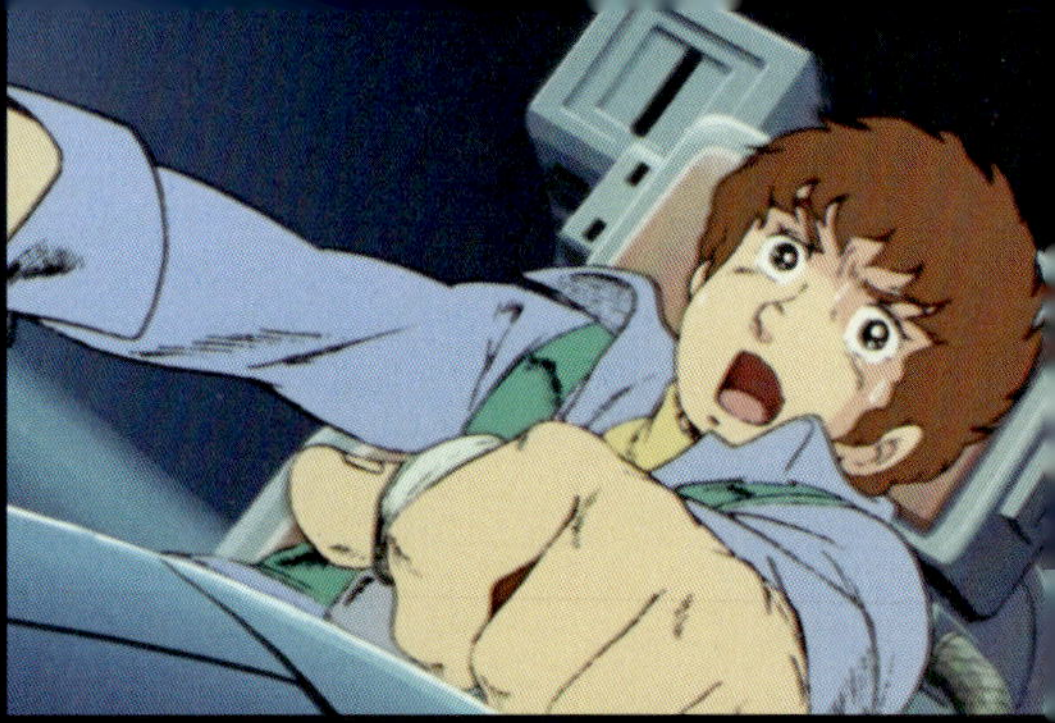
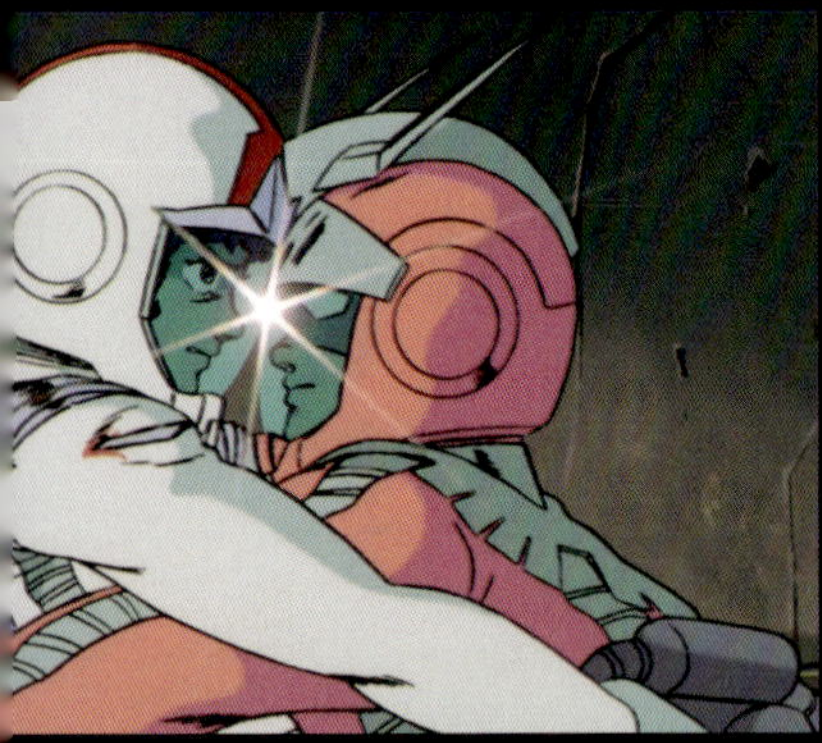

ニュータイプという十字架を背負わされた稀代の天才エースパイロットとその乗機

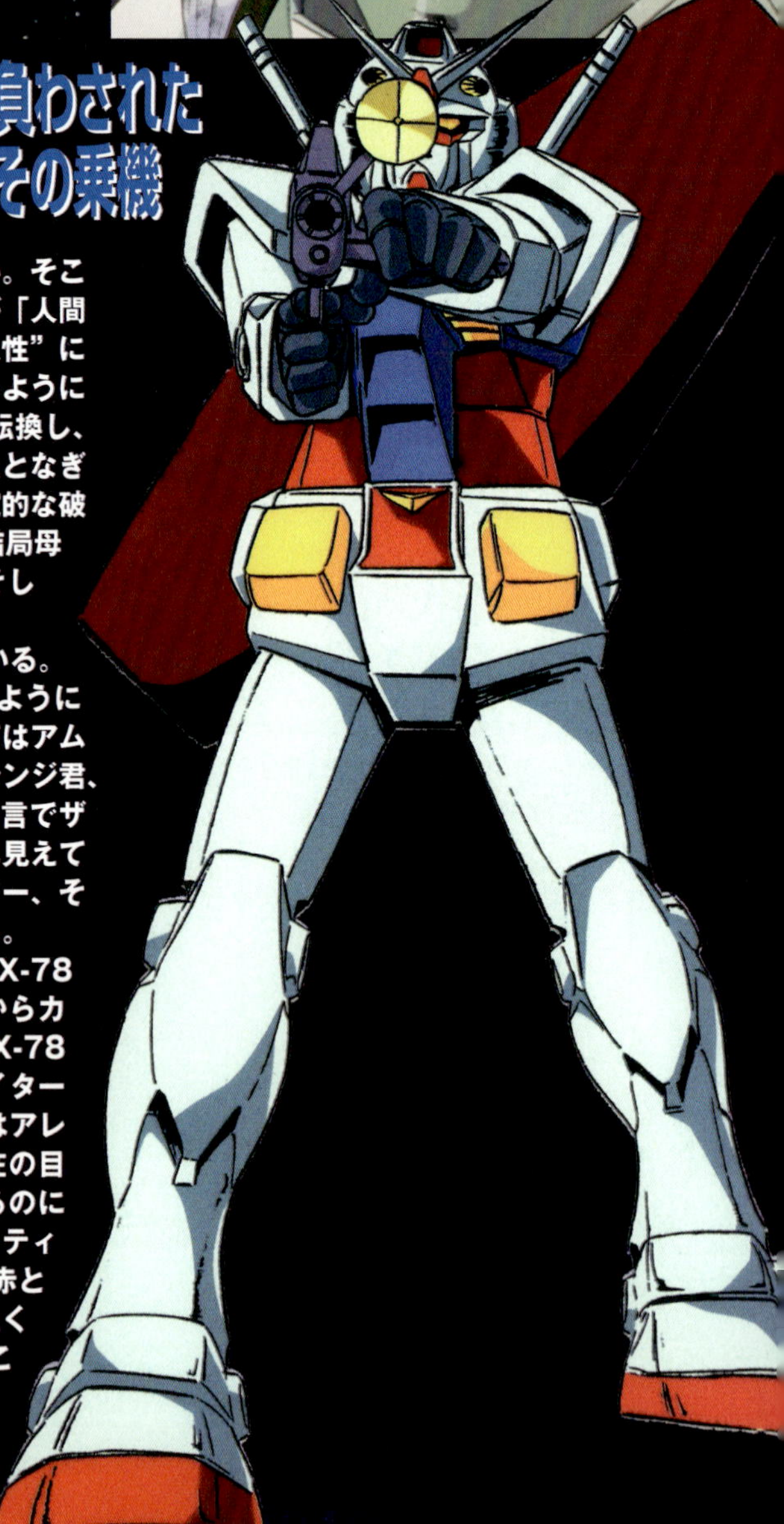

　アムロの魅力を言葉にするのは存外に難しい。そこをあえて乱暴に言葉にするが、シャアの魅力が「人間臭さ」だとすると、アムロの魅力はその“超人性”にあるのかもしれない。うだうだ思い悩んでいるように見せかけて、そのじつ驚くべき速さで気分を転換し、状況に適応し、指折り数えて敵をばったばったとなぎ倒していく。ララァとの運命的な出会いと決定的な破局を経てさえ、新たな恋人を作り（シャアは結局母性や代替を求めることしかできなかった）、そしてついには地球さえをも救ってしまった。

　その端的な超人性はすでに第１話で現れている。普通の人ならエヴァンゲリオンのシンジ君のようになるものなのだろうが（もちろん作品論としてはアムロがあったうえでそのアンチテーゼとしてのシンジ君、なのだが）、アムロは「やってみるさ」のひと言でザクをものの見事に倒してしまう。繊細なように見えてそのじつマッチョを体現したようなキャラクター、それがアムロであり、そこが最大の魅力でもある。

　このようなアムロの超人性を表象するのがRX-78-2 ガンダムだ。とにかく強い。そして強いからカッコいい。冷静にデザインだけを見れば、RX-78はダイターン３やライディーンと同じだ（ダイターン３がカッコ悪いという意味ではなく。アレはアレで別の意味でカッコいい）、ザクやジムが現在の目で見てもSFメカ的／兵器的に洗練されているのに対し、RX-78のデザインそのものにはリアリティーやスタイリッシュさはない。「だいたい青と赤と黄色の兵器って……どうなん？」とツッコミたくなるわけだが、アムロが乗って物語が動くとこれがとたんにリアルでカッコよく見えてしまうのだ。かくも不思議なガンダムの魅力——本書にてその一端でも伝われば幸いである。

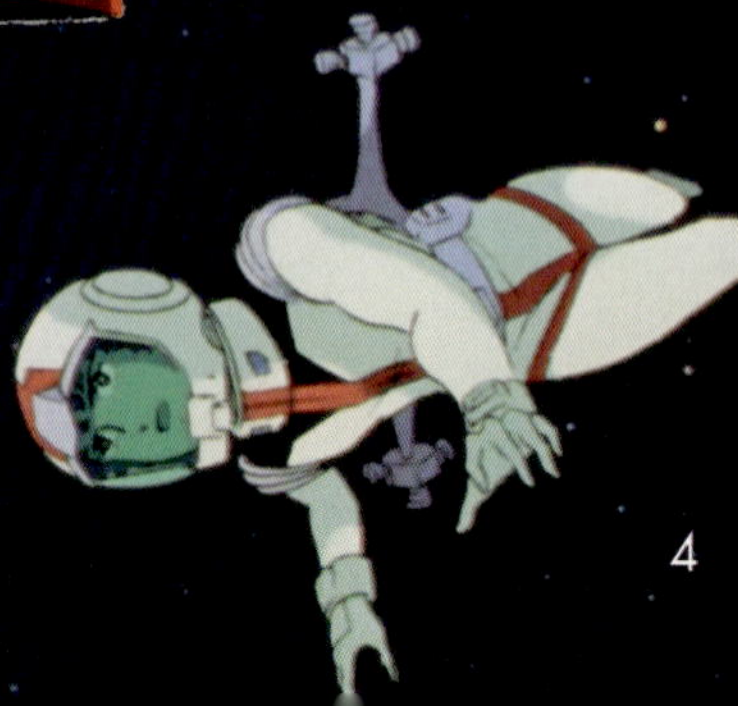

EFSF
L2839
SC307

▲アニメ設定画はこれまでにも何度か色味が変わってきており、近年の胸の青はよりコバルトブルー的に濃くなってきている（上はあえて最新のものではなく当初イメージに近い設定画を掲載している）

本書新規作り起こし作例
#01

RX-78-2 ガンダム
バンダイ　1/100　マスターグレードシリーズ
インジェクションプラスチックキット改造
製作・文／NAOKI

RX-78のイメージはガンダムファン、モデラーの数だけある。もはやどれが唯一の正解とは言えるはずもないが、それでも「RX-78らしさ」というものは確実に存在している。RX-78尽くしとなる本書のトップバッターは、いろいろな作り方があるなかでも、とくに“色のイメージ”にこだわったものだ。単にアニメ設定画の完全再現をするのではなく、積み上げられてきたガンダムとガンプラの歴史は活かしながら当初のイメージを再現する。そのために採られたのがMG ジ・オリジン版を使い、アニメセルカラー準拠で塗る……本作例の方法論である。

RX-78-2 GUNDAM

RX-78-2 ガンダム

いま、どのMG RX-78-2を使いどう塗るか？ それが問題なのだ!!

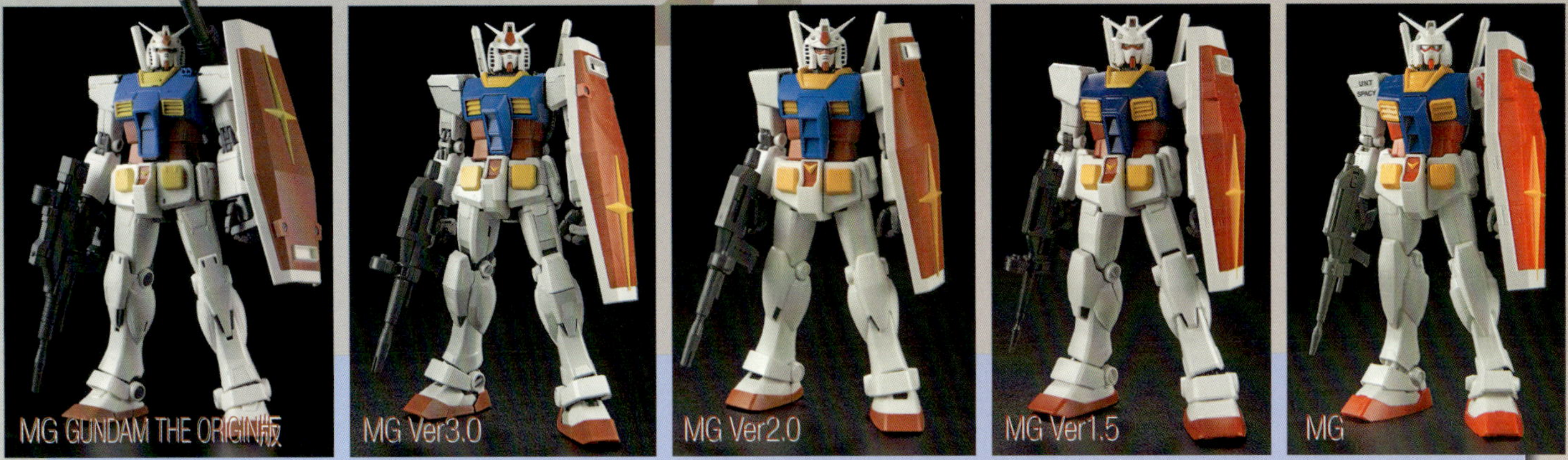

▲「ガンプラならではのアレンジ」だった初代MG、PG準拠のVer1.5、PG準拠造形へのアンチテーゼとしての「アニメ設定風」（あくまで“風”なところがポイント）アレンジなVer.2.0、1/1立像準拠のVer.3.0、そしてアニメ版『機動戦士ガンダム THE ORIGIN』を再現したこのジ・オリジン版など、歴代のMG RX-78-2はそれぞれ別の意味合いを持つ別のデザインのものとして立体化されてきた。それぞれについて詳しく触れだすと長くなるので、そこは70ページからの記事に譲るが、MG以降では当初のアニメ設定のテイストをそのままに立体化したガンプラは存在しない

いまならどれをどう作るか？ これだけあっても純粋な当初設定版のMGはなし

RX-78のイメージは時代、そしてガンプラとともに移り変わってきた。MG以降だけをこうやって並べて見ても、どれひとつとして同じものはない。いわゆる「カトキ版ガンダム」やＰＧ準拠のRX-78指向が強かったころはむしろあまり悩まなかったが、MG Ver.2.0以降はRX-78の立体イメージの多層化が進み、好みがかなり明確な場合以外は、どれをどう作るかとても悩ましいところだ。ただ、進化し続けるガンプラにおいて現在のところ少なくともはっきり言えるのは、「可動ギミックや成型技術は最新のものが最高」ということ。もちろん旧いキットにギミック工作をするのも楽しいが工作のハードルは高くなる。そういう意味で、本作例のように、最新版であるジ・オリジン版を自分好みに作るというのはおすすめできる方法論なのだ。

ごめんよ——まだ僕には帰れるところがあるんだ。
こんなにうれしいことはない……

●各関節部はオリジナルの設定画を尊重して、模型表現として長年蓄積されてきた「メカの演出としてのグレー」を廃し、あえて本体と同色で塗装している。理屈としては、『ガンダムアーカイヴスプラス シャア・アズナブル U.C.0079-0093』掲載のシャア専用ザク同様で、「兵器として考えると、関節部分も本体同様最終装甲で覆われているはずだし、同色で塗られているはず」というもの
●関節を白にしたことに併せて白は微妙なトーン差で塗り分けた。より緑が濃い部分がアニメ放送当時のセルから抽出した「白」なのだが、そう、連邦の「白いヤツ」は真っ白ではなかったのだ

▶キットの頭部は、近年のカトキハジメ氏が描くRX-78系の頭部が非常にうまく再現されている。フェイス部分下端の顎のラインがスッパリと途切れている印象だったので、作例ではアゴのエラのあたりを整形してラインを整えた。ほんのちょっとした簡単な工作だが、フェイスが上下に長く見えるようになり、安彦ガンダムらしい面長めでアルカイックな表情にすることができる

"白いヤツ"が出てきただと……!?

色味のほかで当初のRX-78のイメージに近づけるために今回行なったカラーリングの変更が、ヒジやヒザ関節を白くすることです。7ページのアニメ設定画を見返していただきたいのですが、当初の設定ではフレームっぽく露出した関節にあたる箇所はありませんでした。のちに他のアニメシリーズとの整合性やプラモデルとしての可動や見せ方、つまり「メカとしての見映え」や「メカっぽさの演出」からフレームっぽい関節ブロックができてきたわけです。

やがてガンプラの関節パーツは関節色（グレーやメタリック）で塗装するのがスタンダードになりました。ちなみに、ガンプラでヒジなどがグレーの関節パーツっぽくなったのはHGから。ただしHGはポリキャップが露出してしまっていただけなので、関節フレームが造形されたのは初代MGからです。たしかにそれはメカの可動部分の立体演出としては間違いなく成功しているのですが、いったんそこをリセットしたらどうなるかと、今回は設定に準じた塗り分けにしました。以前製作したシャア専用ザクと同じコンセプトです。

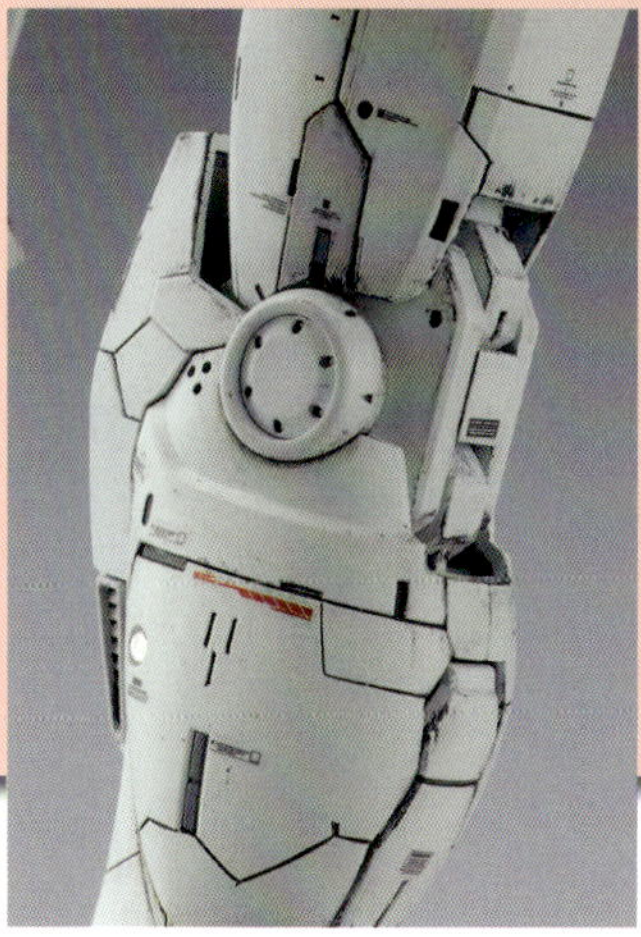

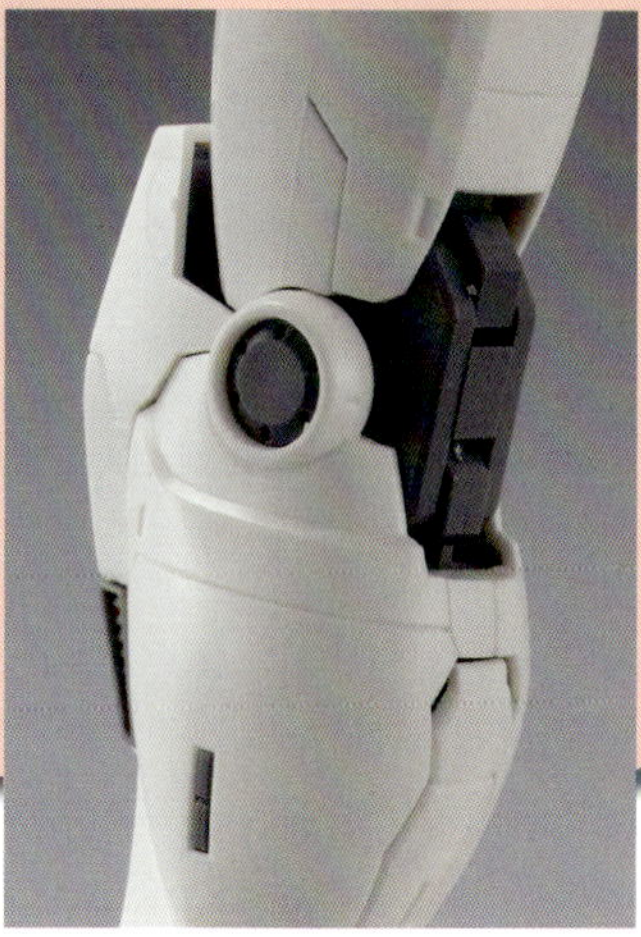

今回は現状最新のMGであるジ・オリジン版RX-78-2をベースに、あえてジ・オリジン版の記号を取り除いて当初のRX-78、いわゆる〝ファーストガンダム〟を製作しました。現状最新版の「アムロが搭乗したガンダム」であるこのキットですが、当初の野暮ったさとスタイリッシュさが絶妙に混在した新たな解釈のプロポーションです。Ver 2・0からの流用パーツがありながらも組みやすさと可動性能をさらに突き詰めた設計など、非常に見どころが多いです。

プロポーションに関してはほぼ文句のつけどころのない絶妙なバランスですが、当初のRX-78のもっと「ナマっぽい」プロポーションに近付けるため腕の付け位置を胴体に寄せています。具体的には受け軸／ポリキャップを短くカットするだけです。

ジ・オリジン版の記号を取り除く工作もさほど難しいことはしておらず、左胸のミサイル発射口の形状修整、左下腕の形状をプラ板で変えたぐらいです。装備品はビーム・ライフル、シールドともにVer 2・0からの流用です。シールド取り付け部のみジ・オリジン版を使用しています。

ところで、本作のポイントはそういった工作部分にはありません。というのも、当初のRX-78って、ザク以上にそれぞれの脳内にある最大公約数を見出すのが難しく、ジ・オリジン版を使用してそれを追求するのもナンセンスに思えまして。では、どこで「当初のRX-78らしさ」をアピールするかと考えた結果、アニメ放映当時のものに近いカラーリング意匠を盛り込むという方向性で製作してみることにしました。

今回は、同時にGSIクレオスのガンダムカラー新色企画をやらせていただいていたため、サンライズへ赴いて当時の生セル画を見せていただくという貴重な機会を得ることができ、生セル画の色味を忠実に再現したカラーをGSIクレオスと一緒に作成しました。作例ではそのカラーの試作品を用いて塗装しています。

ちなみに、設定画の色もカラーチャート番号で指定されるわけですが、同一番号でも時代によってサンプルの色味が変わって

●関節を白くしたことで全体が間延びして見えたり、メカとして「軽く」見えたりするため、全身にディテールを追加している。キットのモールドは活かしつつディテールを適宜追加することにより、1/100でも間延びしない見せ方となった

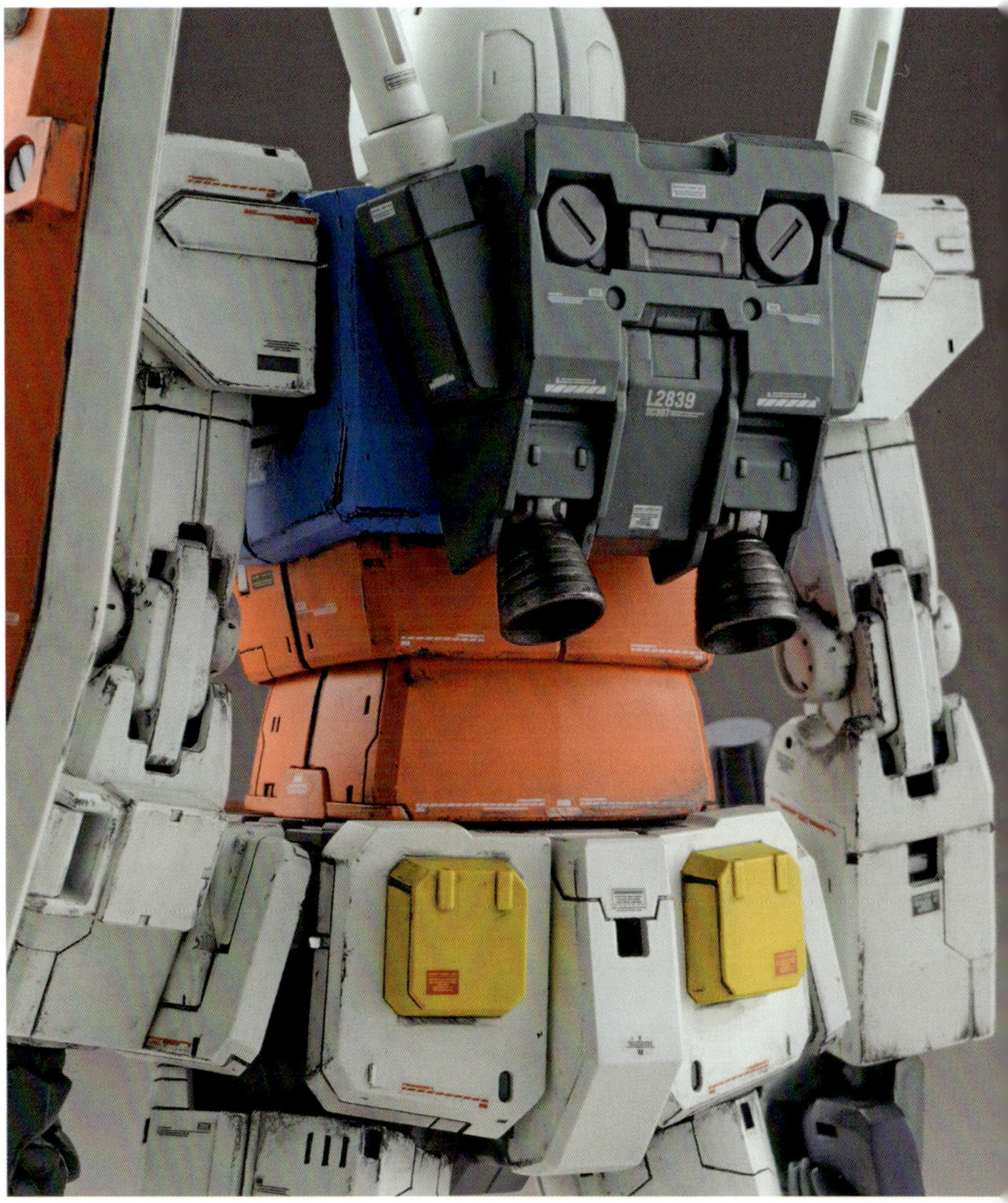

当初のRX-78のイメージを最大限に引き出す工夫

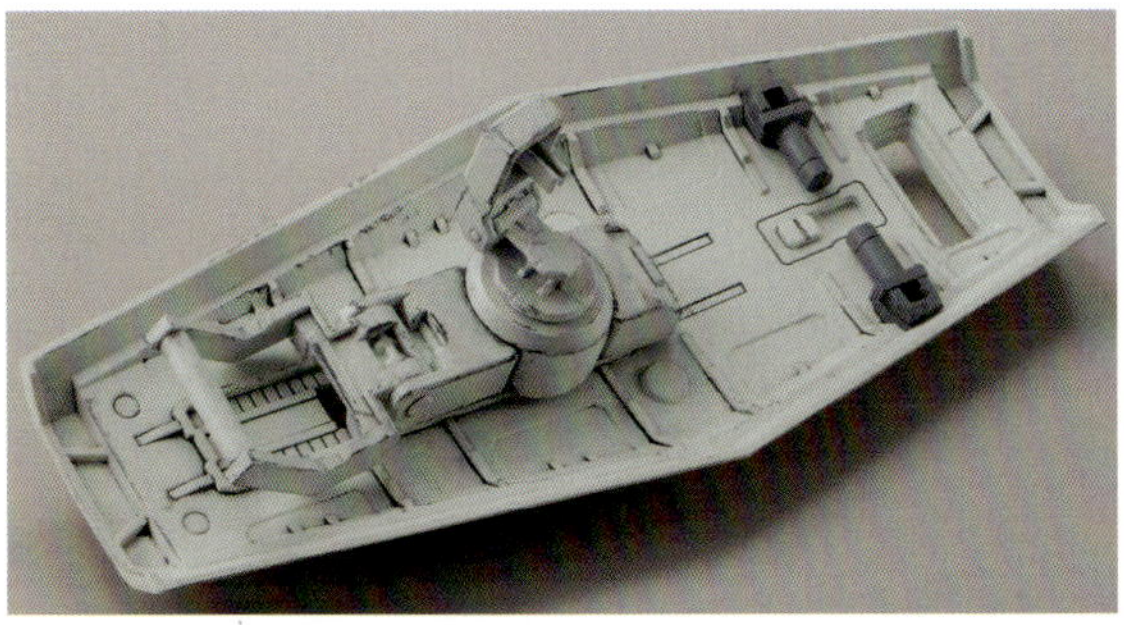

鋭意開発中の「オリジナル」なRX-78色

この作例の発注前からGSIクレオスさんと新しいガンダムカラーの開発を一緒にしていたこともあってその試作品を今回は使用。RX-78の色の確固たる正解、あるいはスタンダードなカラーとはどういうものか？　そう考えたとき、当時のカラー指定用のセル設定画の色はひとつの正解と言えるのではないか？　という結論に至り、実物を参考に調色したのがこの色です。いまのところまだサンプルですがいずれ発売される予定ですので、その折りには実際に塗ってその色味を体感してみてください。

●作例では、ジ・オリジン版の特徴である肩の武装はなくし、基部は埋めている。そのぶん模型としての密度感を損なわないよう、スジ彫りやブレードアンテナ状のディテールなどをこまかく追加している。そして、胸部はとくに「当時のセル画」の色味によって塗装されたその色味にも注目。青はこんなにも黄色みが強い水色だったのだ

しまうのでやはり当時のセル画を直に確認することに意味はありました。ただ、では当時のセル画の色が唯一の正解なのか？と問われると、ある意味では正解ではあるし正解ではないとも言えます。

当時はブラウン管という媒体で『機動戦士ガンダム』を見たわけですが、ブラウン管放映でのセル画のカラーの再現度は極めて低く、当時自分たちが実際目にしていた作中のカラー、つまり自分たちのなかでの「正解の色」は、間違いなく生セル画とは異なる色味でしょう。そうすると、セル画の色ををスタンダードカラーとして出す意味はあるのか？　というジレンマにも陥るわけですが、それでも「オリジナル」を再現したカラーとしての意味はあると思います。それをベースにしてユーザーさん個々のイメージに寄せていくための「スタート点」としての意味や利便性はあるはずです。

このような「オリジナル」カラーを基に、当初の設定を尊重した塗り分けを試みてみようというコンセプトが本作例のスタート地点でした。ただ、それぞれの色味をそのままで塗り分けてしまうとメカの立体物としてはあまりにも「軽い」印象になってしまいます。関節部分にグレーを入れることで全体の印象として「締める」ことは簡単にできますが、そもそも今回はそれを禁じ手にするのがスタート地点……。結論としてはハードめな追加ディテールやトーンを変えたこまかい塗り分け、ウェザリングなどの演出で「軽さ」を軽減することにしました。結局いつものやり口ですね（苦笑）。

それともうひとつ。本体の白なのですが、セル画の色味を忠実に再現すると、びっくりするぐらい緑になります。躊躇してしまうほど。それでも今回そういうコンセプトなのでまずはそのナマ色で塗ってみたのですが……これはジムでしょ（笑）。というわけで、今回は日和って白を足してしまいました。ちなみに白部分の微妙な塗り分けのなかでより緑な部分が当初のナマ色です。

いろいろあって完成した今回の作例。RX-78の懐の深さを再認識するよい機会でした。少しでも新鮮に見えれば幸いです。■

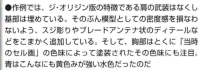

MG RX-78-2 Ver.1.5

理論に裏打ちされた技術で研ぎ澄ます、マスターグレード RX-78-2ガンダム Ver.1.5

マスターグレードのRX-78もこのVer.1.5で２周目に突入した。昨今のガンプラは出来が良くなったと言われるが、巷には改造作品が氾濫している。そしてそれらの改造作品がキットの持つ完成度の高さを活かしたうえで凌駕し得ているかというと、多くの場合その答えはノーだ。キットの完成度が高いがゆえに、取って付けたような改造に見えてしまったり、手を入れることでキットのままの状態よりバランスが悪く見えてしまう……。素直にストレートに組めばよいのだが、それでもやはり自分なりのキットを凌駕した完成品にしたいのがモデラーというものだろう。ここでは昨今のマスターグレードを活かしつつよりよく見せるヒントとすべく哀原善行氏がVer.1.5を製作。派手なプロポーション改造はまったくせずともパーツ形状の細部を煮詰めていくことでここまで見映えが変わるのに驚く。

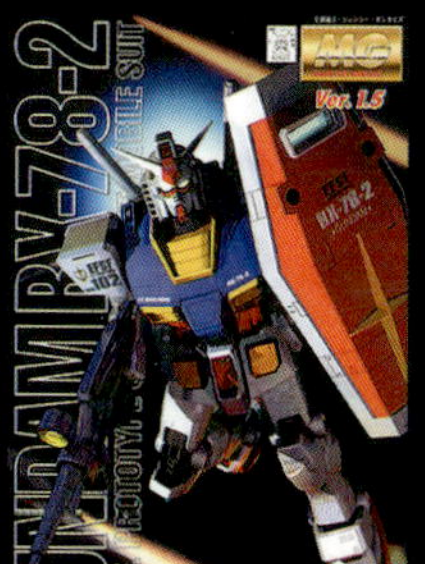

Model Graphix
2001年8月号
掲載

RX-78-2 ガンダム Ver.1.5
バンダイ　1/100
マスターグレードシリーズ
発売中　税込 3240 円
製作・文／**哀原善行**（仮名）

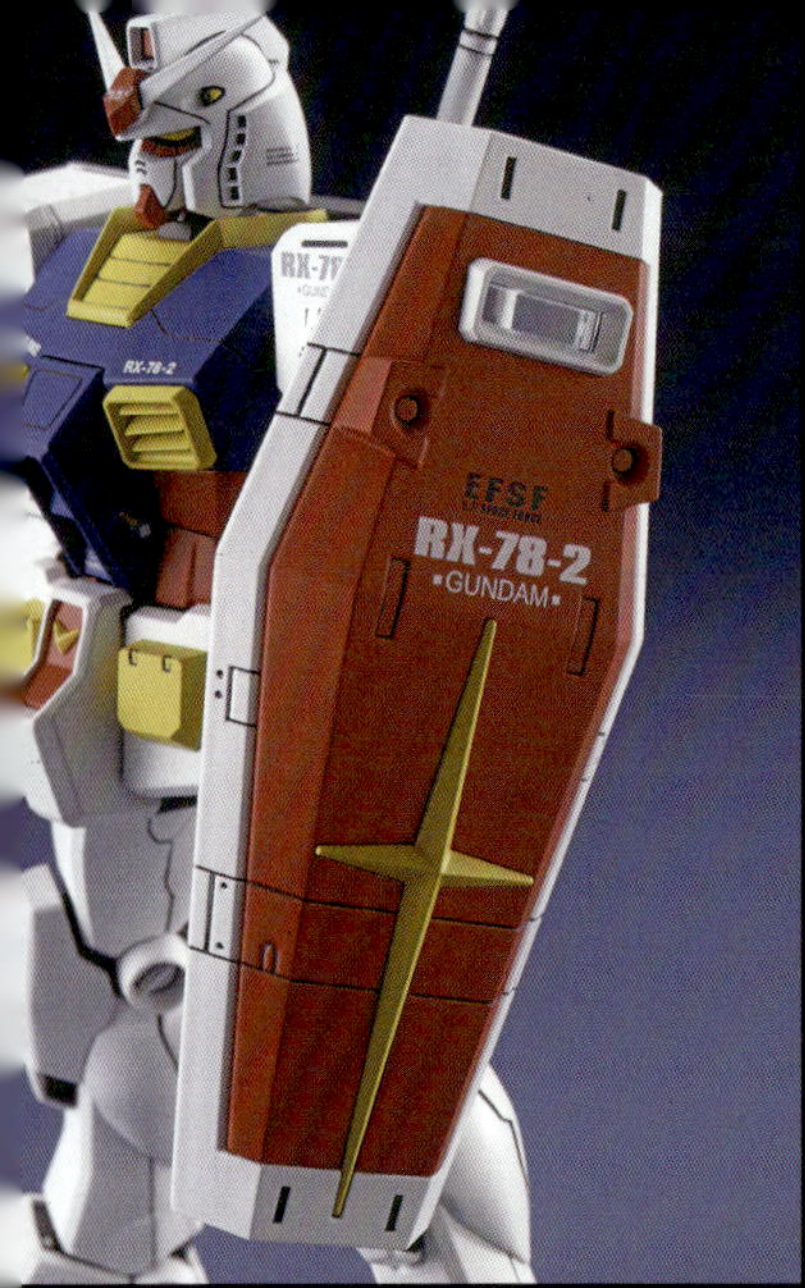

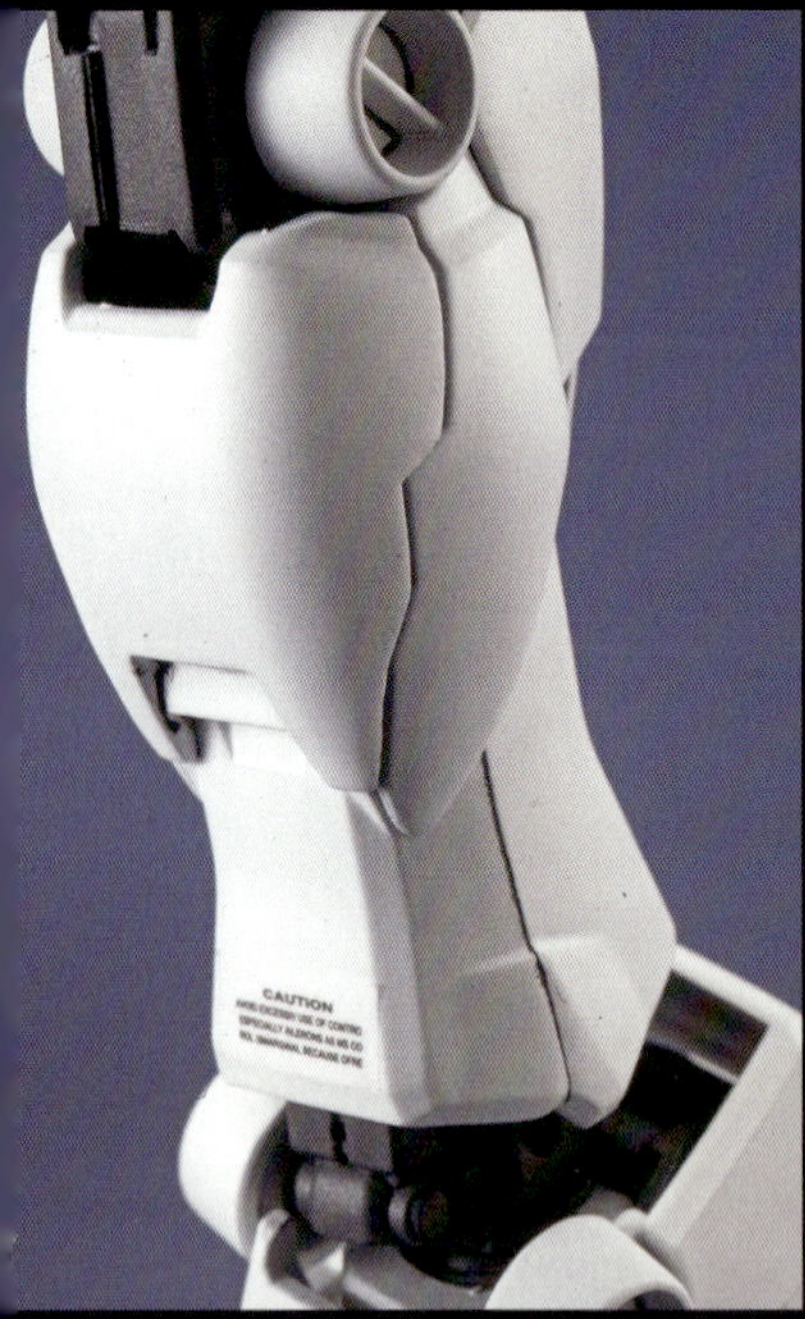

プロポーションバランスはそのまま——では、何が違うのか？

●ふたつ並べている写真は、右がキットストレート組みで左が作例。ご覧いただければわかるように、延ばしたり縮めたりといった改造工作はいっさい行なっていない。製作にあたっては、「20m近くある兵器を縮尺した模型」としての見映えとリアリティーを重視し、各部の形状、とくにこまかな面構成やエッジに徹底的に手を入れている

●プラモデルのパーツには、抜きテーパーをはじめとする成型上の都合や、プロダクツとしてのデザインルールがあるので、面やエッジを整理することでそれらのプラモデルなりのルールをいったんリセットすると「オモチャっぽさ」を一気になくすことができる

●ガンプラ改造というと、ディテールを追加するような工作が受けがよいが、本作ではむしろディテールや面を整理して減らしている。面やディテールを整理することにより、20㎝大のガンプラっぽさを消し、縮尺模型としての精密感ある外観と、兵器としてのガンダムの存在感を出すことに成功している。パーツごとでは非常に地味でこまかな工作の積み重ねだが、こうやって完成形で見比べるとその差は歴然だ

●シールドは反則技で、哀原氏がスクラッチビルドしたもの

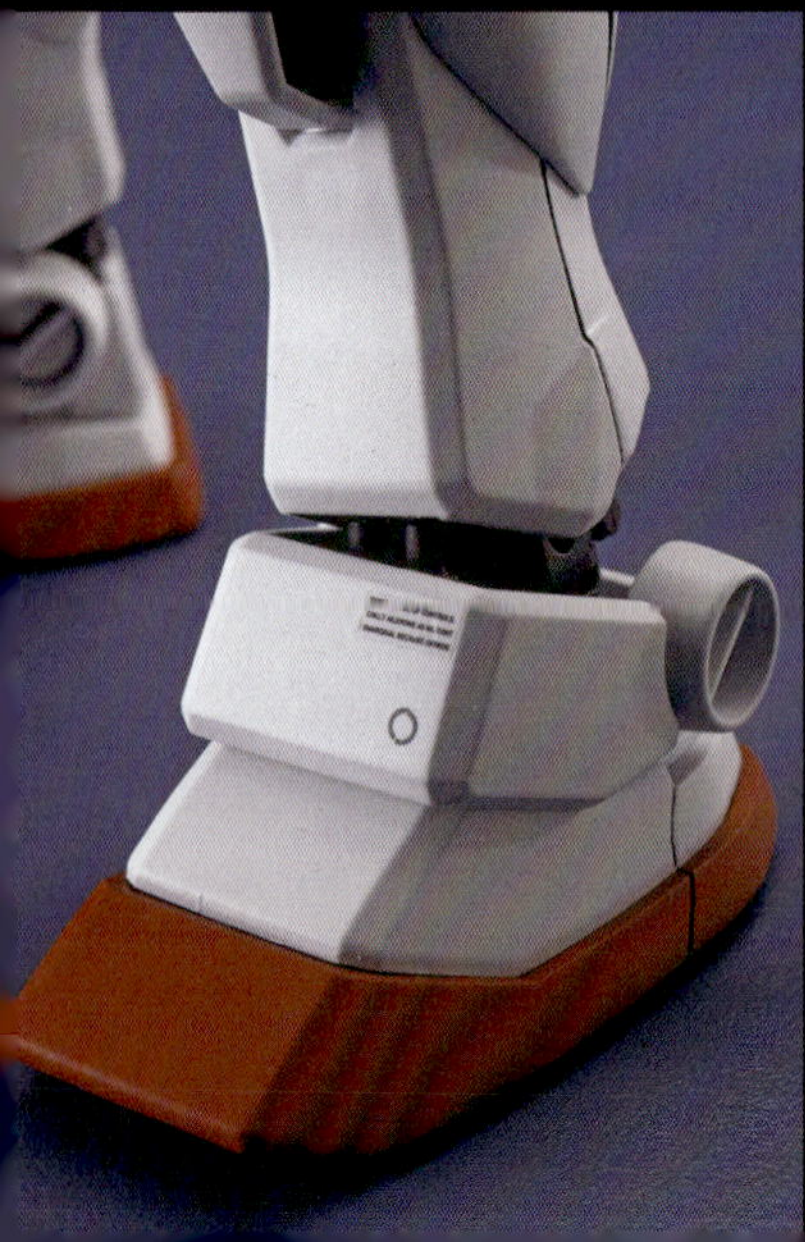

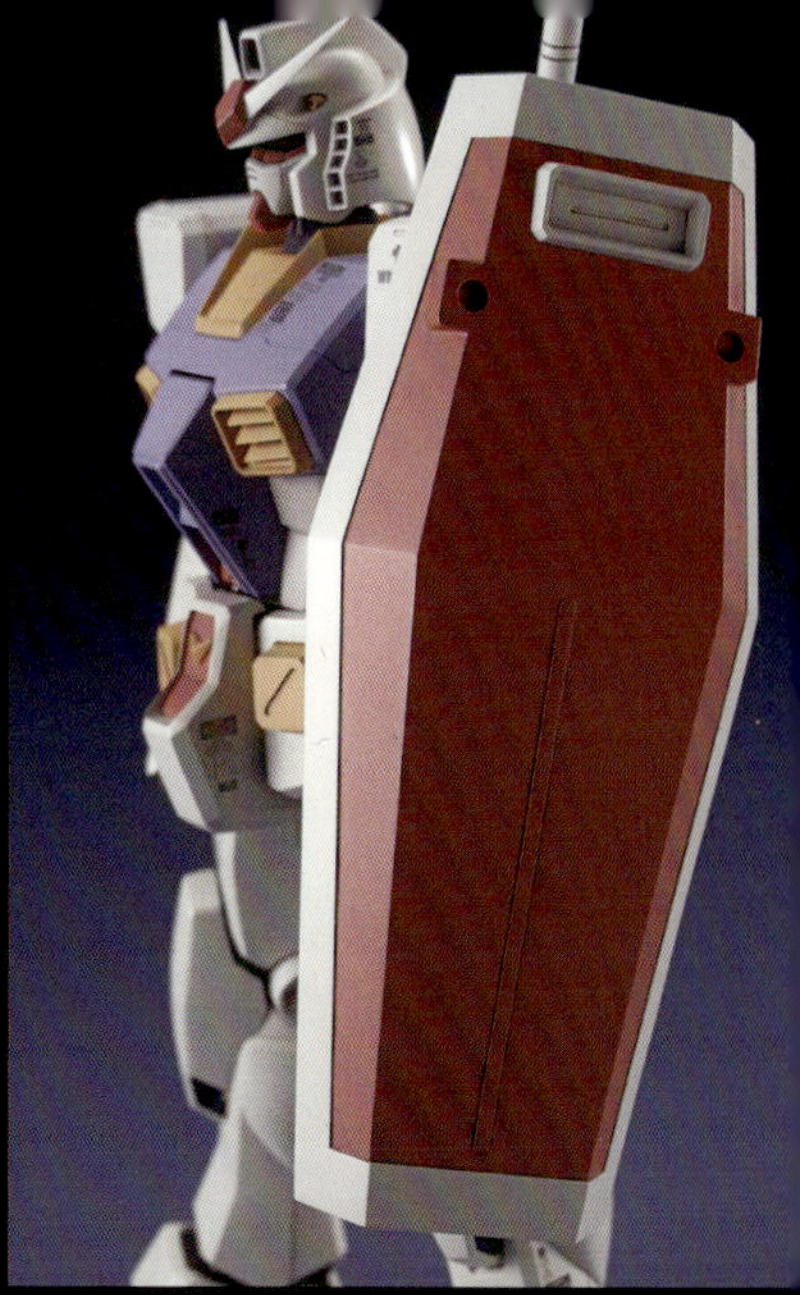

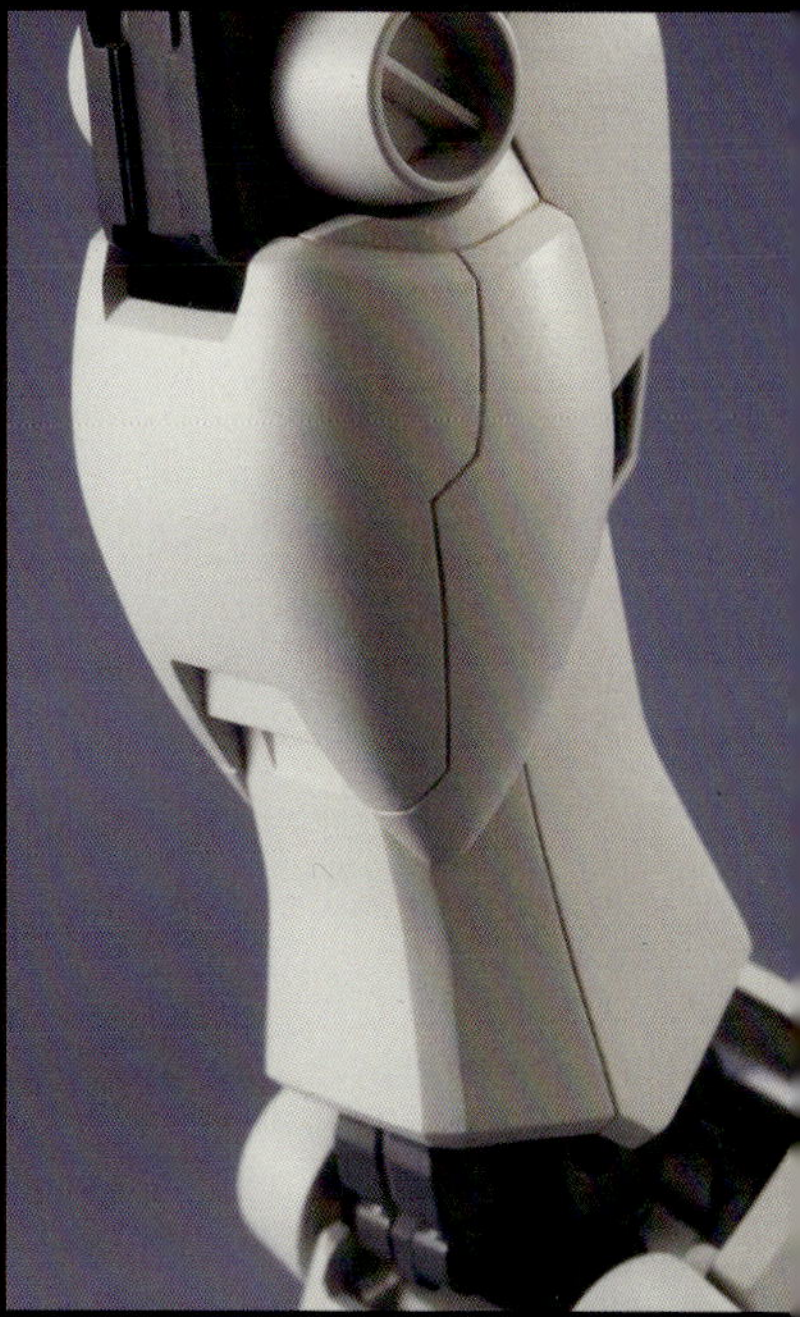

MG RX

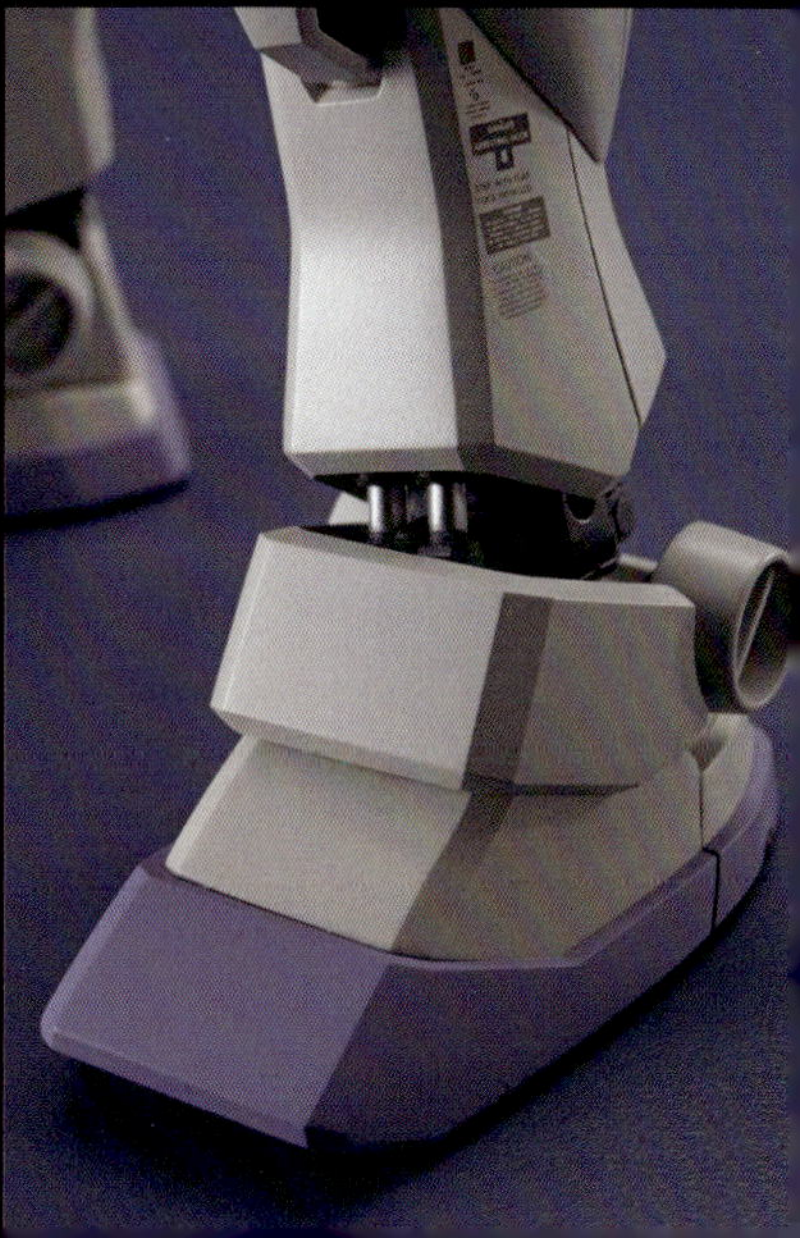

●MG RX-78-2 ガンダム Ver.1.5の良いところは活かしつつも、ガンプラをストレートに組んだようには見えない高い完成度となった本作。キットパーツ各部に見られる２重エッジをひとつずつ整理したことが、完成品のシャープでリアリティーある見映えに大きく寄与している。逆に言うと、キットベースでここまでの完成品が作れてしまうことに時代の移り変わりを感じさせられる

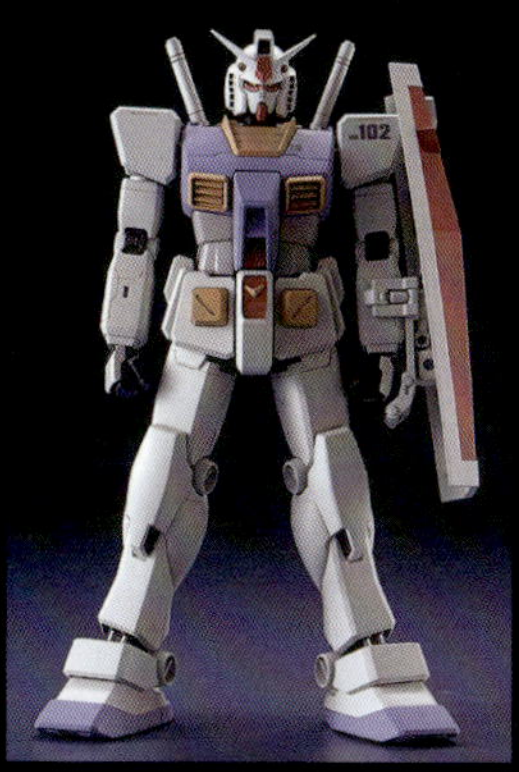

「素組み」を「作品」にするロジックを構築せよ！

「昨今のガンプラは出来が良くて何もすることがないからキットを活かしストレートに作れば充分だ」というようなことを耳にするが、本当にそうなのだろうか？

昨今のガンプラの出来の良さについてはまったく異論はない。およそ誰にでも作れて相応の満足感を与えてくれるだろう。しかし、昨今のガンプラの「出来の良さ」は、あくまでガンプラとしての「完成度の高さ」であって、模型的見映えにおける出来の良さと同義ではなくなってきている。こういったガンプラ特有の「完成度の高さ」をきちんと意識して活かさなければ、ストレート組み以上に模型的に見映えがする完成品を作ることはできなくなってしまった。

言うまでもなくガンプラは金型による成型品だ。基本的に金型を使うと断面が台形のパーツしか成型できない（多少なりとも抜きテーパーが必要）ので、パーツ形状には制約がある。またそのほかにも、デザイン上は存在しない合わせ目を最小限に抑えつつパーツ数を押さえるパーツ分割、スナップフィットや関節ギミック、成型色でカラーリングを再現するための分割など、そこにはガンプラならではのいろいろな制約がある。このような制約をクリアーしつつMSのような複雑なデザインを立体化しているわけで、現在のガンプラは高度で特殊な技術の集合体と言えよう。ガンプラとしての完成度の高さとは、こういった制約をクリアーする技術のバランスが非常に優れている、ということである。

ただ、いくら完成度が高いといってもそれはあくまでルールのなか、ルールを前提としたガンプラというプロダクツにおいての話。モデラーがキットを製作する際純粋に立体として理想の形状を追求するならば、これらの「制限されたパーツ形状をいかに制限から解き放っていくかがポイントになってくるだろう。

モデラーが作るガンプラ完成品の「模型としての見映えの完成度」を上げて作品をステップアップさせたいならば、まずはガンプラのルールを理解し、制約がなかった場合の本来の形状を想像したうえで、もともとそのキットが持っている良さを引き出さなければならない。そのうえで、自分の感性やデザインルールをそこにどうのせるのかを考える必要がある。

なにやら小難しい話になってしまったがつまりはガンプラの完成度がそれだけ上がってしまったということだ。単に延ばしたり縮めたりディテールを詰め込むだけでは元の完成度には太刀打ちできない。この数年でそれほどガンプラの面構成やデザイン理論は高度なものになってしまった。現在のガンプラは誰にでもある程度良い完成品が作れる反面、それ以上の見映えや完成度を求めると、とたんに高度な理論に基づいた技術が要求されるものになってきている単にキットの状態と別物に見えるようにすればいいならMGでもPGでも簡単だ。しかし、モデラーが作ったこと、改造したことによって、より完成度が上がったと思わせるのは非常に難しくなってきている。ガンプラにおいて「改造した」という行為そのものが評価された幸せな時代は完全に終わりを告げたと言えよう。■

AM

本書
新規作り起こし
作例
#02

RX-78-2 ガンダム
バンダイ　1/100
マスターグレードシリーズ
インジェクションプラスチックキット
発売中　税込2700円
製作・文／**小林祐介**

RX-78-2 GUND

MG 1/100

初代MGは発売から20年以上が経つが、いまだ現役の名キットだ。これまで数多くの雑誌作例が製作されてきたが、それらを踏まえたうえで今回選んだ手法は、「後出し的にVer.1.5を活用して作る初代MG」というもの。当時不満に思ったところを後に世に出たVer.1.5を活用して改造してしまう……結果、言わば「Ver.1.3」的な作例となった。

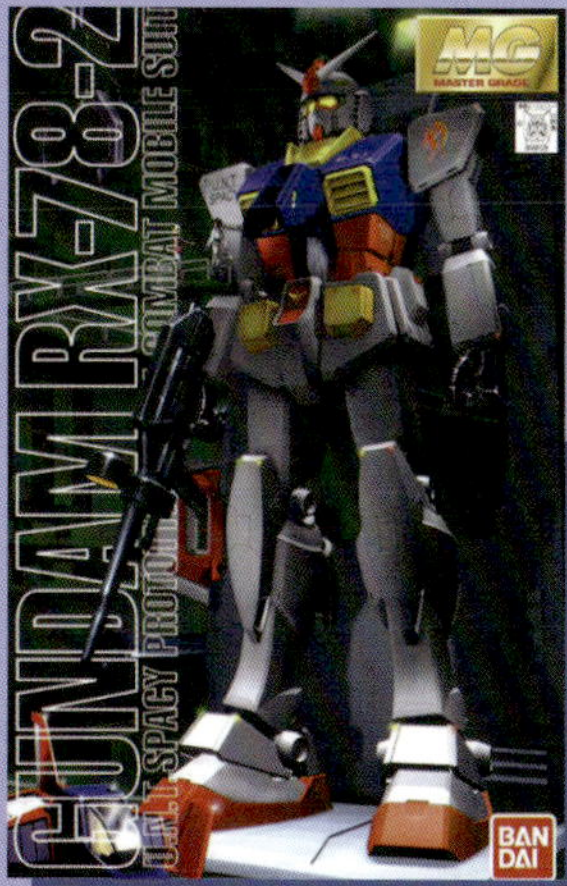

MG Ver.1.5から逆算して作る、後出しジャンケン的「仮想MG Ver.1.3」

MG以降の起点となったマスターピース

'95年発売なのでかなり旧いキットとなったが、いまだ現役の名キット。 多色成型による色分けや関節部のフレーム構造化など、その後のガンプラのフォーマットがここで確立された。PG準拠なRX-78とはテイストがまったく異なるスマートでメリハリの効いたフォルムは、数あるMG RX-78-2のなかでも異彩を放っている。また、現在のMGと異なりフレームがみっちりとつまっていないので、伸ばしたり縮めたりといった改造がしやすいのも特長だ。改造派ガンプラモデラーのなかには初代MGのファンが根強く存在する。

●考え方としては、「MG Ver.1.5で初代MGの意匠が残されたところを初代MGにフィードバックする」というもの。具体的には、胸や肩、丸いディテールを中心にVer.1.5のパーツを移植して改造している。初代MGは肩アーマーやスカートが鋭角的なアレンジで、それによりケレン味が強くなっているので、そこにVer.1.5のデザインを持ち込むことで、特徴はいかしつつもバランスをとっている

●頭部は初代MGのパーツを使いつつ、ヘルメットやフェイスの形状に手を入れて小林氏の好みの精悍な顔つきに改造。ツノはVer.1.5のものに換えている
●胸部はVer.1.5のパーツを使用し、パネルラインをを追加している

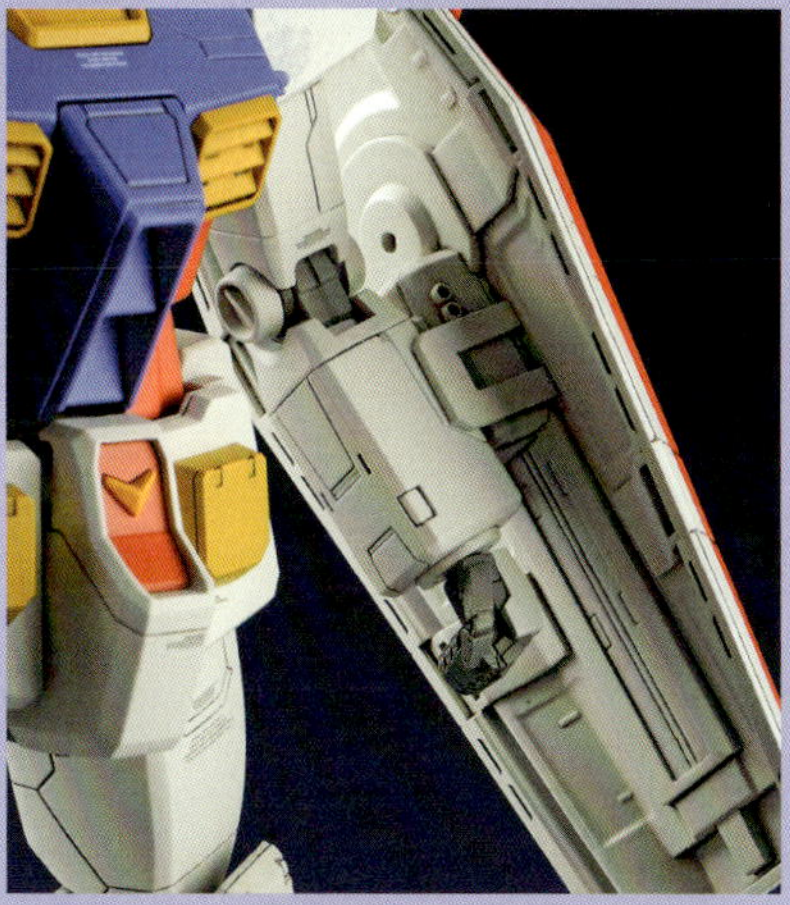

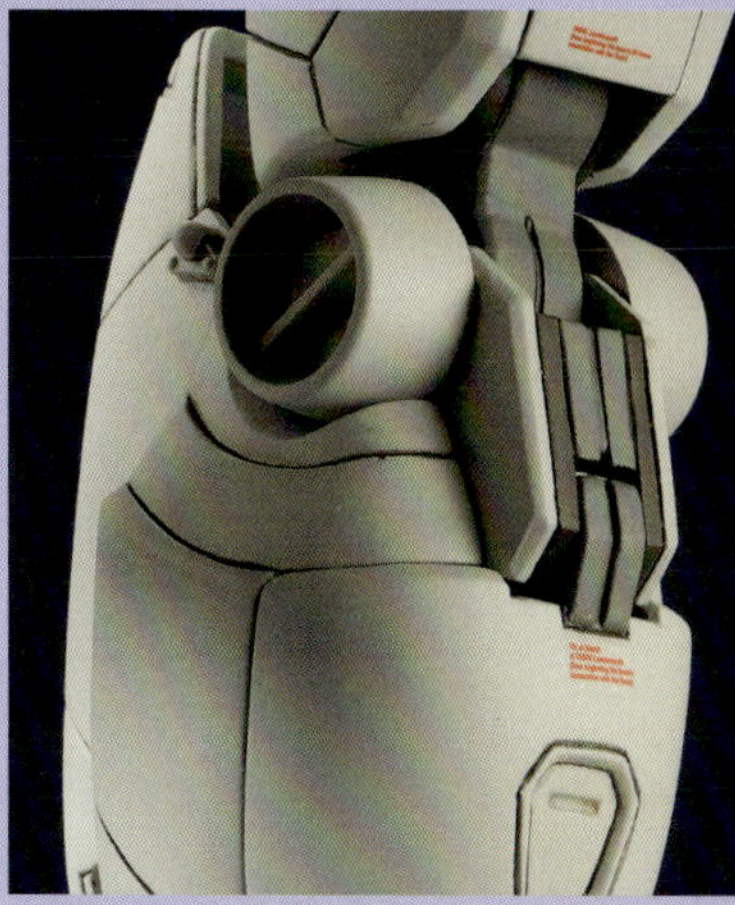

PG以前ならではの“味”を活かしつつブラッシュアップ

●Ver.1.5はPG準拠になった外観の変化にまず目がいくが、フレームの進化にこそ目覚ましいものがあった。作例ではヒジなどポイントにVer.1.5の関節を流用している。また、ヒザ関節裏側は、キットでもなんとなく表現されていたフレーム構造を、より解像度を上げた表現で仕上げてみている
●シールドはマグネット固定式にすることにより、ギミック工作にそれほど労力を払わないでディテールを作り込むことができるようになるはずだ
●特徴的かつ魅力的な脚のラインは極力初代MGを活かすようにしている

いまさら言うまでもなくMGシリーズ最初のアイテムであり、それ以降のガンプラの起点とも言えるキットです。'95年発売ともうかなり旧いキットの類いなので、総パーツ数なども現在のHGUCよりも少ないくらいです。しかしながら、初代MG RX-78-2のシルエットバランスは、いまだほかにない独特の味わいがありますね。ついでに言うと、プラモデルの基礎的な工作スキルを磨くのにも都合がよいキット構成とも言えます。第一次ガンプラブーム当時の旧キット群はいまのレベルで作ろうとすると流石に手強いと思いますが、初代MG RX-78なら手軽に作れるし、作り込みはいまのフレーム満載のキットよりむしろやりやすいくらいでしょう。

頭部はヘルメット下側をパーツ合わせ目で約1㎜幅詰めし、アンテナはMG RX-78-2 Ver 1・5（以下1・5）のパーツと交換。マスクは頬のラインを鋭角的に削り込みアゴの形と取付角度を変更しました。

胴体Aパーツは、胸前面と襟を1・5のパーツと交換し、スジ彫りと初代MG付属のフックを追加。脇腹の段差の角度を変更し、側面モールドは削り込みました。Bパーツは1・5の腰回りと交換し、モールドを追加。リアアーマーの形状も変更しました。

腕は肩アーマーを1・5に交換し、モールドとフックを追加。上腕のヒジ関節は継ぎ目で2㎜延長。ヒジ関節は1・5のものです。手首はビルダーズHD1／144連邦軍用ハンドパーツと交換しました。

脚はヒザ関節の円盤部分を1・5のマルイチディテールパーツと交換。ヒザガードのスジ彫りラインはモールドを変更し、ここにもフックを追加しました。足首はアンクルガードの円盤部分を1・5のマルイチディテールパーツと交換。カカトの接地面は斜めに切り欠くようにしています。

ランドセルもカバー上部にフックを追加。シールドは、取り付けを手持ちからマグネット接続に変更し、キャリングハンドルとラッチを撤去しました。

その他、説明のない部分は基本的にキットのまま使用しています。■

from a BANDAI 1/100 "MASTER GRADE" Plastic Kit
E.F.S.F. Prototype Close- Combat Mobile-Suit

RX-78-2 GUNDAM "Version 2.0"

RX-78-2 ガンダム Ver.2.0
バンダイ　1/100　マスターグレードシリーズ
インジェクションプラスチックキット
発売中　税込4536円
製作・文／**岡 正信**

ガンプラとしてとても完成度が高いMGガンダム Ver.2.0だけに、キットを完全にストレートに製作！　各部をシャープに整形していねいに塗装するだけでもこのような完成品を手にすることができるのだ。

●作例はキットを活かしほぼストレートに製作している。基本工作と塗装を抜かりなく行なうことで、キットの持つ高いポテンシャルを引き出すように心がけた
●よく可動するフレームとシルエットラインが巧妙に計算された外装は、大きなポーズをつけたときだけでなく、このように自然な素立ちポーズでもその実力を発揮する。とてもきれいにつながる脚のライン、自然に腰が入った胴、バズーカを無理なく持てる腕などに要注目だ
●コア・ファイターは、コクピット回転、尾翼の連動可動、キャノピー開閉などギミックとアイディアが超てんこ盛り

今回製作をしてみての感想です。いきなりぶっちゃけちゃいますが、このVer２・０を最初に模型誌で見たときは「どうなんやろ、これは……。なんや安彦／アニメ版ってことなんやろか」とあまりピンとはきませんでした。バンダイのガンプラは常に進化するものと思ってきたので、このVer２・０のつるんとしたフォルムがなにか「退行しているのでは?」という第一印象を与えたのかもしれません。しかし、実際に作りはじめてみると、その第一印象は次々と払拭され、「これはスゴイ。まさにMG Ver２・０や!」となりました。

最新の設計技術をふんだんに活かした各部のギミックに次々と驚かされ、そして、パーツを工作していき全体形が見えてくるにつれ、このつるんとしたフォルムが非常に計算されたものであることを実感させられます。これまでの１／１００ガンダムは、どれにしても、多かれ少なかれエッジの処理やフォルムバランスに「こう変えたい!」と思ってしまう部分がなかったと言えばウソになります。しかしこのVer２・０は、アレンジへの好みを別とすれば、設計者の気が行き届いていない部分がほとんどといってよいほど見当たりませんでした。いままでに蓄積されてきた１／１００ガンダムキット開発のノウハウ、そしていままで実現できなかった課題がこれでもかとばかりにギュウギュウに詰め込まれたこのキット、「これならむしろ無改造で作らなきゃアカン!」そう思わされました。■

本作例が掲載されているのは、単行本『マスターグレード ガンプラがもっと上手く作れるようになる本。』（税込3996円）。本書はMG Ver2.0を題材にして、大改造しなくても見映え良くガンプラを作ることができるテクニックを紹介。いまさら人には聞けないような基本的ニックを重点的にわかりやすく大きな写真入りで解説しています。

AM
3.0

RX-78-2 GUND
1/100 MG Ver.

基本工作の良し悪しで完成品に差をつけよう。ほぼストレート組みでここまでできます!!

整形作業／塗装をうまく行なえるかどうかで、完成品の見映えは大きく変わってくる。無塗装パチ組みでは得られない質感と完成度、そして満足度を得られる塗装仕上げ。ぜひワンランク上の仕上げを狙って製作してみよう！

RX-78-2 ガンダム Ver.3.0
バンダイ　1/100　マスターグレードシリーズ
インジェクションプラスチックキット
発売中　税込4860円

製作／**有澤浩道**

●本作例は単行本『脱ビギナー ガンプラ製作＋4ステップ』（税込4212円）のステップ1で製作／掲載したもの。頭部、とくにフェイス周辺の面構成を削って変更した以外は基本的にストレート組み。ゲートの整形処理から、下地処理、基本塗装、スミ入れ、デカール貼り、ツヤ消しコーティングといった工程を適切なやり方で積み重ねていくことで、シャープで存在感のある完成品として仕上げている。近年のガンプラでは「どうしても脚を長く改造したい」とか「もっとディテールを足さないと間が持たない」なんてことはなくなったので、こうやってキットを活かしてキレイに仕上げるだけで見応えのある完成品を手に入れることができる
●ステップ2～4では、ウェザリング、メタリック塗装などの仕上げテクニック、改造工作を詳しく解説。自分のレベルに応じたテクニックをマスターできるようになっている。本書を参考に失敗をひとつずつ減らしていくことができれば、このような完成品を作って手にすることができるようになるはずだ

シャープな印象でどっしりとした佇まい 塗装完成品だから得られる質感

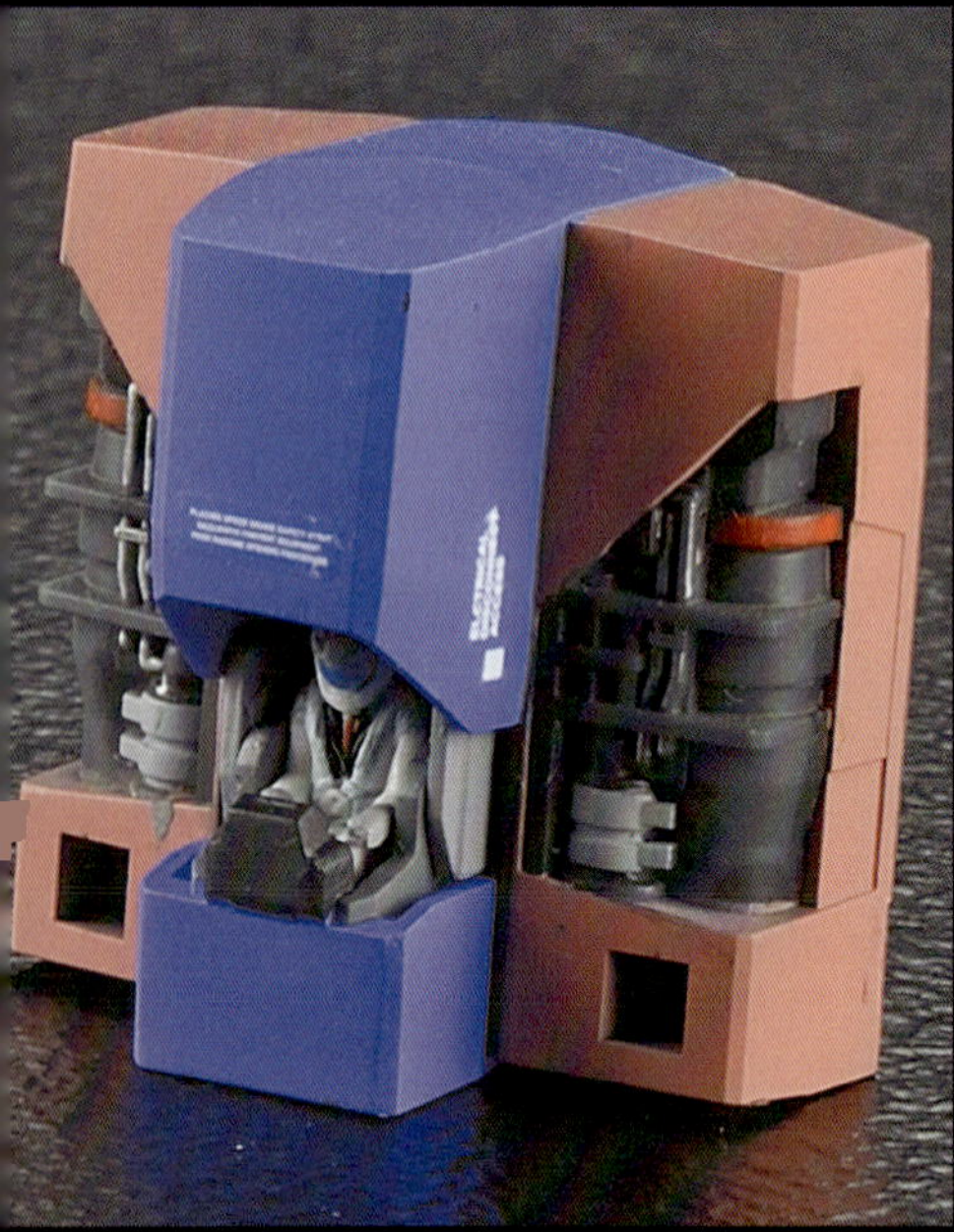
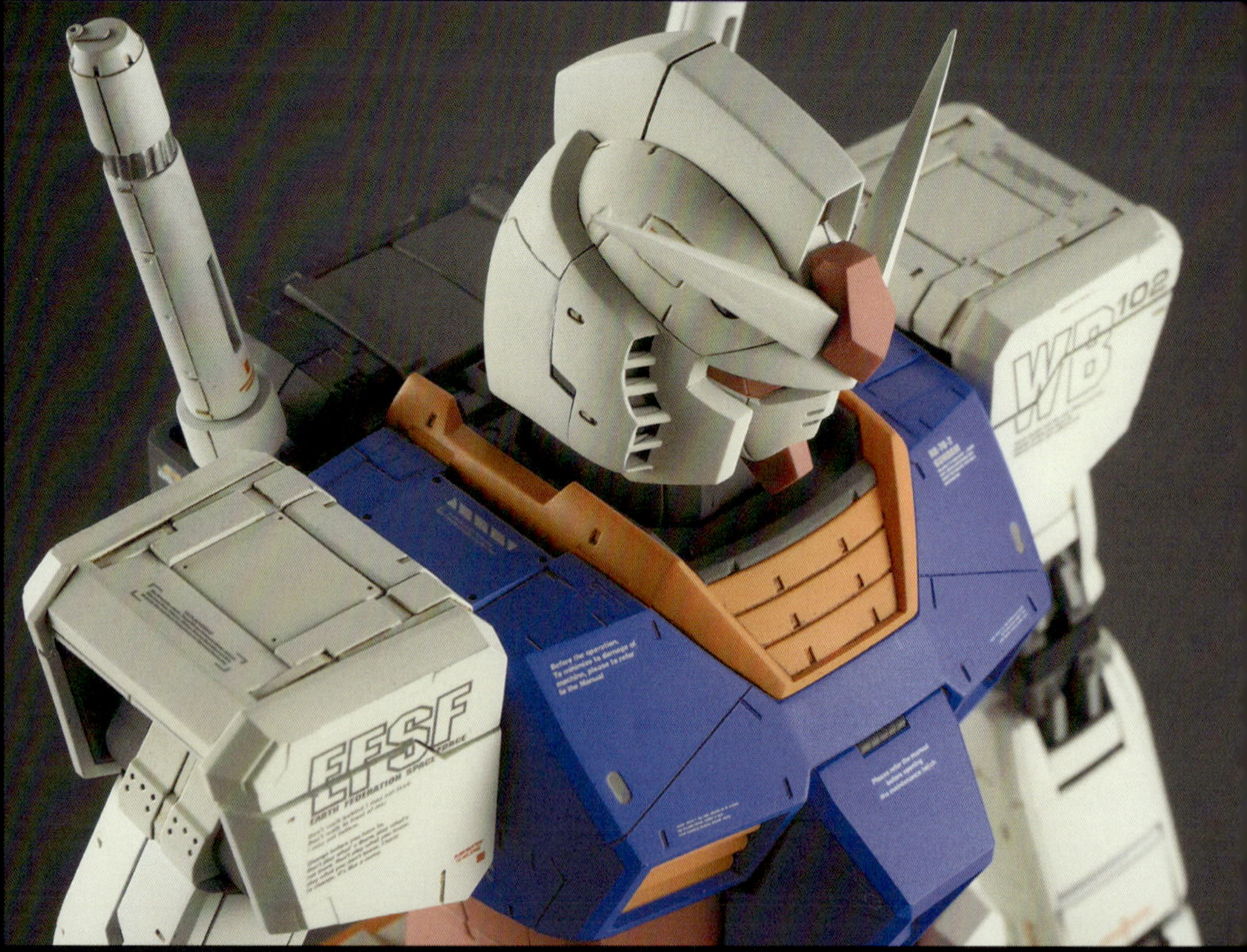

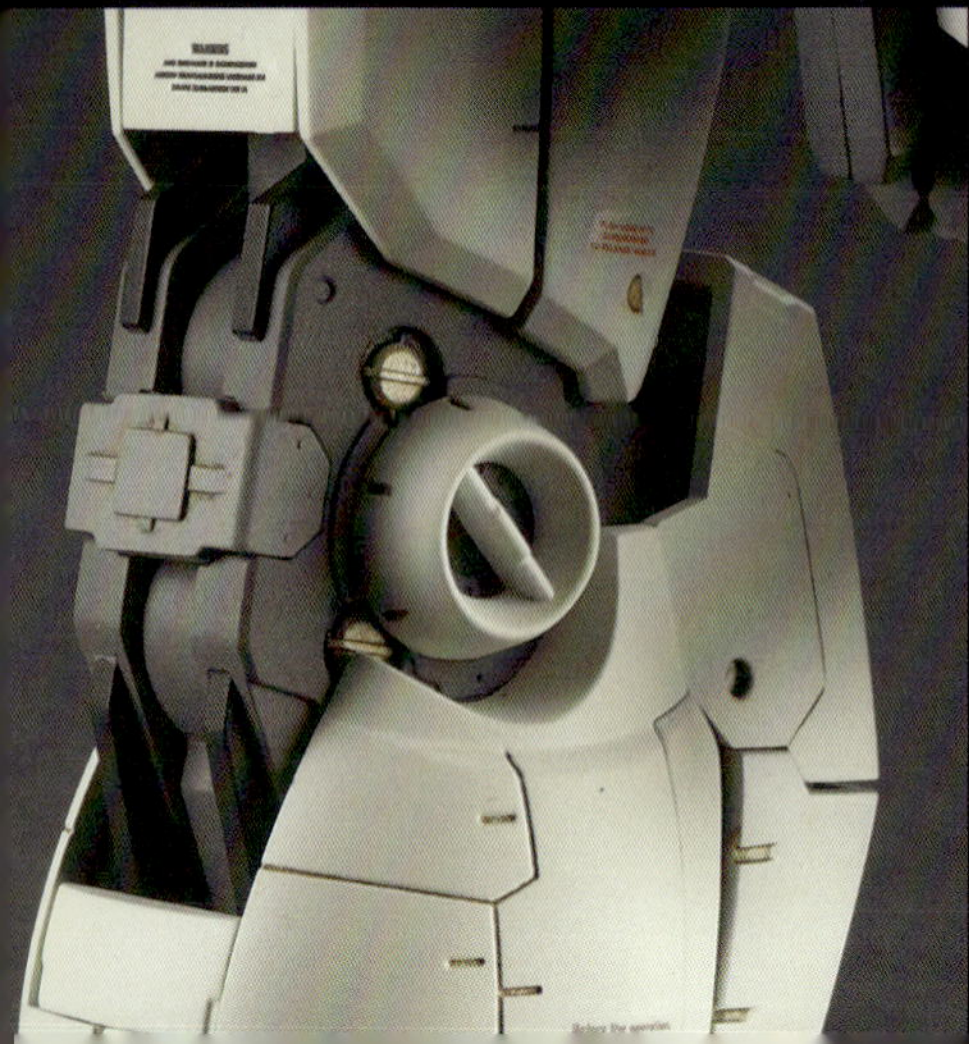

RX
1/1

RX-78-02 GUNDAM

'15年末に発売されたMG RX-78-02ガンダムは、従来の宇宙世紀作品とはパラレルな世界を舞台としたOVA『機動戦士ガンダムTHE ORIGIN』（ジ・オリジン）版。肩にはショルダーキャノン、胸部にミサイルランチャーなどが搭載され、そしてコア・ファイター内蔵ギミックは未搭載（！）。おなじみの「RX-78-2」への組み換えもできるように製作してみたぞ。

from a BANDAI 1/100
"MASTER GRADE" Plastic kit

E.F.S.F. PROTOTYPE MOBILE SUIT

RX-78-02 ガンダム
（GUNDAM THE ORIGIN版）
バンダイ　1/100　マスターグレードシリーズ
インジェクションプラスチックキット
発売中　税込4860円
製作・文／**フリークショウ**

Model Graphix
2016年7月号
掲載

RX-78を本気で作るのは人生初！ なので、これまで自分のなかでボンヤリしていた「スタンダードなガンダム像」を形にしてみようと思い、ジ・オリジン版と宇宙世紀版の両方で通用する、理想的なバランスを目指して作業開始です。

　まず仮組みをしてみると、個々のパーツは、これまでの歴代MG RX-78と比べてみてもトップクラスに素敵！ 小ぶりな頭部、カッチリした形状の肩、ヒザ周り～スネの流れるようなラインなど……とてもいいですね。しかし、全身を見ると若干もっさり感があって「私の理想のガンダム」からは遠いような……（ジ・オリジン版なのであたりまえですが）。そこで最小限のパーツを他のキットから流用しつつ、細部のバランス調整でそのあたりを変えてみます。

◆製作

　頭部／顔はこまかく色分けされたパーツがピタリと組み合わさって心地良く、外装表面が完璧なツライチになるので、まるで1パーツを塗り分けたように感じてしまいます。各パーツは頭部フレームに差し込んでいく構成なので、パーツの裏側を削る割合をそれぞれ変えることで、目／クマドリ／白い面のそれぞれに段差を作ることで立体感がより強調されます。

　胴体／頭部と肩が小さめに感じたので、MG Ver 2・0の胸を流用してフォルムを変えてみることにします。胸の小型化に合わせ腰まわりの各アーマーも調整。サイドスカートと前後のスカートの上下、フンドシブロックの下部にそれぞれプラ板を貼って整形し、ボリュームと形状を調整。股関節は軸パーツB43の肉抜き穴をパテで埋めて真ちゅう線で補強したほか、軸の短縮と太もも基部側のパーツB23の削り込みで股間の左右幅を詰めています。

　腕／ヒジ横のバルジと前腕側のくぼみとの間に隙間ができるので、フレームを加工して前腕外装をヒジ側にずらし、腕を伸ばした状態でピタッと収まるようにしました。

　脚部／スネ～つま先までラインをきれいに繋げるため、足首フレームのパーツ間、ソールのつま先との間にそれぞれプラ板を挟んで延長。アンクルアーマーは裏側を削り落としてVer 2・0の接続部がピッタリはまるように加工しました。スラスターやスコープ内部は複数の金属パーツを組み合わせて多重構造風にしています。

◆塗装

　塗装はおもにフィニッシャーズの塗料を使用しました。使用した色のレシピは以下のとおりです。白／スーパーシェルホワイト、青／フォーミュラーフレンチブルー＋純色マゼンタ数滴、赤／ブライトレッド＋ルミレッド（ほぼ同量）＋ピュアホワイト＋ピュアブラック数滴、黄／黄橙色＋蛍光オレンジ数滴、武器・ランドセル等／バーチャロンカラー スノーダークグレー、スラスター類／スターブライトアイアン。■

●胸部は別キットから流用し、肩口のガトリング砲はフタだけのダミー。形状を優先して製作している
●ジ・オリジン版は胸部ハッチのヒンジが下側に付く
●ふくらはぎは開閉可能。内部からのぞくバーニアノズルは市販の金属パーツに置き換えている
●アンクルガードは裏側を削り小振りなVer.2.0のガード接続基部を移植した
●足首フレームのパーツ間とつま先を少しずつプラ板で延長し、スネからつま先のラインを整えている

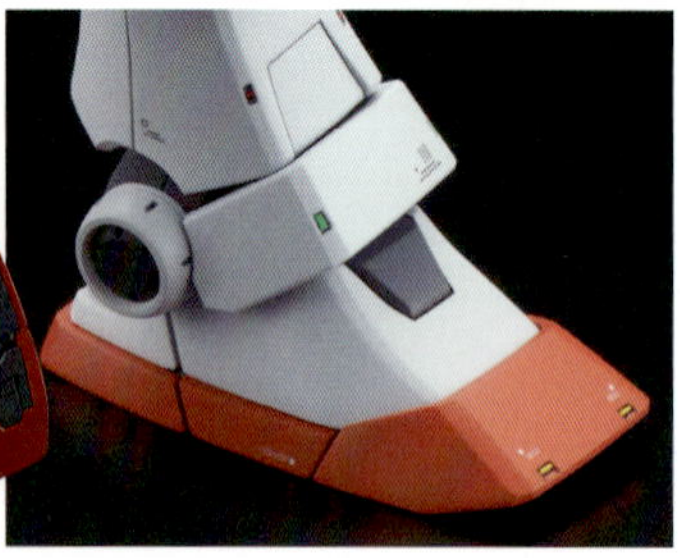

バンダイ最新の"1/100 RX-78-2"組み替えであの見慣れた姿にも……

よく動き付属武器類も豊富でバリュー特盛り！

▶手首パーツなどの一部を除き、外装や関節パーツの大部分を新規設計したのがジ・オリジン版MGガンダム。「左肩のキャノンの代わりにサーベルを装備可能」など、見慣れたRX・78・2風に組み替えることもできる配慮がなされている

▶全身の可動性能は超優秀で（とくに胴体）、迫力のアクションポーズが取れるのだ

◀▼ジ・オリジン版のライフルに加え、見慣れた形のビーム・ライフルと、サーベルが両肩ぶんで2本付属するのがポイント。肩口のバルカン砲等のエフェクトパーツを用意するという試みも見られる

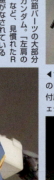

胸部サイズの変更で よりスマートなフォルムに

●製品の胸部はギミック、プロポーションともによくできており、ジ・オリジン版をうまく再現しているが、相対的に胴まわりが大きく見えるのは好みが分かれるところ。作例では反則（販促？）技としてMG Ver.2.0の胸の青いブロックを流用しダクトをジ・オリジン版から移植した。Ver.2.0の腹部の赤い部分は寸胴気味なので、ジ・オリジン版を使用し、胸に合わせて前後幅を詰めた

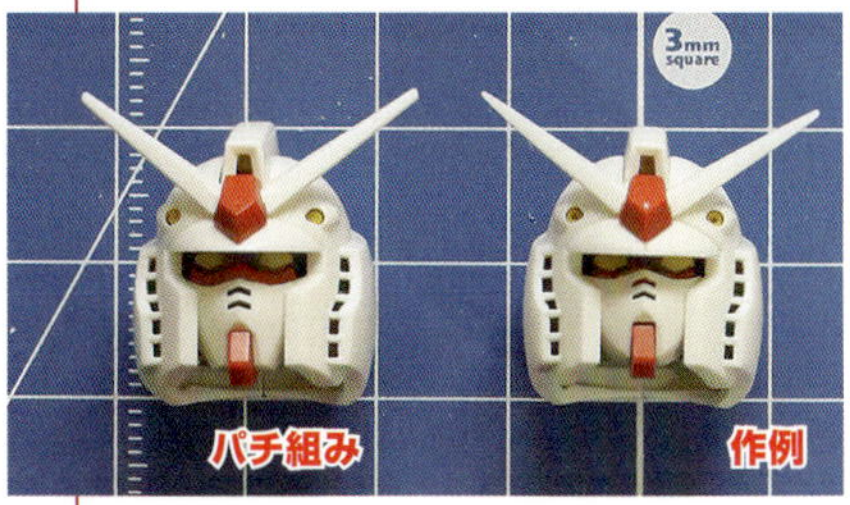

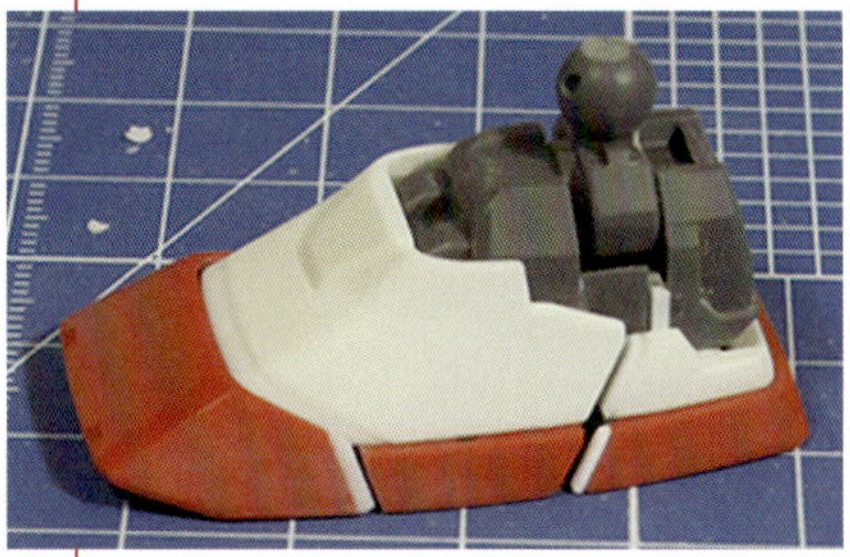

▲ソール上端と足の甲の間に隙間ができるので、足の甲パーツに1㎜プラ板を貼って削り込み。
▼写真の初期型ビーム・ライフルは、銃身をRCカー用のアルミワッシャーなどの組み合わせに置き換え。通常型ビーム・ライフルは、銃身とスコープ以外をVer.2.0に変更することで全長を数㎜短縮した

◀フェイスは、目の周囲の黒い部分を一度頭部から切断後、厚みを削って奥に引っ込めるようにし、目と赤いクマドリがわずかに浮き出た状態になるよう加工している。フェイスの白い部分は、位置を上げて裏側を薄く削り、クマドリに少し被さるようにした。さらに、アゴの位置と頬のラインを調整して面長な顔を引き締まった印象に。安彦版という意味では製品のままのほうが似ているので、このへんは完全に好みによる加工だ

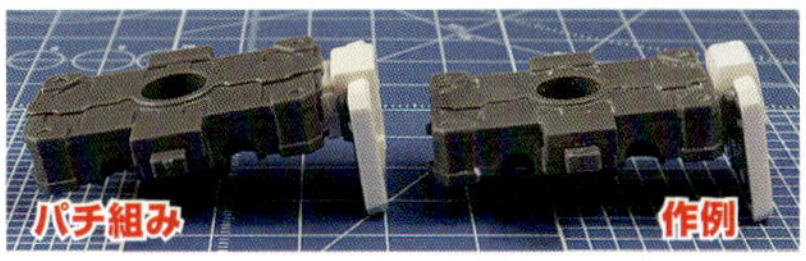

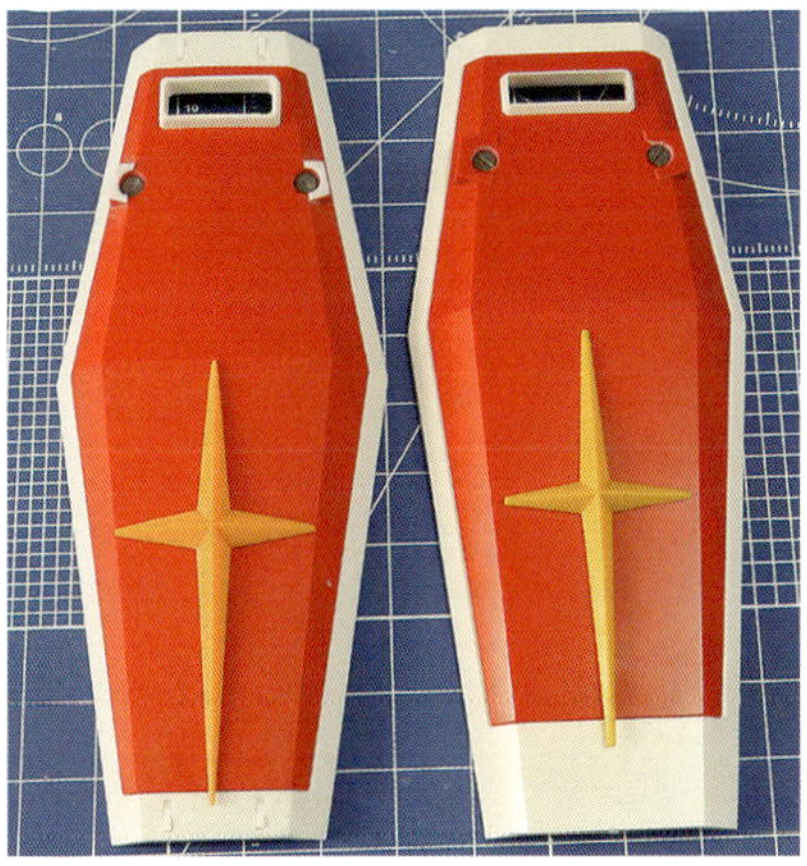

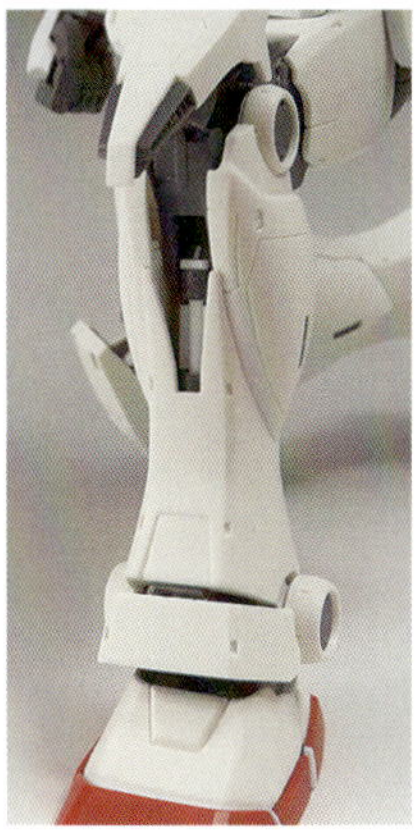

●サイドスカートは、外に開く可動軸の位置を変えることで、幅詰めしつつ位置を上げた。正面から見た際にフロントスカートとの間に隙間ができるので接続位置を内側に移している
●屈伸した際に見えるヒザ内部のフレームはプラ材で装飾
●シールドは小さめのVer.2.0から流用。接続基部やグリップはジ・オリジン版。盾側とフレーム側に2個ずつ磁石を仕込んで、ワンタッチで上下を入れ替えできるようにした（ジ・オリジン版は盾を上下逆に持つのがデフォルトなので）

▼頭と胸を中心に改造することで、より引き締まったフォルムを目指した。写真下の右が改造後だ

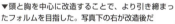

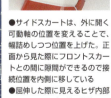

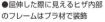

RX-78-2 ガンダム
バンダイ　1/100
マスターグレード RX-78-2 ガンダム Ver.Ka
マスターグレード ジムカスタムほか改造
製作／**岡 正信、**
けんたろう

●本作では、安彦クリーンナップ画稿の魅力のひとつであるしなやかな脚のアウトラインを徹底的に追求するのも大きなテーマとなった。センチネル0079 RX-78のデザインは、ややもすると足首周辺がデコボコしたりスネと足首が急に折れ曲がっているようになりがちだ。各ユニットの形状を徹底的に煮詰めるとともに、関節や足首アーマーの大きさや位置を緻密にコントロールすることにより、このように前後から見ても横から見ても、柔らかなラインがきれいにつながるようにできあがった

1/100 RX-78-2 GUNDAM Ver.Ka

いわゆる「カトキガンダム」はいまだにファンを惹きつけ続けてやまない魅力を持っている。本作例は、センチネル最終回掲載のカトキ画稿をと1/72作例を徹底的に参考にしつつも、単なるデッドコピーを作るのではなく、センチネル0079の「考え方」を辿ることで「極上のガンダム」を目指したものだ。

◀本作例は『「極上のガンダム」を作らねば！』（税込4104円）に掲載。本書は、あの『ガンダム・センチネル0079』のRX-78を本気でもう一度作ってみよう、というチャレンジのドキュメントだ。画稿の読み込み／当時の作例のリサーチから、スクラッチビルド込みの徹底的な改造工作、パーツ複製まで……ハイレベルなガンダム製作のノウハウと「カトキ版ガンダム」を製作するための長い道程がとことん詰まった一冊となっている

Model Graphix
2015年10月号
掲載

REVIVE HGUC No.191

RX-78-2 ガンダム
バンダイ　1/144　HGUCシリーズ
インジェクションプラスチックキット
発売中　税込1080円
製作・文／**NAOKI**

HGUC RX-78-2のリメイク作「No.191」は、2010年代最新のモードを取り入れたスマートなスタイリングかつめちゃめちゃよく動く仕様となった。もちろん普通にそのまま組んでもカッコいいのだが、そこをさらにチマチマと手を入れたいのがモデラーというもの。そこでNAOKI氏を講師として招聘し、とことん手を入れるための工作法と考え方を伝授しよう！

HGUCだからこそ とことん手を入れて もっとカッコよくしたい!!

RX-78-2 GUNDAM

REVIVE
HGUC No191

◀NAOKI氏が指摘するように製品のプロポーション設計は「よくできている」が、胴体の前後の厚みなど、各部のさまざまな要素のわずかな積みかさねによって必要以上に小顔に見えたり、細身に見えてしまう点もある。作例は適切な整形作業の繰り返しでトータルバランスを高めているのだ

RX-78-2 GUNDAM

今回はだいぶん偏ったHow toになりますので、参考になるか不安なのですが、普段自分がどんなことを心がけて製作しているかを中心にまとめてみました。

プロポーションに関しては、製品は「スタイリッシュ」と言いますか、よりキャラクター性に寄せたアレンジでまとめられているので、あくまでキットの素性を活かしつつ細過ぎず太過ぎない、それでいて安定感のあるプロポーションを目指しました。で、プロポーションに関してこのあとの製作解説では説明しきれなかったことを先に少々。非常に概念的なのですが、自分は「腰」から全体のプロポーション、四肢のバランスなどを考えるようにしています。人型の場合、直立時全身の重心はヘソ下あたりにあります。MSにあてはめると腰パーツにあたる部分です。つまり足裏で立っているのではなく（もちろん物理的には接地面である足裏で立っているのですが）、腰で立っているようなイメージとなるように心がけています。胴体からプロポーション出しをするのもこのため。この概念をなんとなく意識したうえで、もう一度作例とパチ組みを比較してもらうと言わんとすることがなんとなく理解してもらえるかと思います。これは撮影時のポージングなどにも非常に重要なので覚えておいて損はないと思います（とにかく腰を突き出してS字立ちさせればいいってもんではないです、念のため）。

いろいろいじっておいてなんですが、HGUCという組みやすくて、しかも組んだだけでちゃんと見映えがするシリーズがこうして節目ごとに最新の技術でアップデートされるというのは、ガンプラユーザーにとって本当にありがたいことです。

そういった意味でも今後の展開に期待値が高い「REVIVE」＝HGUCリメイクですが、じつは私、ガンダムMk-II以降のシリーズで開発に協力させていただいております。2周目ということでいままで以上にカッコいいキットにすべくバンダイとがんばっておりますのでよろしくお願いします！　と最後にちゃっかり宣伝をブッ込みつつ（笑）、今回はこのへんで！■

作る人／
NAOKI

NAOKI●なおき／モデラー、各種デザイナー、プロデュース業、商業原型製作などマルチに活躍中。ガイアノーツのツールブランド「NAZCA」のプロデュースも務めている。RE/100ディジェの作例（右写真）も理論に基づいたプロポーション改修工作で大反響を呼んだ一作だ

大好評 How to講座

REVIVE版HGUC RX-78-2ガンダムの研ぎ澄まし方 ドキュメント

CAUTION!!
この記事は、あくまでNAOKI氏が製作する過程を追ったものですので、中〜上級者向けの工作も登場します

完全新金型による新たなガンダム「HGUC No.191 RX-78-2 ガンダム」をどう作るか？ NAOKI氏による作例製作過程を詳しく掲載してみますので、ぜひモデリングの参考にしてみてください！

手順の確認です

- プロポーション工作
- 胴体の調整
- 脚部の調整
- 腕部の調整
- 頭部の調整
- 面出し、エッジ出し
- アンテナのエッジ出し
- 各部の整面、エッジ処理
- ディテール工作
- 塗装
- デカール／クリアーコート
- スミ入れ
- 完成！

↑ここまでの工程を解説します!!

満を持して発売されたREVIVE版RX-78-2。いままで以上にスタイリッシュで可動範囲も広いキットです。が、これだけ長い歴史のあるMSだと個人のなかでの「ガンダム像」も千差万別です。「ここが違う、あそこが違う」とネガティブな思考で粗探しをするよりも、常に最新の素材が手に入るというほかでは到底考えられない幸せな環境を噛み締めつつ、モデラーならモデラーらしく自分好みのガンダムになるよう手を動かしましょう！ （NAOKI）

プロポーション工作篇

すべての要 胴体

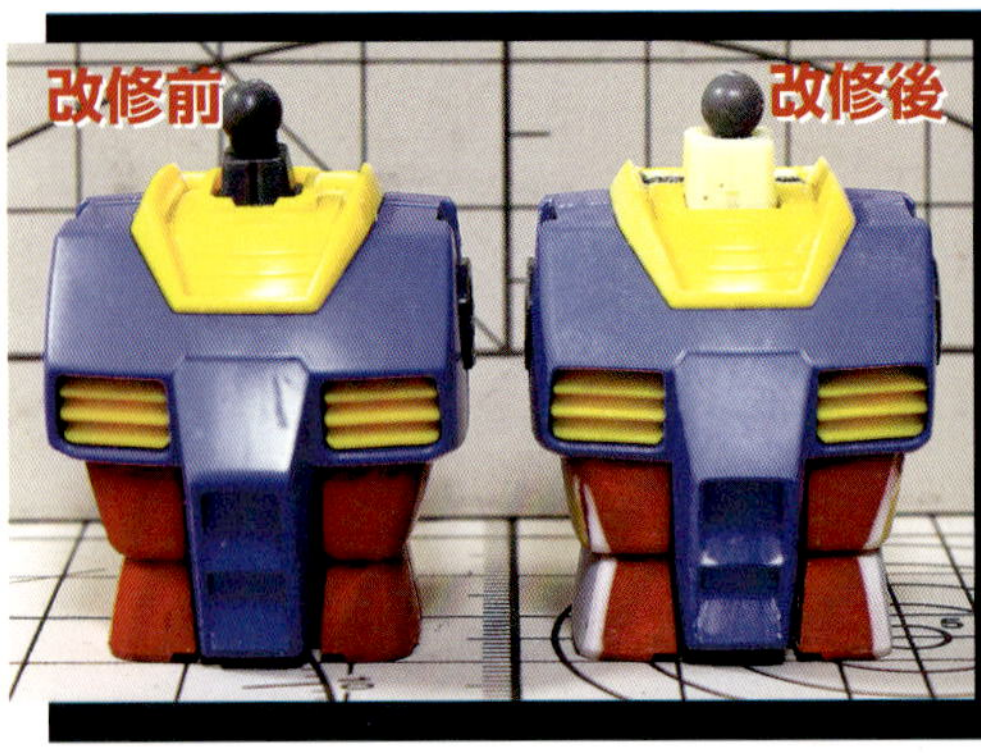

胴体はプロポーションの根幹を成す部分です。なので原型製作、キット改造問わず胴体のバランスや形状を決めてから四肢の調整を行ない、全体のバランスを取るのが長年の作業工程になっています（ちなみに、順番は胴体→脚→腕→頭）。今回のガンダムは、全体的に見ると胴体が小さくスマートな印象を受けるのですが、腰の赤い部分を絞り過ぎて胸の青部分が大きく見えます。そこで青い部分を小さくするのではなく、赤い部分を増すことにより比較効果で青部分が小さく見えるように調整していきます。

それから、今回のプロポーション調整でじつはいちばん重要な部分、それは胴体の厚みです。今回のガンダム、一見胴体がコンパクトでスマートに見えるのに四肢が細く、あるいは頭部が必要以上に小さく見えたりします。それはすべて胴体の厚みから来ていると思われます。意外と見落としがちなのですが、正面からの大きさ、形状にばかり気をとられ「厚み」のコントロールがうまくいってない作品をよく見かけます。立体物である以上、どこから見ても厚みは目に入るわけで、それを含めてボリューム感として認識します。二次元であるイラストや設定画から三次元である立体物にトレースする際に重要になってくるのもこの「厚み」です。左の写真を見ていただければ、正面からのボリュームはほぼ変わっていないけれど、厚みを変えることで大きく印象が変わるのがわかると思います。

四肢の長さの調整も重要ですが、この三次元ならではの重要なファクターである厚みのコントロールを意識すると造型のレベルが一段上がると思いますよ。

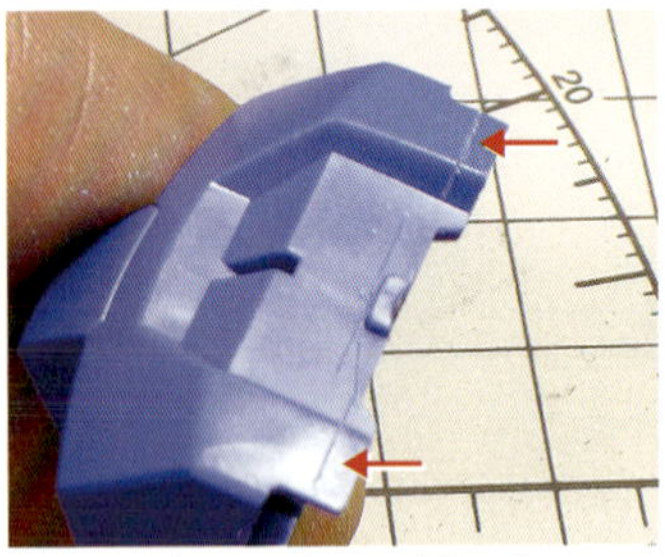

▲ノギスの先端部でパーツに直接キズをつけ、アタリのラインを引きます。このアタリのラインまでヤスリで削り落とせば、同じ幅で前後パーツの幅詰めができるというわけです

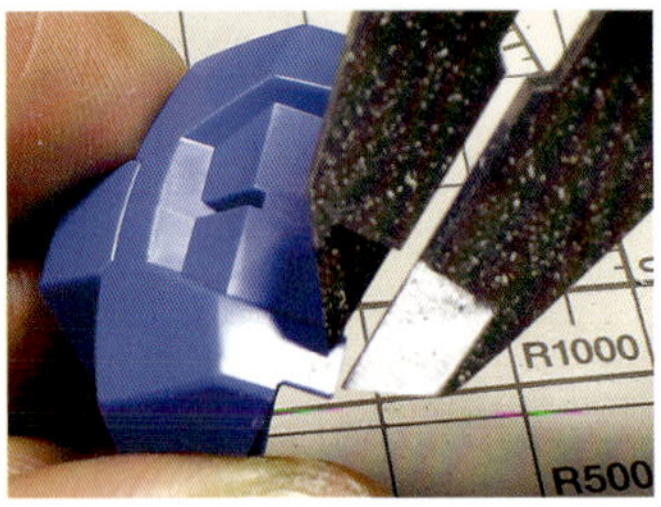

▲いきなりですが、NAZKAのスジ彫りノギスを使用しています。これは任意の幅で平行な幅のスジ彫りが引けるノギスで、当然普通のノギスとして計測にも使えます。ここのような幅詰め工作時のアタリ出しにはとても有効な工具です

REVIVE版って？

●REVIVE版は細身の体型が特徴的だが、とくにアクション性を重視しているところがポイントで、各種ポーズをとらせた際にできるだけ破綻が生じないよう関節配置が工夫されている。また、近年のHGガンプラと同様にヒジ、ヒザの二重関節に新型スチロール樹脂（通称KPS）を使用。KPS関節は塗装可能なほか耐摩耗性にすぐれるなどの特徴があり、切削／加工も容易。すなわちモデラーが気になる点に積極的に手を入れやすく塗装もしやすいという特長を持っているのだ

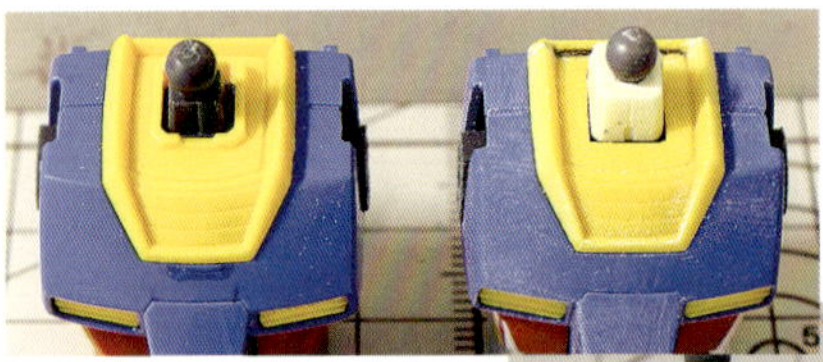

◀前後の厚みを調整したことでボリューム感が変化しているのがわかるでしょうか。さらに後述の頭部、肩のボリューム調整との相乗効果で、正面からの形状はほぼ変わっていないのにバランスが激変します

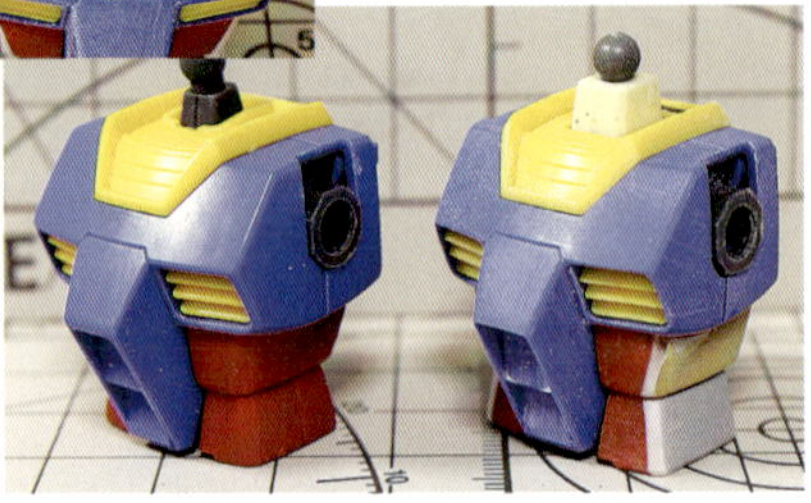

▶上半身の調整が完了しました。腹の赤い部分は、極端なくびれを修整するために側面部分をプラ板やポリエステルパテなどで形状を変更しています。ここのくびれ具合を調整したことで相対的に青い部分が小さく見えるのがわかるでしょうか

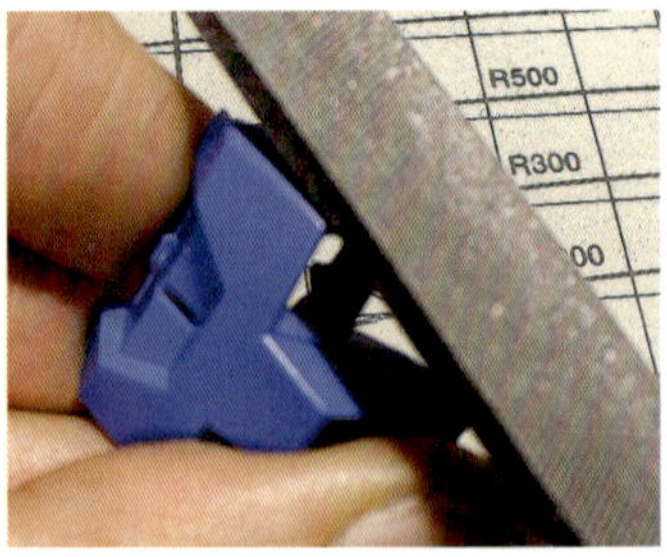

▲胸側面のアウトライン。側面が下に向かうほど広がった形状になっているので、ダクトに干渉しない程度にヤスリで削り、下に膨れたラインを絞り気味になるように変更しています

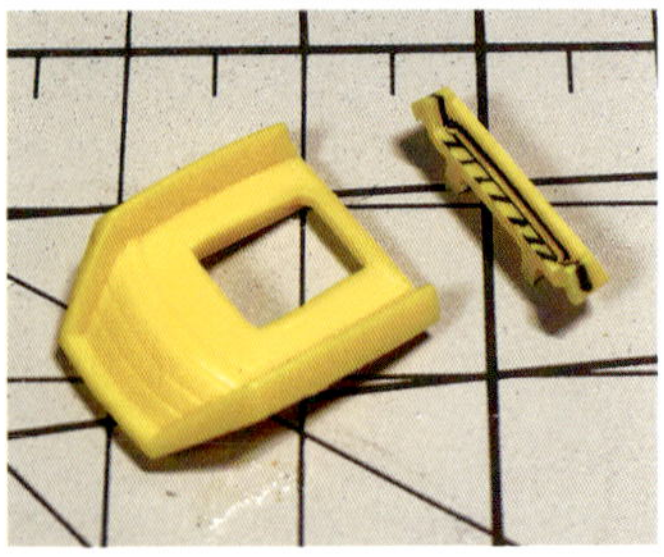

▲黄色い襟のパーツも幅詰めします。こちらは一度後端部分を切り離し、黒く塗った部分を1㎜ほどカットしてから、後端の部分を再接着します。接着後は整形して形を整えます

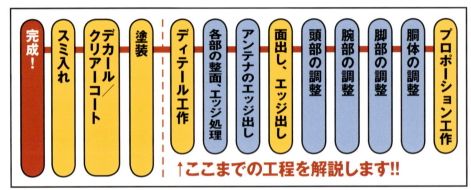

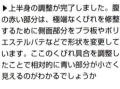

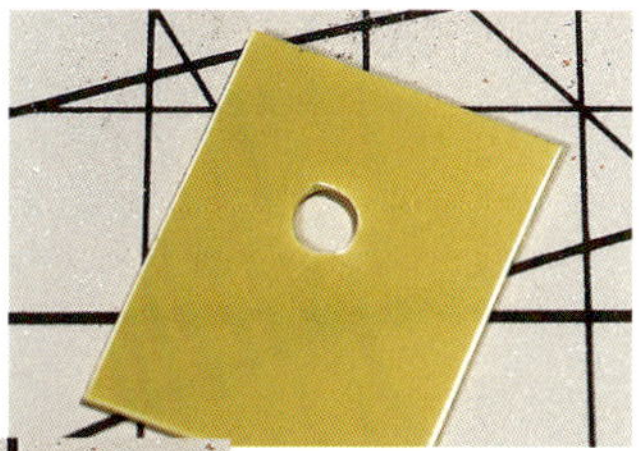

◀▲ポリキャップ軸のスペーサーを作ります。薄くて小さいプラ板は切り出した後に穴を空けると歪んだり割れたりするので、穴を開けてから切り出すとよいでしょう

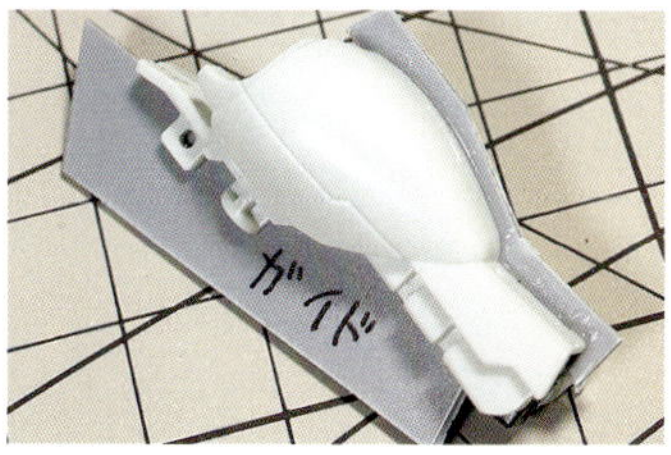

▲切断面を1㎜プラ板で幅増し。接着位置がズレてしまうので、1度にすべての箇所を接着しません。接着面の前後（左右）どちらかの片面のみにプラ板を接着、ある程度接着が固まったらもう片面を接着するのがコツ。最初の接着時に同じ厚みのガイドを挟んでおけば接着面が歪みません

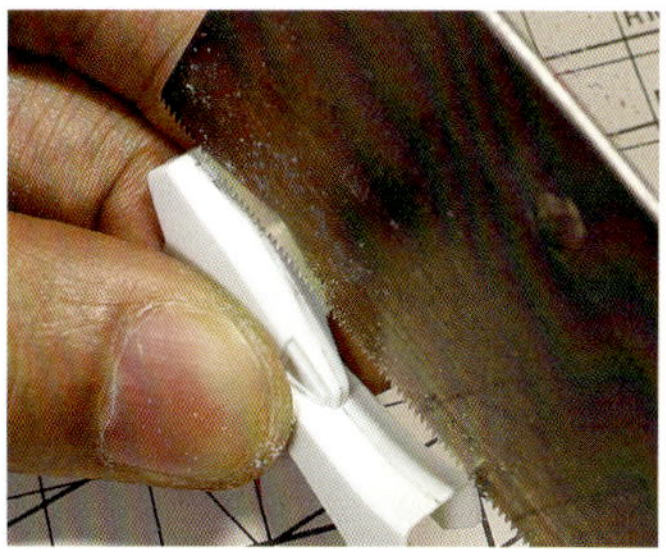

▲ヒザ下のパーツを左右に1㎜幅増しします。センターにアタリを出した後、レザーソーで縦に分割。このあと、内側のポリキャップ可動軸も左右で0.5㎜ずつ幅増しすることになります

脚部 幅増し工作は場所を選ぼう

脚が長く見えるキットですが、じつはそう長くもなく、そう見える理由は「細さ」にあると思われます。好みの問題ではありますが、とくにヒザ下が細めなので幅増しで太くしていきます。

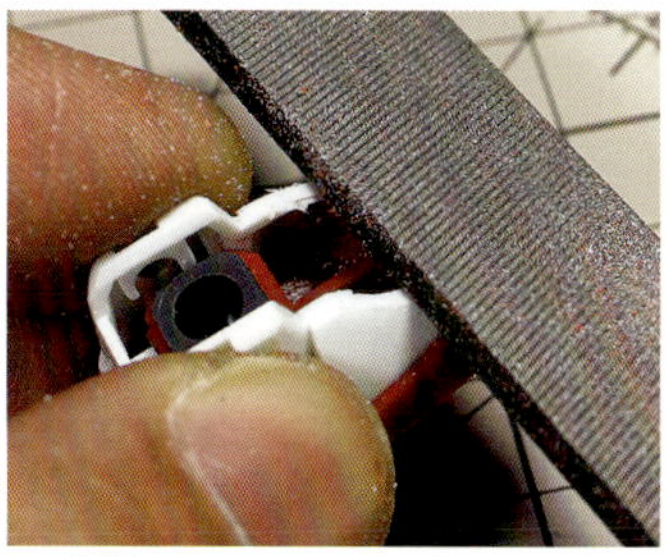

▲大雑把にカットした断面を鉄ヤスリで少しずつ整面します。整面後、1㎜プラ板を貼って穴を塞ぎ、さらに削り込んでいくことで微妙な逆アールをつけていきました

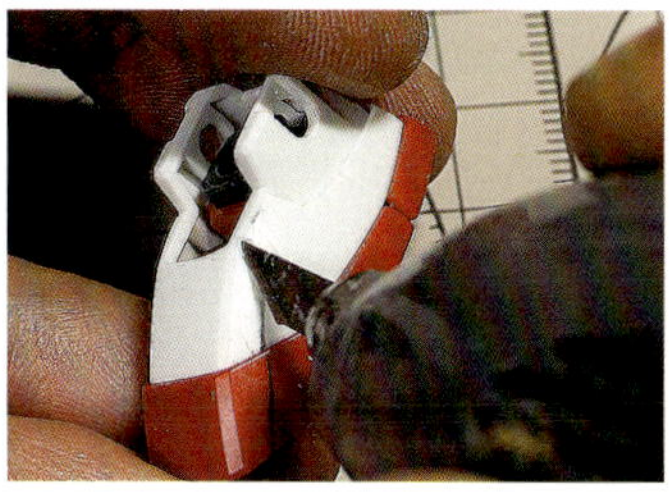

▲製品は足首が野暮ったく、スネからの繋がりもよくない印象。前後方向に長くも見えるので甲の部分のラインを変更します。まずは超音波カッターで甲パーツの正面をざっくりカット。こういうとき超音波カッターがあると便利です

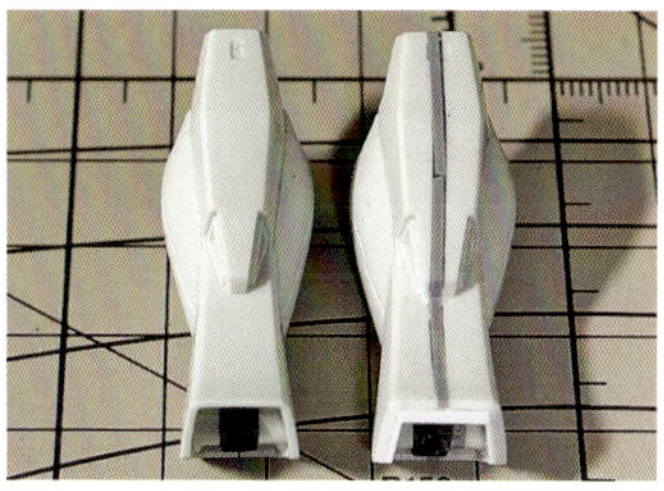

▲幅増し後の比較。いったんプロポーションを出し終えたあとに、トータルバランスから見て膝が高く感じ、また折れ線も気になったので膝まわりのラインを修整しています

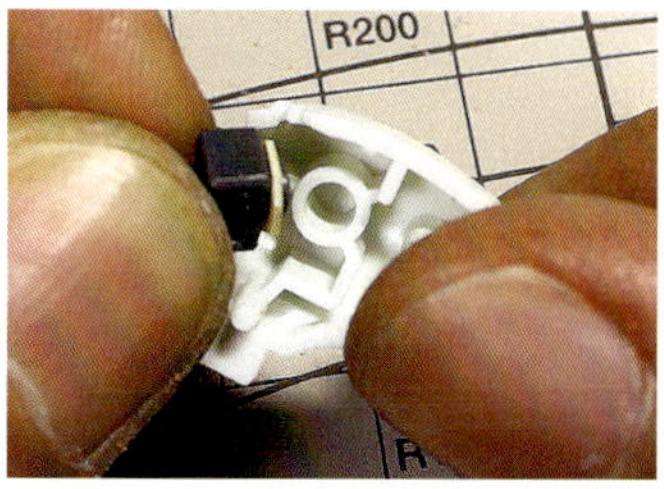

▲軸受けのスペーサー、パーツにもともとあるポリキャップの軸受けと同じ位置に重なるよう接着します。ポリキャップにスペーサーをつけたまま元の軸受けに差し込み、そのまま流し込み接着剤や瞬間接着剤などで接着しましょう

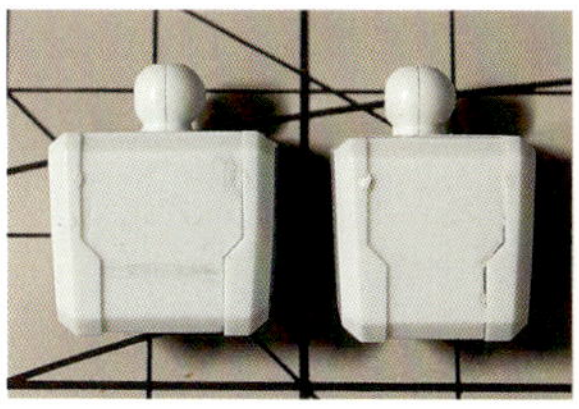

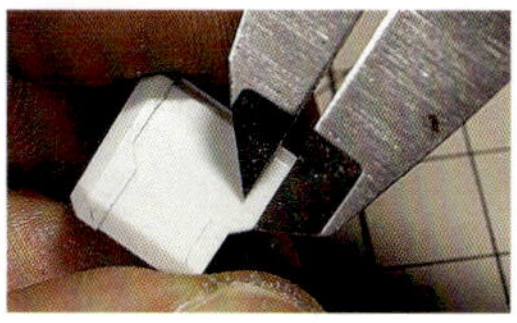

▲▶肩の厚みが腕の太さよりもかなり厚く設計されています。これは上腕回転のクリアランスが取られているためです。ノギスで上腕の回転に干渉しないクリアランスを図り、詰め幅のアタリをとったあと、余分な厚みを削り落として前後の厚みを薄くしました

腕

ガンプラでわりと気になるのが「肩の前後幅」「腕の付け位置」です。肩は腕の太さに比べ前後幅が厚く、肩が必要以上に大きく見えてしまいます。厚くせざるを得ない理由としては上腕回転のためのクリアランスが挙げられます。腕の付け位置に関しては設計上の都合や肉厚の制限などが挙げられます。これらはプロポーションに関しても大きく影響するポイントです。

これら違和感を感じる部分の理由を考察してみると、製品の都合や制限から来る不都合が見えてきます。これらを「一品物の作品だから許されるピーキーさ」へと突き詰めることによって解消していくのもキット改造の醍醐味だと思います。

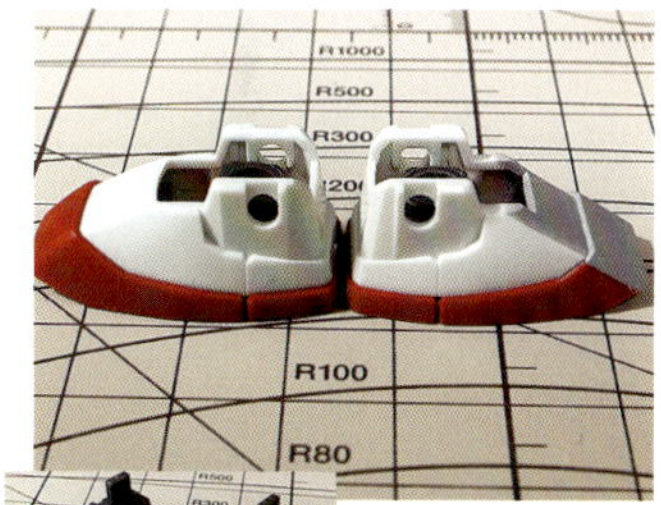

◀▲足首の比較。甲の部分には微妙な逆アールをつけています。足首全体のボリュームも抑えられました

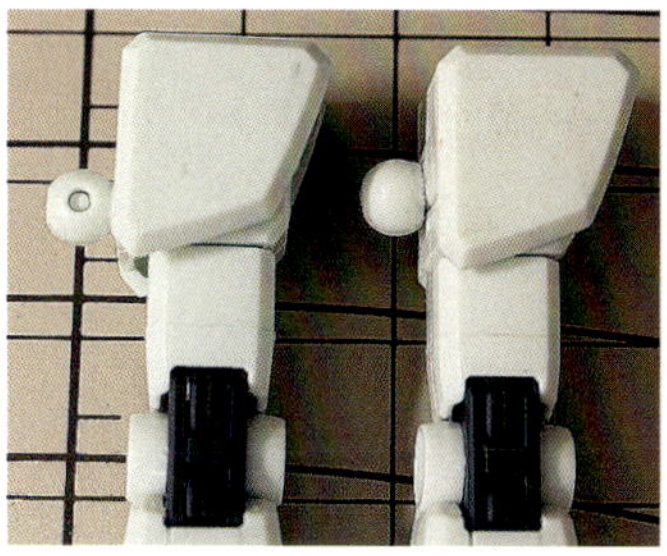

▲キットはいかり肩に見えるので、いったん胴と接続するボールジョイントを切り離し、位置を少し上げるなどの調整を施しました。ここまでタイトに調整しても可動範囲は変わりません

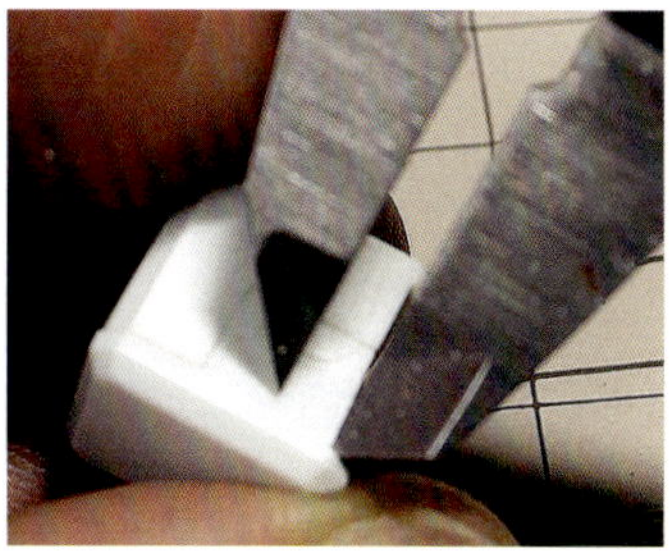

▲こういう平行面がある部分のカットにも先述のスジ彫りノギスが役立ちます。これでアタリとなるキズをつけてからカットしていけばキレイに整形しやすくなります

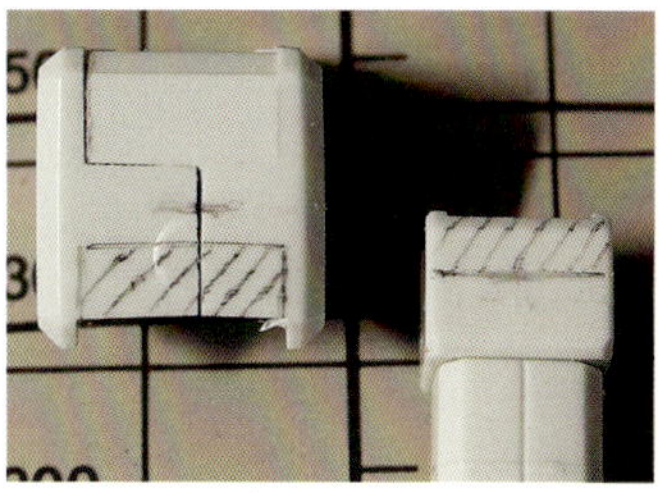

▲腕の接続軸の位置を胴体側に寄せたことによって肩板と腕付け根のパーツが干渉してしまい、腕の付け根の可動クリアランスが取れません。そこで双方の斜線部分をカット、可動のクリアランスを作ってやります

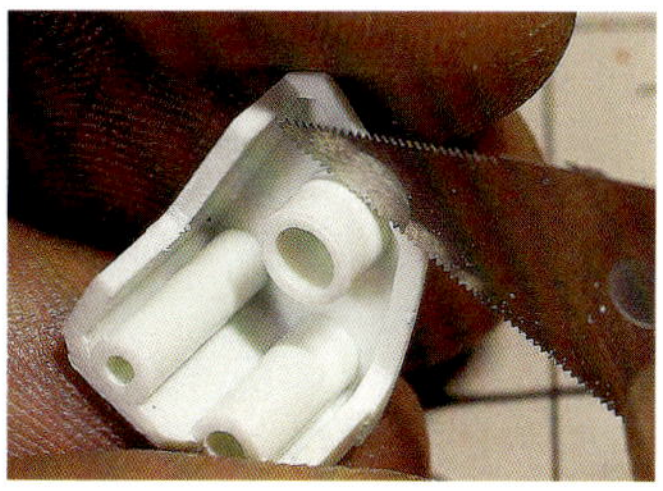

▲次に腕の付け位置の調整。胴体にもっと密着するように改造します。この製品は肩アーマー内部に腕の接続ポリキャップが存在するので、ポリキャップ受け軸を切り離したあと、タガネなどで切断した部分を平滑にします

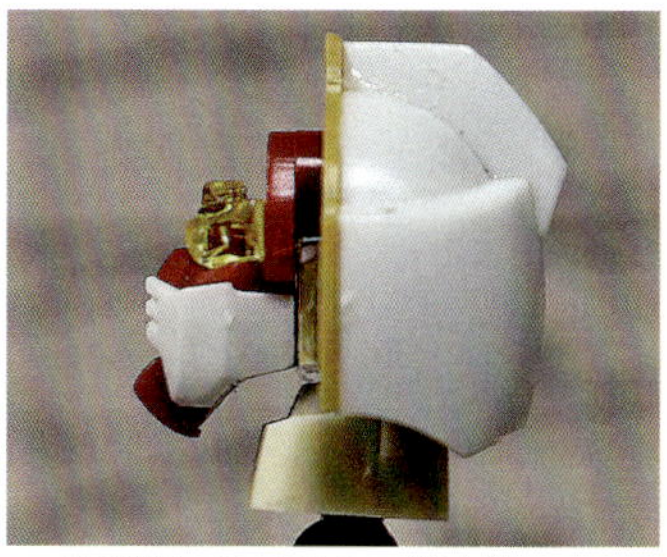

▲完成状態。首の新造とアゴ裏を削りこむことで充分なアゴを引くためのクリアランスが確保できました。頭部は前後の分割面で0.3㎜プラ板を貼り、ほんの少し前後に延長しています

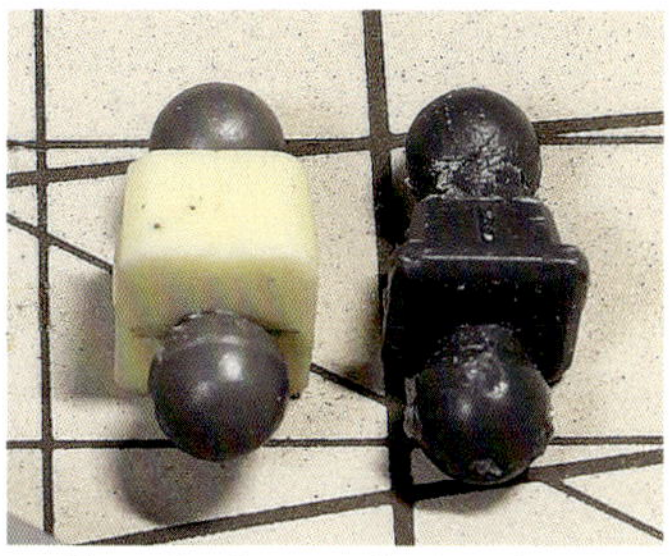

▲首はレジンブロックの削り出しで新造。ボールジョイントは市販のプラ製（4㎜）を使用。このサイズなら無理にポリキャップを使用しなくてもプラ×プラで充分な保持力を得られます

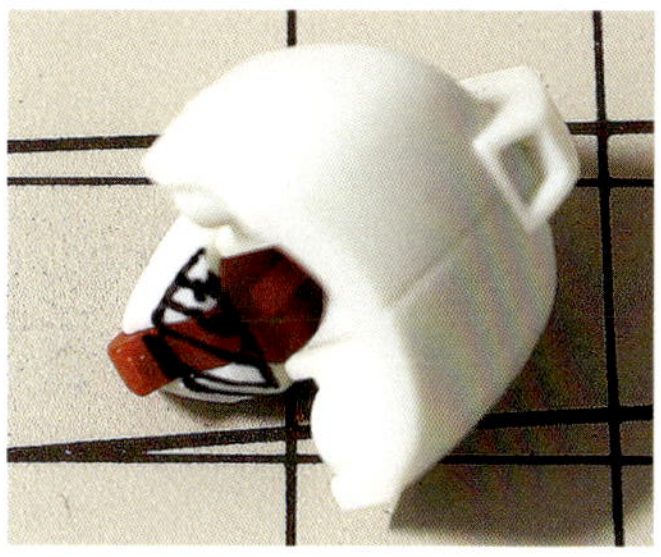

▲後述する首の新造によりアゴが引けなくなってしまうので、アゴ裏の斜線部を削ります。自分が開発に携わっているキットではなるべく首をプラ製にするなどしますが、首元は気を使う部分です

頭部 比較効果とは？

造型としてはかなり好みですが、全体の印象としてもう少しだけ大きく見せたい。なので先述の胴体の工作との相乗効果を狙い、合わせ目部分で0.3㎜幅増しすることにします。逆に言えば0.3㎜しか幅増ししません。「大きく見せたい箇所をそのまま大きくする」よりも、場合によっては他の箇所との比較効果でバランス調整することで、望んだ結果が得られることを知っておいてください。

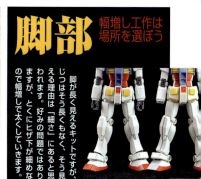

前ページまでのプロポーション工作を終えた状態

▲すね～アンクルアーマー～足首のラインの繋がりが不自然だったので、足首側のアーマー接続穴を現物合わせで縦長に拡張。アーマー自体がある程度傾けられるようにしました

▶プロポーション調整が終わったところで全体を確認。色が混じっていては正確なアウトラインが確認できないので、黒色のサーフェイサー（自分はメカサフ ヘヴィを使用）を全体に吹くいわゆる「捨てサフ」をし、色を均一にしてプロポーションが確認しやすい状態にします

▼ヒザのボリュームと折れ線が気になったので、膝パーツの裏打ち後、高さを抑えつつ折れ線のないなだらかな面で繋がるように調整

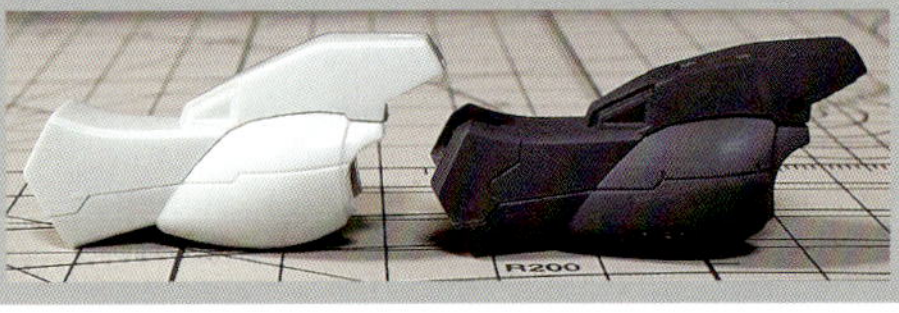

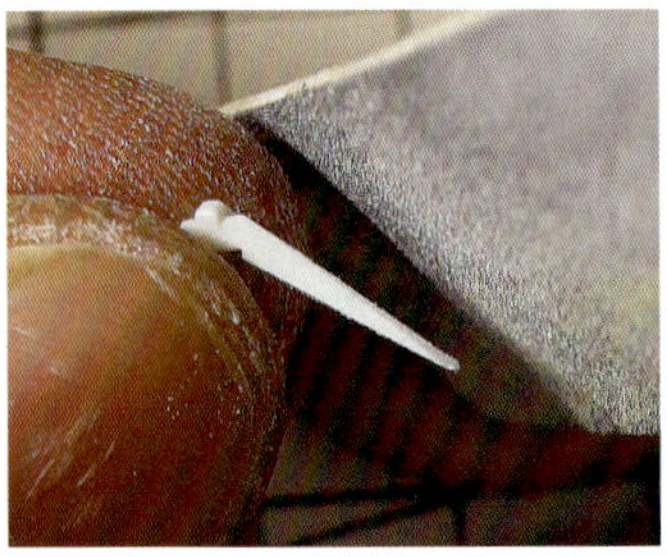

▲次に、粗めの番手の耐水性サンドペーパーで少しずつヤスって各面のアウトラインを形成します。この際、表側の面が削れてしまっても、あとで修整するので気にしません

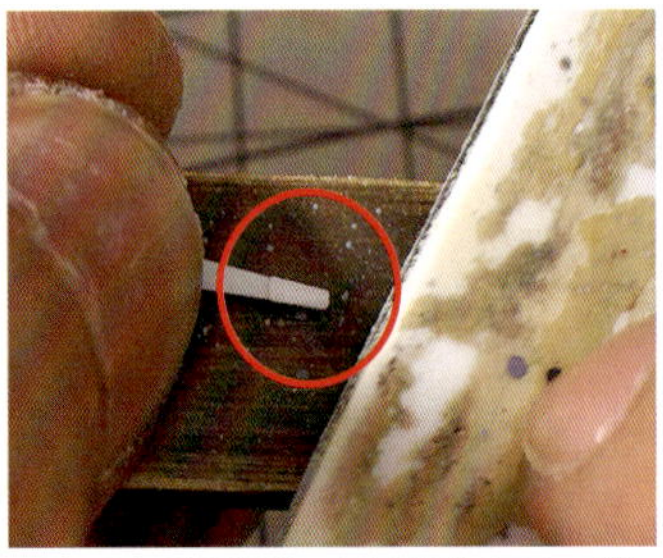

▲アンテナの整形です。まずは通称「フラッグ」と呼ばれる安全対策で設けられたリブ（右図①）を切除します。小さく細いので裏から硬いもので当て木をし、パーツが反らないようにします

シャープに削る意味を知ろう。

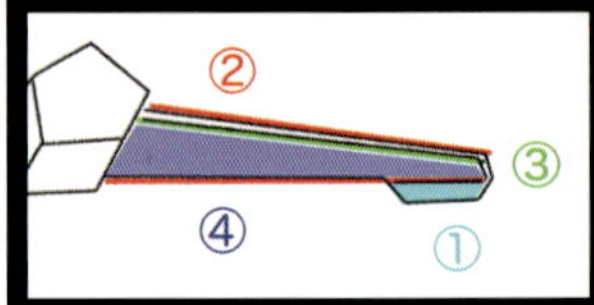

▲ガンダムの頭部アンテナの場合、①フラッグ除去②アウトラインの整形③ヤマの角度を調整④面出しの順番で整形します

面出しとエッジ整形

金型の抜き方向垂直面にありがちな2重のエッジ（写真右下の参考例はMGガンダムVer.1.5）は設定画にはないガンプラならではの面構成。これはスケールに関係なく同じくらいの幅で存在します。つまりスケールが小さければ小さいほど相対的に大きい面になります。パーツの肉厚も同様で、スケールが小さいほどパーツ形状や断面の見映えに及ぼす影響は大きくなります。逆に言えば、小さいスケールほどこれらをていねいに処理することでスケール感を増せます。

つまり、エッジをシャープにして（薄さを再現して）スケール感を増す、という意味ではアンテナをシャープに削るのも装甲断面を薄くする処理も同義と言えるのです。

▲C面の上にパテなどを盛ってから整形する「足し算」の工作ですが、自分は食い付きのよさや切削性からSSP-HGのパウダーと白シアノンを使います。混ぜるのに使う台紙は紙製ガムテープ。コストパフォーマンスがよいです

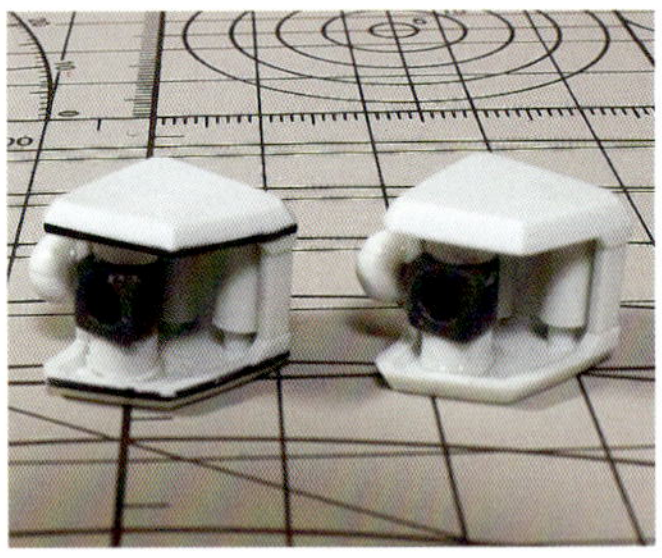

▲肩アーマーの黒く塗った部分に2重エッジが存在します。ここは2重エッジを削り横にある面とならしてひとつの面に繋げる、「引き算」の処理で工作しています

各エッジの立て方

エッジを盛って足す方法（足し算）と直近の面と繋げて均す方法（引き算）があります。部位により適した方法で処理しましょう

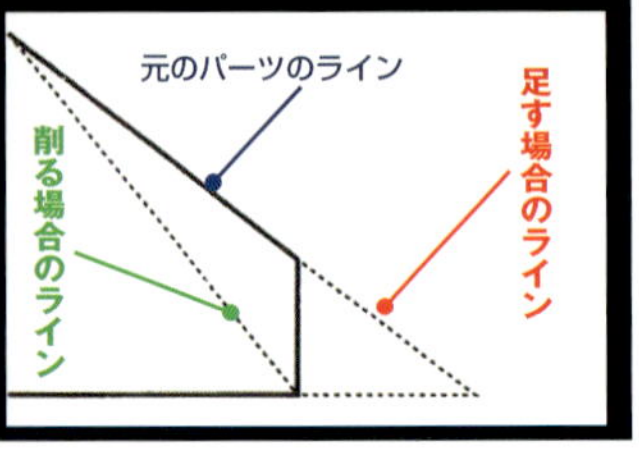

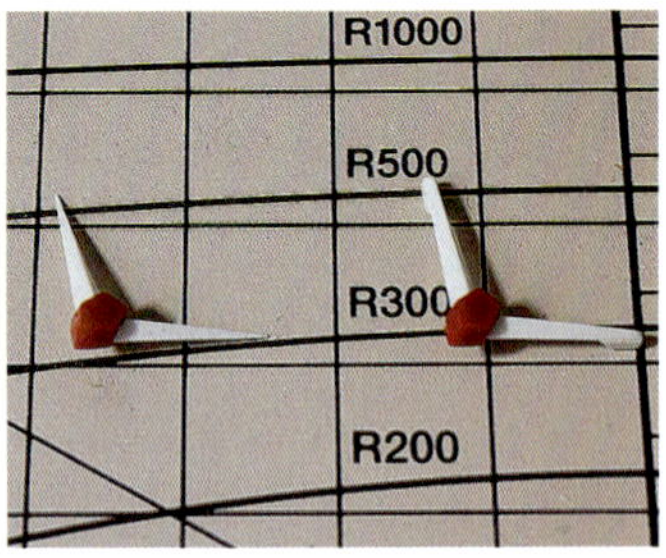

▲その後表面のヤマの角度をヤスリで削り出して調整し、最後に面出しをして頭部アンテナの整形ができました。コツとしては先にアウトラインを出しておくことです

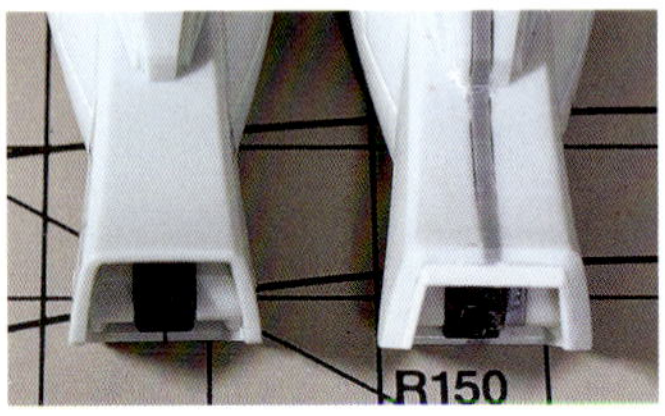

▲装甲断面を薄くすることでスケール感を演出すると書きましたが、逆に厚みをもたせる、もしくは面を追加することもテクニックのひとつです。スネの裾はプラの肉厚そのままなので裏からプラ材を貼り、面をひとつ追加しています。スネフレームが丸見えになって貧弱さが目立たないようにするというのも目的のひとつです

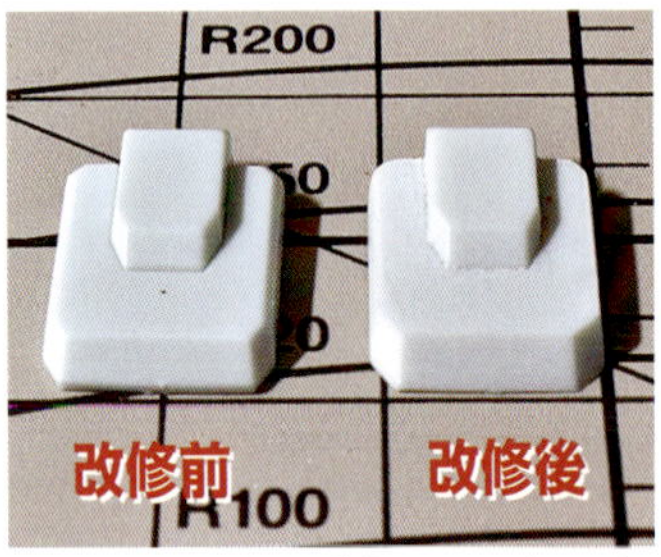

▲腰アーマー改修前後の比較。C面と2重エッジをなくしてひとつの面にすることでシャープな印象になりました。1/144だとこのぐらいのエッジ感のほうが雰囲気が出ると思います

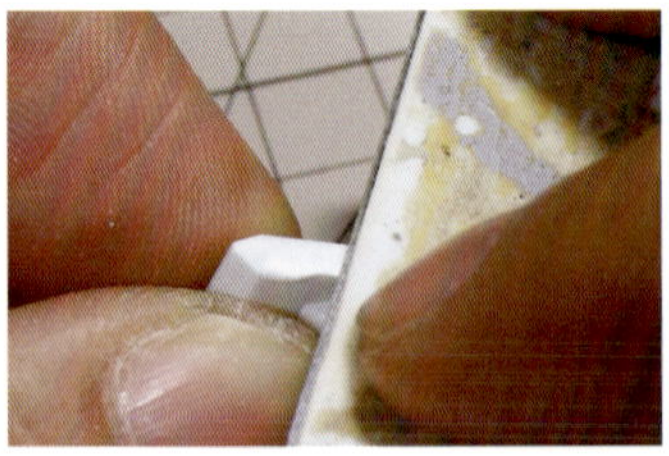

▲表面と側面を繋ぐエッジにC面が存在するのですが、スケールが小さいとこのC面、ともすると「ダルい」印象に見えてしまいます。そこでC面を盛ってなくす「足し算」、さらに2重エッジを消すために直近の面とならす「引き算」の両方の作業を一度に行ないます

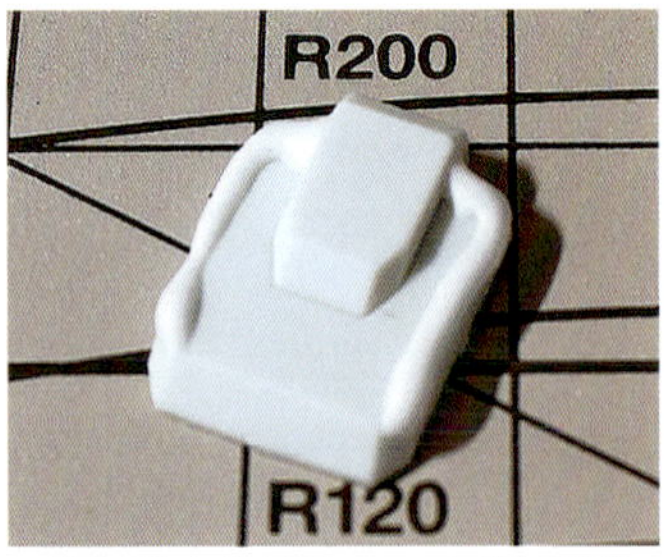

▲「足し算」をサイドアーマーの面出しで説明します。エッジを立てたい部分にアルテコ＋白シアノンを混ぜたものを多めに盛りつけます。あとで整形するのでこんな盛り方で大丈夫

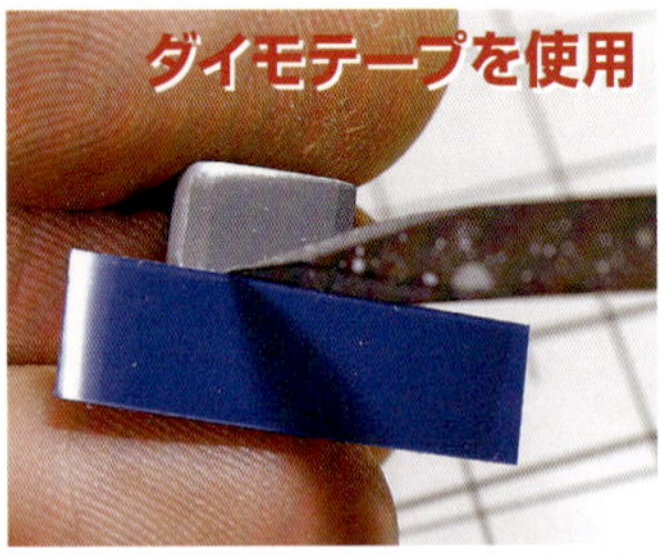

▲面にアールがついていたり、平行、垂直な辺がない部分にスジ彫りを入れたい場合は定規だと面に沿ってくれません。そこでダイモテープをパーツに貼ってスジ彫りのガイドとします

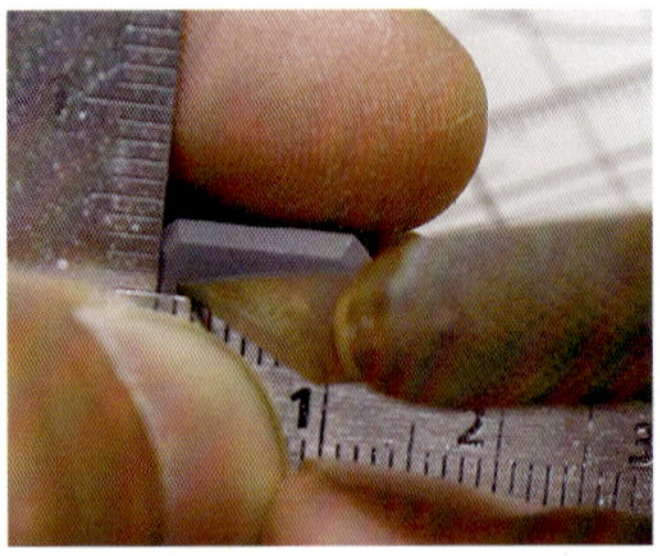

▲こちらはT型定規をガイドに、デザインナイフの刃先でスジ彫りを行なっているところ。太さや雰囲気で使い分けてみましょう。ナイフの刃はこまめに交換することがキレイに彫るコツです

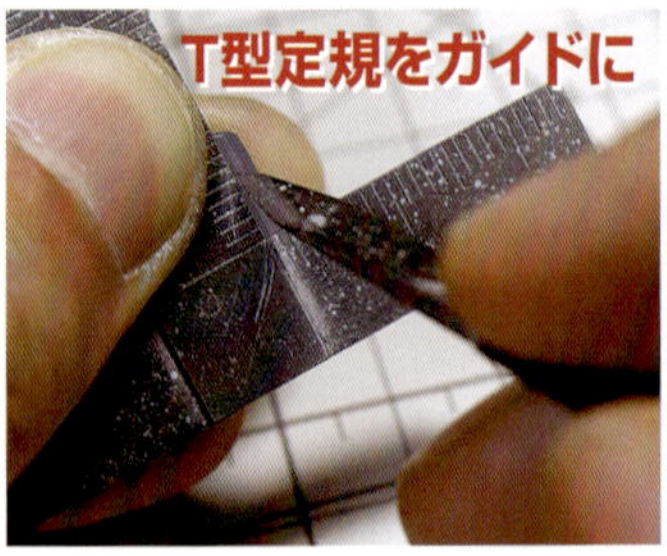

▲平面の辺に対して垂直方向にスジ彫りを入れたいときはT型定規を使用しています。ぐらつかないようにしっかり固定してダイレクトにキサゲやデザインナイフで引いています

スジ彫り編

ガンプラにはつきものの彫る系工作ですが、私が使っているスジ彫り用ツールを紹介します。①目立てヤスリ ②T型定規 ③エッチングソー ④タガネ ⑤キサゲ ⑥スジ彫りノギス ⑦デザインナイフ

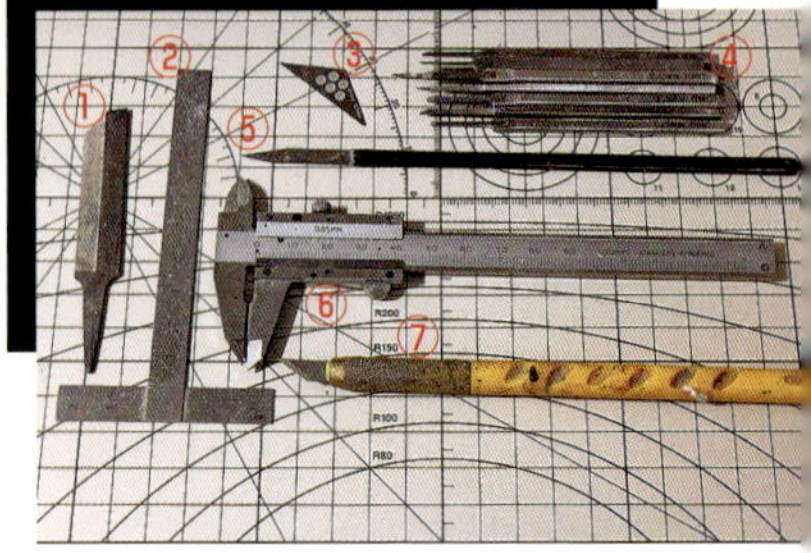

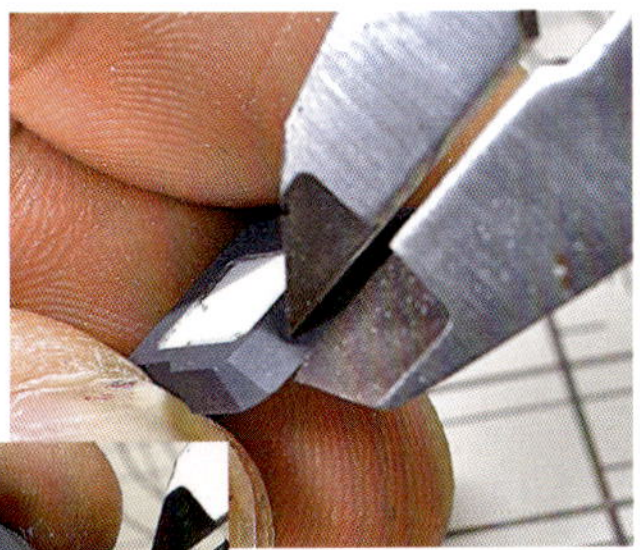

◀▲スジ彫りノギスをパーツの断面に当ててスライドさせていくことで、断面と平行なスジも簡単に入れられます

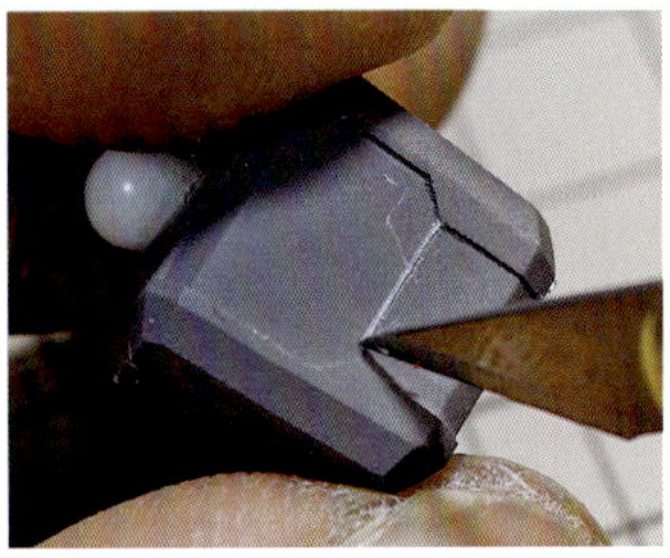

▲最終的には、デザインナイフなどで彫ったスジをなぞって整えたり、スジ彫り周囲のケバだった部分を耐水性サンドペーパーでならし、きれいに仕上げるようにしています

▲このスジ彫りノギスは、通常のノギスの外側測定面が鋭利になっているので、引くだけで軽いスジが彫れます。数回繰り返して引くだけでスジ彫りが彫れますが……

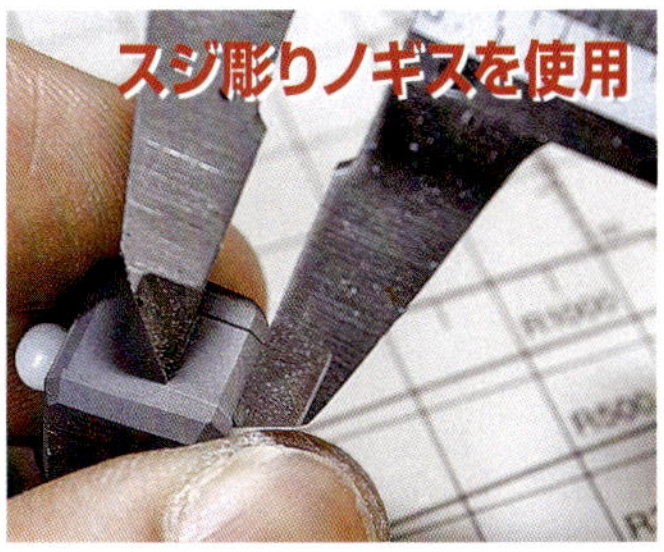

▲辺に対して平行にスジ彫りを入れたいときはスジ彫りノギスで。プロポーション出しでも使用しましたが、そもそもスジ彫りをするのが本来の用途です。元はノギスを加工して自作したもの

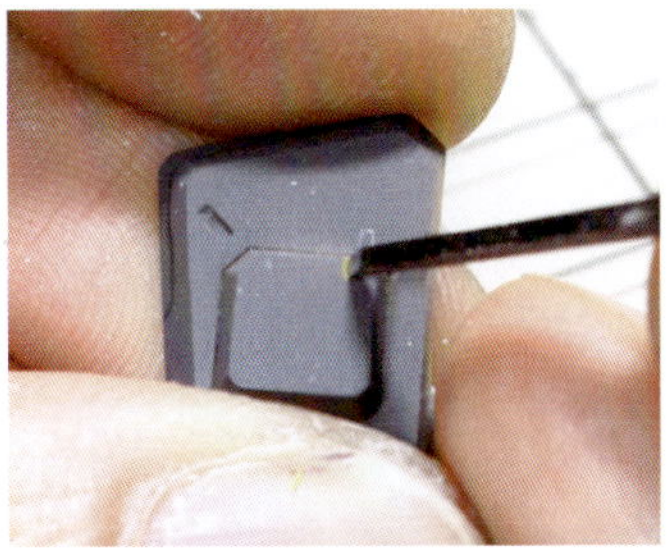

▲次に逆方向から彫り、断面がV字型のミゾを作ります。あとの工程で整えるのでそれほどの精度は求められませんが、なるべく反対側のミゾと平行に刃を入れましょう

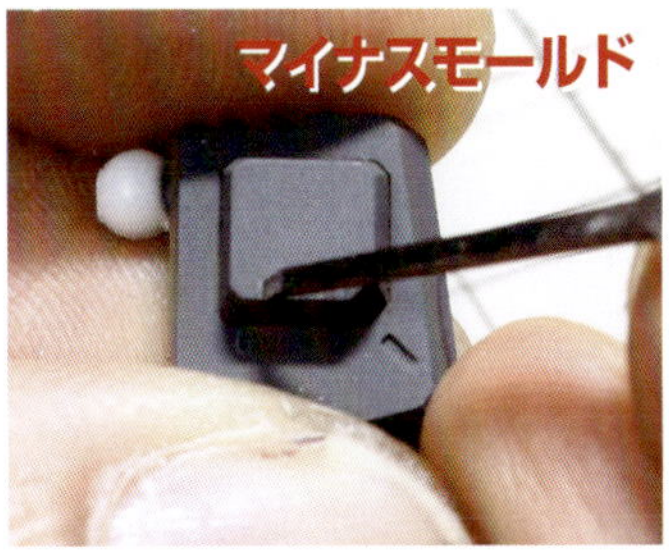

▲各所にある「マイナス」モールドは、タガネを使って彫っています。まず縦方向の長さを決めてパーツにアタリをとります。画像は0.8㎜のタガネを押し当てているところです

ディテール工作編

フリーハンドで彫るのは上級者だけ?

ガイドを使用せずナイフでフリーハンドで彫っていくのはシンプルで奥深い手法。練習あるのみです。基本的には刃を少し寝かせた状態で彫り、逆方向から同じことを繰り返しV字型に彫ります（図を参照）。V字型のメリットは近年主流のタガネで彫った凹型の底と異なり、スミ入れの段階である程度スジの太さが調整可能ということです。

◀慣れればガイドに囚われない自由な線が引けますし、太さも自在に調整可能です

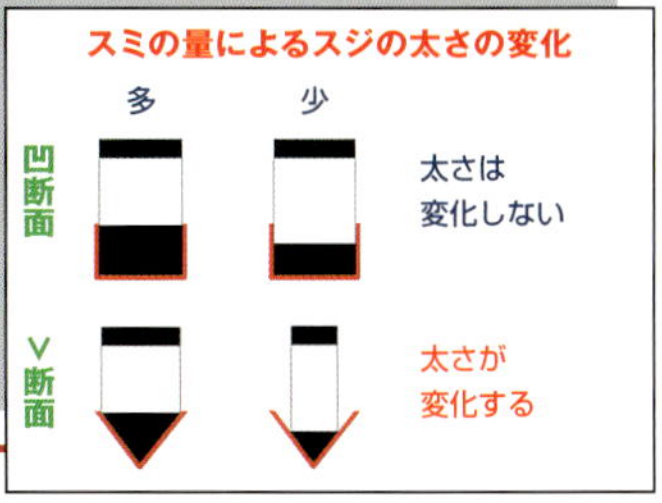

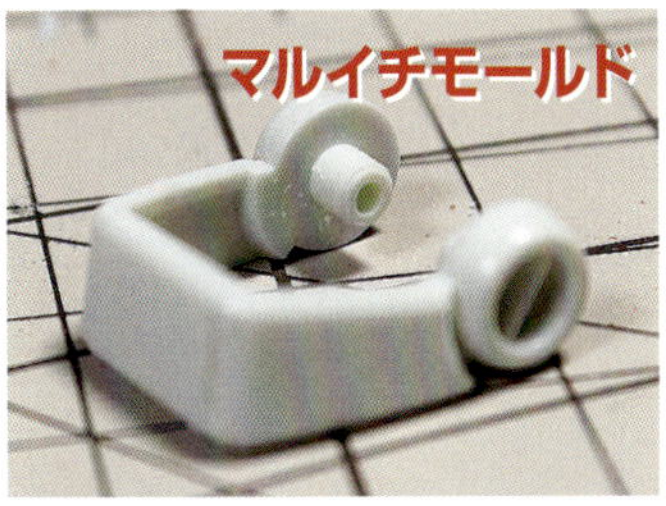

▲連邦系MSによく見られるいわゆるマルイチモールドですが、小スケールであればあるほどプラの肉厚が気になります。こういった「製品の都合上仕方ない箇所」をひとつずつていねいに仕上げることで完成度が格段に上がります

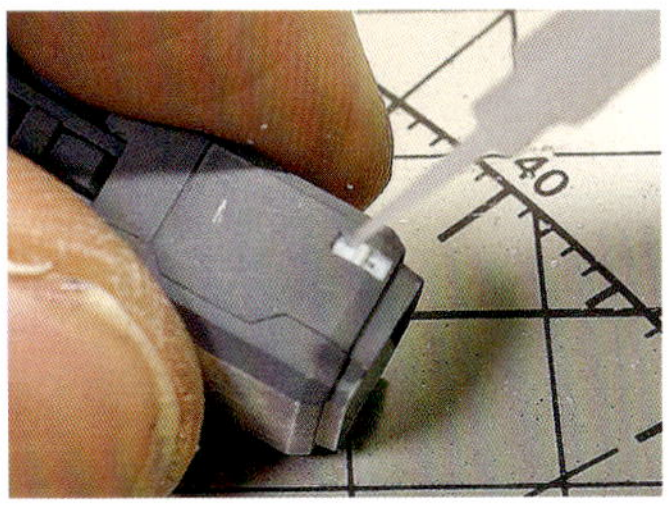

▲輪切りにしたプラ棒を流し込みタイプの接着剤で固定。接着剤を付け過ぎると溶けてシャープさが損なわれるので、ハケについた溶剤を一度おおまかに拭き取るのがポイント。自分は一度手の甲にチョンとつけて拭き取ってます

▲自分が好んで入れるフック状ディテール（作例の赤いディテール）の作成方法。まず任意の幅にタガネなどでマイナスモールドや凹面を作成。（画像は1㎜）。さらに任意の幅のプラ棒を輪切りにしたものを作成します（画像は0.5㎜）

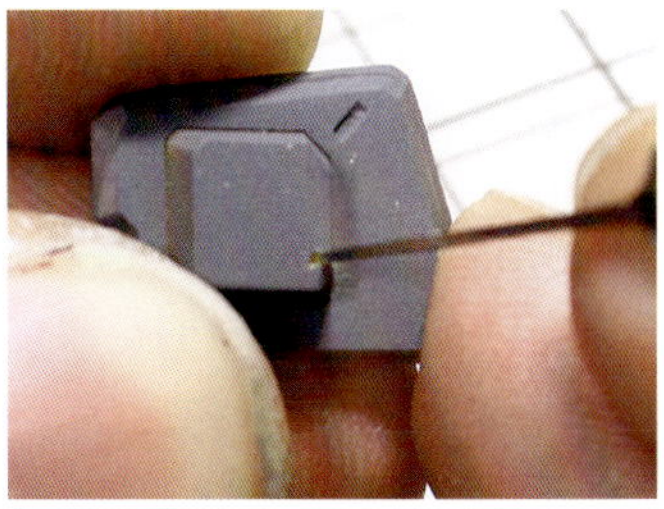

▲最後に任意の幅のタガネ（画像は0.4㎜）でV字型のミゾを凹型に均すように彫って完成。一気に任意の幅で仕上げようとせず、まず細めのもので整えてから仕上げていくのが失敗しないコツ

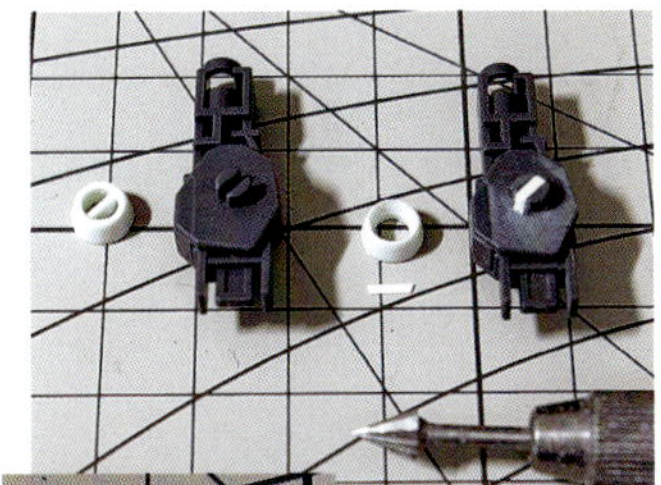
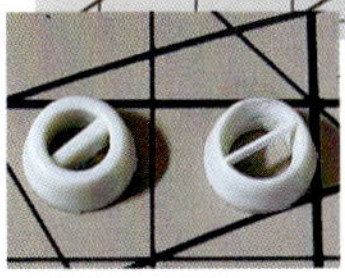

◀▲ヒジ、ヒザ関節も同様の工作を施しています。こちらはキット同様に別パーツ化してあるので塗装も楽です

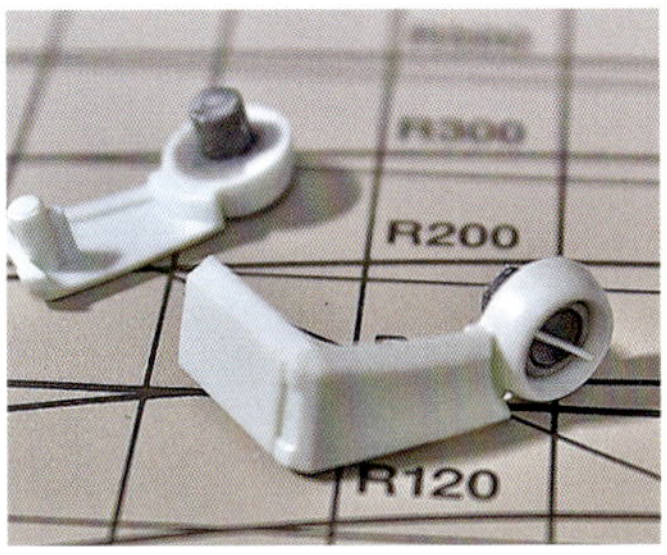

▲プラサポのパーツの中心穴を3㎜に拡げて3㎜プラ棒を差し込み、内側は接続軸、外側はディテールとして使用します。0.25㎜プラ板で円内の仕切りを製作して完成です

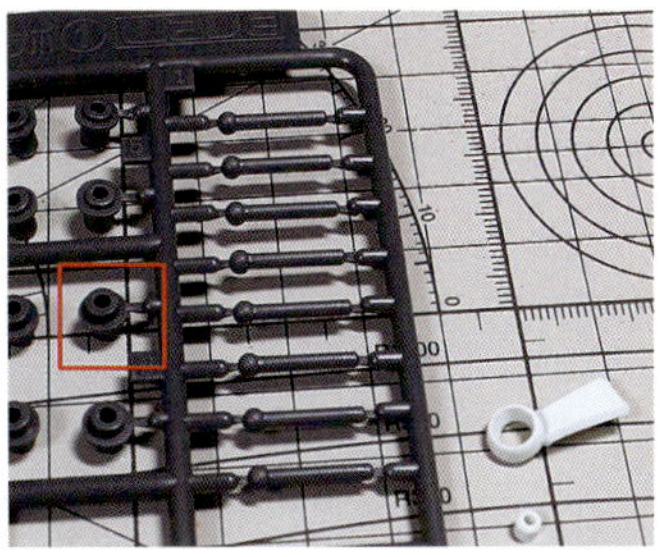

▲マルイチの開口した部分に蓋をしますが、足首に接続する際、円の中央に足首への接続用軸が必要となります。そこで、WAVEのプラサポの赤枠で囲ったパーツを使用します

▲まずは中のモールドをくり抜きます。内径はテーパーのついた穴にしたいので、開ける穴径よりひとまわり小さめの経のピンバイスで開口後、リーマーで徐々に穴を拡げていきます

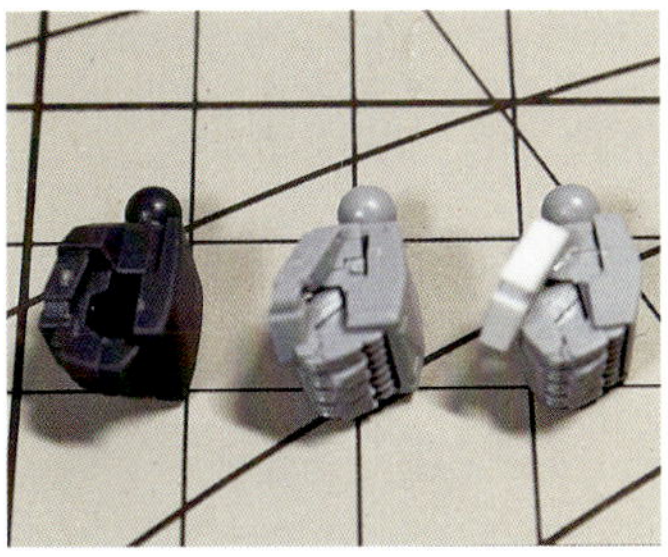

▲右から、手を入れて完成した手首、MSハンド03そのまま、製品に付属する手首の比較です。アフターパーツを単にそのまま組み込むよりも、手を入れることで立体感が増します

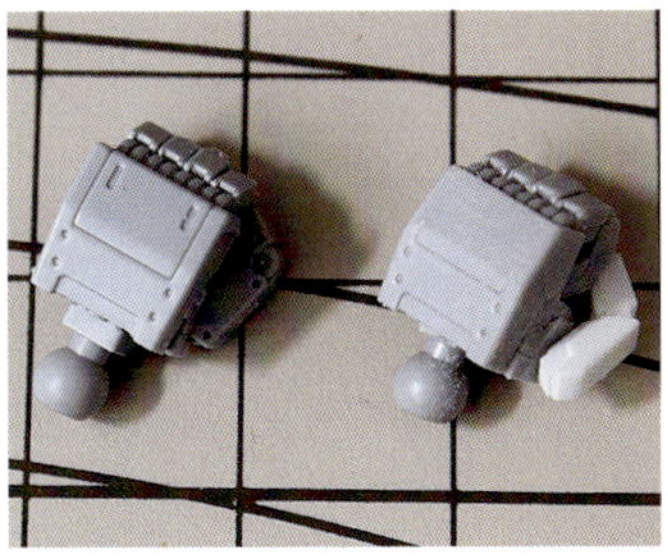

▲手首はMSハンド03をベースに。これ、解像度高くてかっこいいのですが、親指が埋没している＆ディテールが抜き方向に入ってしまっているのでいったん親指を切り離し、プラ材で新造します

極小丸モールドの作り方

▶近年はいろいろなディテールアップパーツが発売されていますが、1㎜以下のサイズとなると限られてきます。そこで簡単にできる丸モールドの作り方を紹介。まずはピンバイスで浅めに穴を彫ります。ゴッドハンドのスピンブレードというピンバイスに取り付けて使用する平刀を使えば（同じ径のものを使います）、簡単に穴の底を平坦にすることができます。スピンブレードがなくても先端を研いだ精密ドライバーなどでも代用可能です。

作例は丸穴径よりも若干小さめのプラ棒を輪切りにしたもの（画像は0.7㎜）を埋め込みました。プラ棒の径や輪切り幅より雰囲気の違うモールドが作れますよ

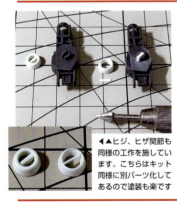

REVIVEで遊ぼう その2
「カラーリングで遊ぶ」なら ここまで本気でやらなくちゃ!!

REVIVE版ガンダムを独自の色で塗った本作例は、ベテランモデラーの射尾卓弥がまず彩色設定を担当。それをけんたろうが模型で再現する……という経緯で誕生した。自分だけのカラーリングでガンプラを塗りたいモデラー諸兄の参考になれば幸いだ（複雑すぎて参考にならないという意見も／笑）

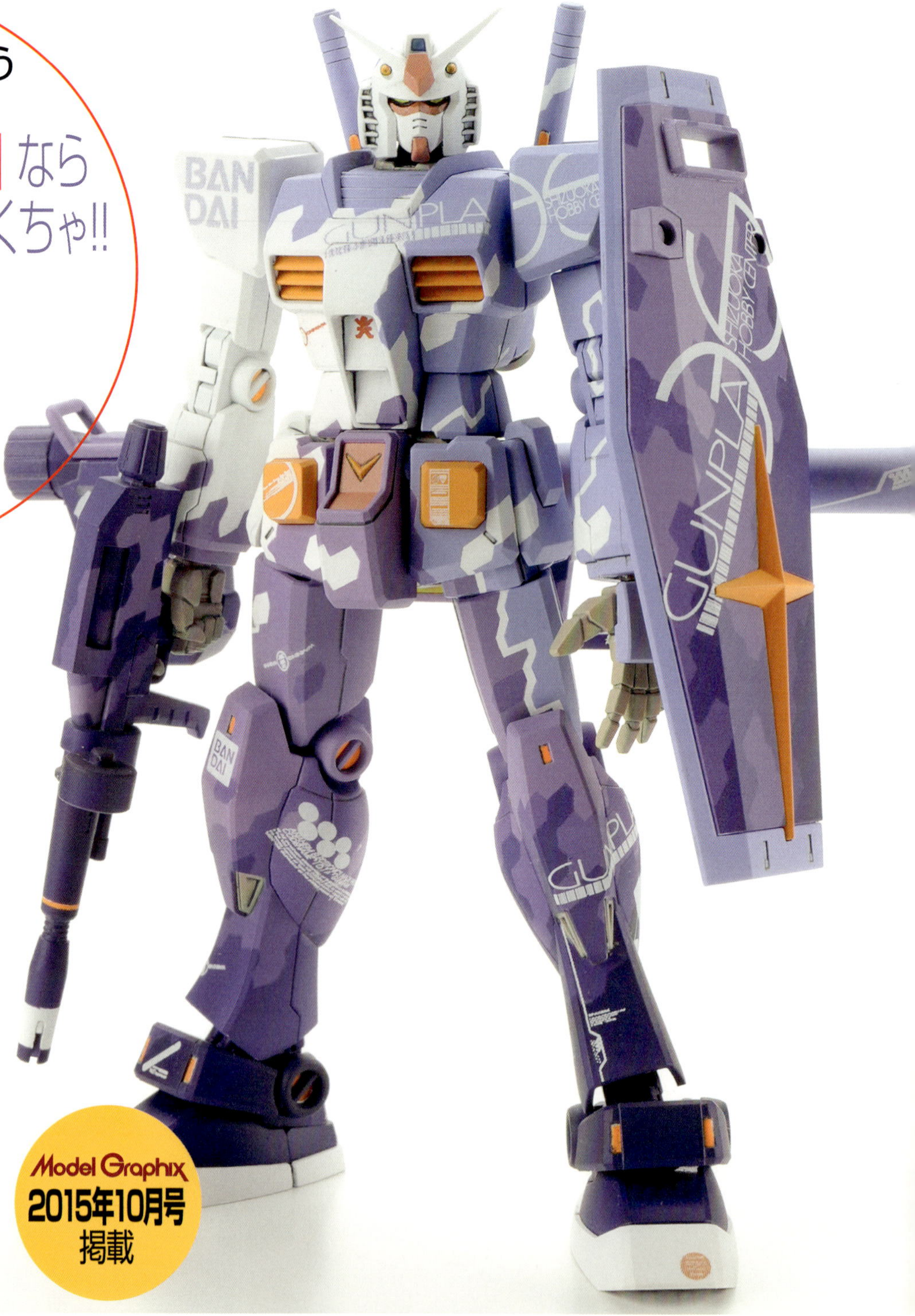

RX-78-2「ガンプラの里 静岡」
バンダイ　1/144
「HGUC　RX-78-2 ガンダム（№191）」使用
インジェクションプラスチックキット
発売中　税込1080円
彩色設定／**射尾卓弥**　製作／**けんたろう**

実物はガンダムフロント東京のイベントで展示されました。

この射尾カラー版ガンダムは「ガンプラサポーターズ35』というバンダイの企画で製作されたもの。ガンプラ誕生35周年を記念するべく、著名人やガンダムに携わる雑誌など計35組がそれぞれに独自のカラーリングデザインを提供。バンダイがそのカラーで塗装したガンプラを用意しお台場のガンダムフロント東京（'17年に閉館）にズラーっと展示された（本誌は、デザインが複雑すぎたので、ムリを言ってけんたろうに作らせてるけど）。

射尾卓弥とけんたろうの努力の結晶を間近に見られる貴重な機会だったことは言うまでもないが、アムロ役の古谷徹氏やカイ役の古川登志夫氏の作品など、他の著名人の作品もそれぞれユニークで一見の価値ありなものばかり。かなり贅沢な感じの記念イベントでありました。

Model Graphix 2015年10月号 掲載

射尾卓弥×けんたろう「本気で遊ぶ」G35の顛末

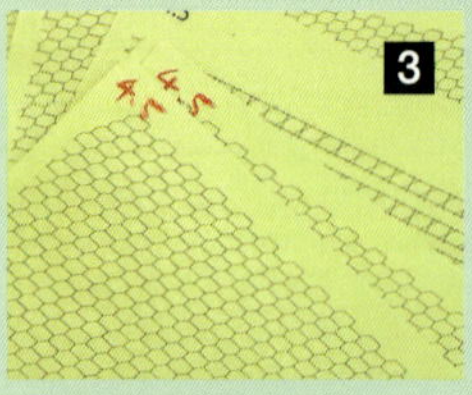

3本デザインは斜体がかかったヘックス（6角形）を基準とした塗り分けラインなので、目見当できちんとしたラインを切り出すのはほぼ不可能。そこで、Adobe Illustratorで作図したヘックス模様をマスキングシートにプリントしたものを使うことにした。立体に貼ったときに整合性が取れるように、6角形の大きさがコンマ0.5㎜単位で違うものを数種製作して適宜使い分けている

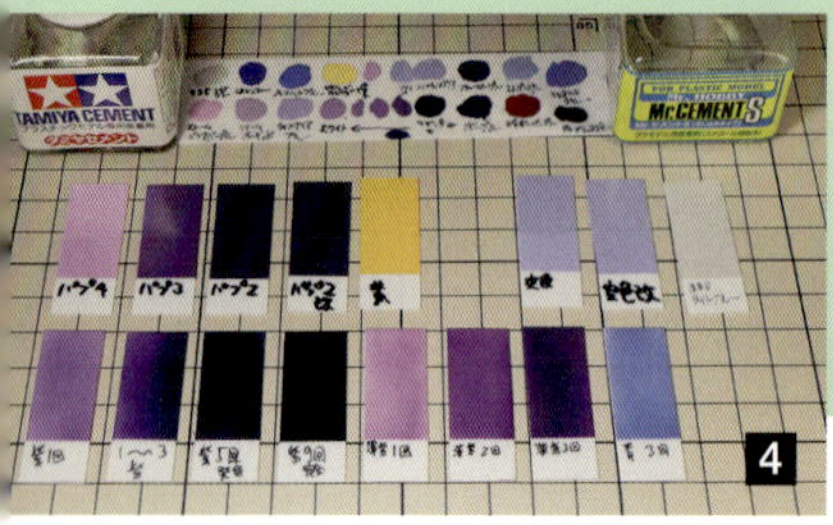

4紫は模型用塗料で彩度が高く塗るのは難しい色だが、それを4段階のトーンでコントロールしないといけない。Mr.カラーの原色塗料、色ノ源から調色することにし、事前にカラーサンプルを多数作成してみたが、彩度を高く保とうとすると塗料が透ける状態になり塗り重ねで色が変わってしまうことが判明。結局、濃いほうの3段階の紫は、ひとつの色を吹き重ねる回数で色のトーンをコントロールすることに

2手元に届いたREVIVE版のテストショットをパチ組みして白く塗ったものに、塗り分けラインを描いた塗装参考用試作を製作。この段階で、立体としての塗り分けラインのバランスを再構築している

1射尾氏によるデザイン画は安彦RX-78画に上描きしたもの。そのままではREVIVE版にしたときに面の形状などが違いすぎるので、まずVer.G30th（この時点ではキットがまだ手元になかったため）の写真に塗り絵をしてデザイン画を「翻訳」することに……

●「オリジナリティがあってカッコいいRX・78の新カラーリング」なんて、ほとんどムチャ振りともいえるお題に、「模型雑誌なんだからこれくらいやらないと……」とチームを組み本気で向き合ってみた本作。複雑で色味／パターンともにバランスが非常に難しいデザインを1／144の大きさに落とし込むには相当な試行錯誤と手間を重ねている。なお、バズーカのマーキングは、35周年ということで言わずと知れたアレへのオマージュだ

そのデザインで地獄を見たけんたろうのコメント

■作業自体があまりに苛烈で、作っていたときのことはよく覚えていません。ともかく人間のカタチをしていては作れないモノでした。命を削って作ったのは間違いありません。左腕と右足のホワイトラインの塗装はうまくいったという感覚はあります。

それにしてもこれは、自分ひとりでは作れませんし、作ったものではありません。デザインした射尾さんもそうですし、ディレクターとして影から種々のサポートをしてくださった森慎二さん、イキのいいデカールを刷れるMDプリンターを用意してくれた千葉ーザム氏、明け方まで僕の弱音や愚痴を聞いてくれた友人、これらを欠いては製作できなかったことでしょう。たくさんの人が自分を後押ししてくれたのはたしかです。ありがとうございました。

モデラー泣かせのデザインを描いた射尾卓弥のコメント

■お久しぶりです射尾卓弥です。『ガンプラサポーターズ35』へMG誌が参加するにあたり「カラーリングならあいつだな」と僕のことを数年ぶりに思い出したらしいです(笑)。今回のテーマはガンプラ35周年ということで『ガンプラの里→静岡→富士山！』。「ネタ的発想でもカッコイイ！」を指標に。富士山と空と雲を斜め六角様式記号化……皆大好きHEXです。でもただヘックスが並んでるだけなのはもう飽き飽き。斜めに潰す、一部隣接部分を融合、ランダムカラーチェンジグラデーション、外枠ライン化、等やってみました。マーキングは過去MG誌作例にてデザインしたものも……。デザインはキット図面画で詰める作業を数回練ってます。カッコイイかな？　今回の企画楽しかったです。けんたろう君はお疲れ(笑)

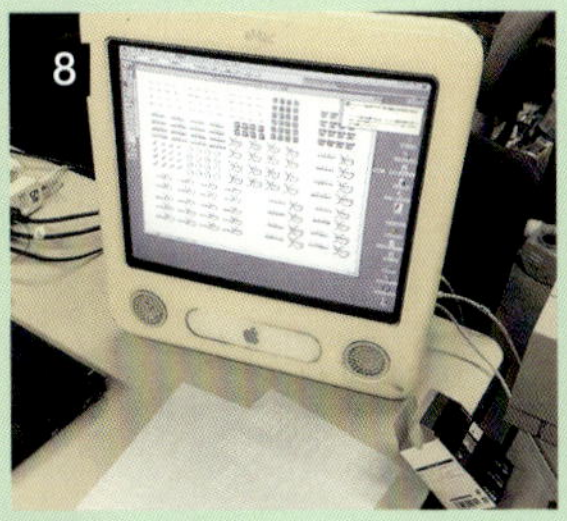

7白／黄色と紫4段階の基本塗り分けが終了したところ。ここからさらにマスキングで白やいちばん薄い紫の細いラインを塗り足していく。ラインは、切り出した一対のマスキングテープをずらして貼ることで幅をコントロールしている

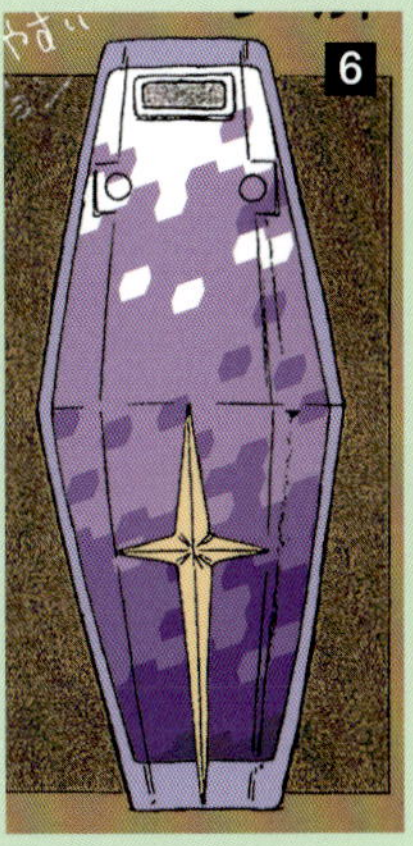

8 9 10マーキングは自作デカール。射尾氏が作成したデータを0.5㎜きざみの大きさ違いで並べて版下を作り、アルプス電気のMDプリンタでウェーブのNEWクリアデカールに印刷。白は特色１色刷りを2回重ねるときれいな輪郭で透けずに発色が良くなる。あとは現物合わせで、先に塗り分けたパターンとのデザイン的整合性が崩れず見映えがするように、ひとつずつ大きさを選んで貼っていくのだ

5 6参考用試作を元に切り出したマスキングシートを貼り重ねながら塗り分けをしていく。4で述べたように吹き重ねる回数で色味をコントロールしているので、薄い紫から順に塗っている。ちなみに6はシールドのカラーパターンのボツ案。立体にしたときの本体とのバランスでボツとなったが、このように製作中にもデザインのリファインがひたすら続く

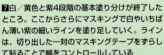

「プロポーション改造=スクラッチビルド」にならないための
キットを活かした切り貼りプロポーション変更術

"ちびちび攻撃"をマスターしよう!!

**サル山氏の作例をよく眺めてみるとおもしろいことに気付く——
見比べるとキットとは別物になっていて大幅に改造してあるにも関わらず
一見キットをそのまま作ったように見えてパテの重さも感じない
これが何を意味するかというと……キットをちびちびと切り貼りすることで
キットを最大限に活かしつつプロポーションを変えているのだ
モールドの彫り直しはせずフォルムはイメージ通りに変える
これぞ「ちびちび攻撃」、ぜひアナタもやってみてね！**

Model Graphix
2001年8月号
掲載

RX-78-2 ガンダム
バンダイ　1/144
HGUC シリーズ改造
発売中　税込 1080 円
製作・文／**サル山ウキャ男**

ちびちび後

●脚を長く見せるために腕の長さを短くしている。ポイントはどこで切り詰めるかだが、工作しやすいのは上腕。上腕外装だけ短くすると干渉するところがでてくるので、そこも合わせて削っている。手の平を小さくするのも腕を短く見せたいときは有効な工作だ

脚を長く見せるためには腕はやや長さを詰める

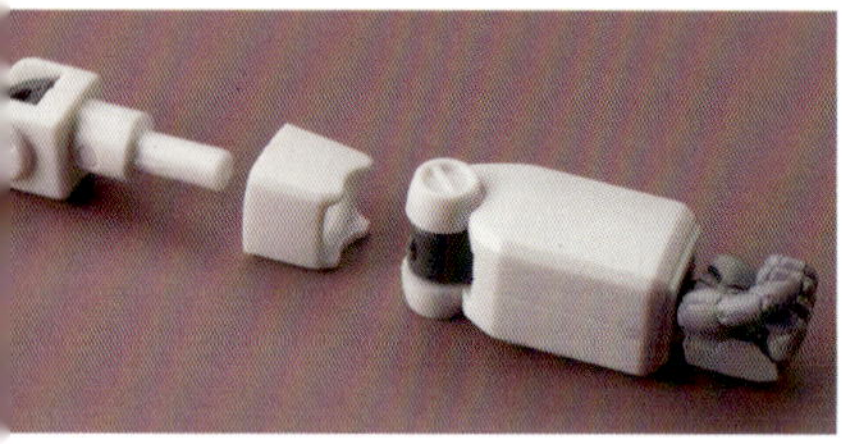

そもそも"ちびちび攻撃"とは？

「ちびちび攻撃」とは、パーツをコマ切れにし、必要に応じて小型化して再接着→整形するという改造テクニック。ガンプラ改造ではパテを使ってパーツを大型化する工作がよく行なわれるが、ちびちび攻撃では基本的にパーツを小型化するのがミソ。パテを使わないで済むと表面のモールドが活かせるのだ。場合によってはプラ材を挟んで大型化する箇所もあるので、本人いわく、「あちこちをちびちびいじるからって意味も……」とのこと

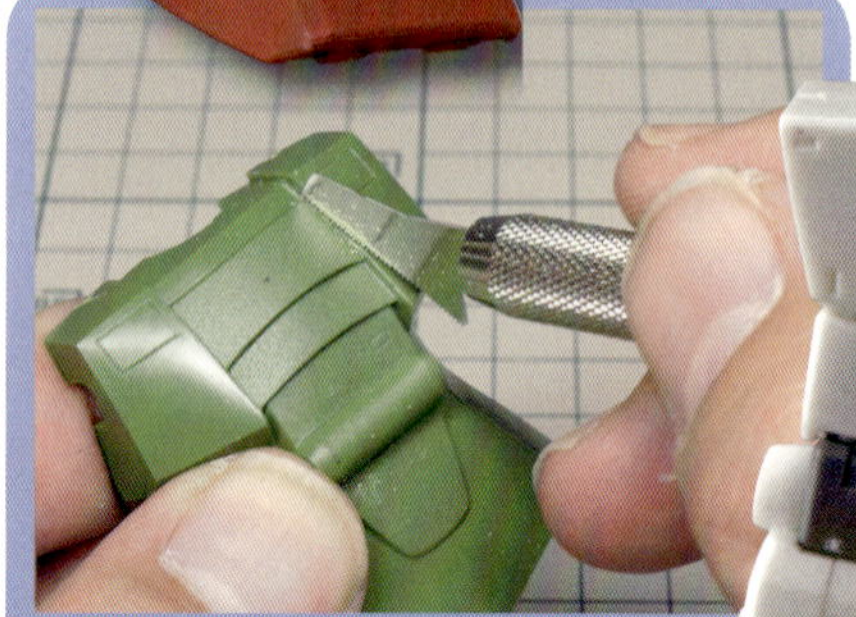

道具はこれだけ

基本的にはパーツを切り離す道具さえあれば、あとはストレートに製作するのとほぼ同じ工具だけでも「ちびちび」できる。パーツを切り離すときは、刃が薄いノコとPカッター、薄刃ニッパー、デザインナイフを形状により使い分ける。いきなりニッパーで切りはじめるとパーツが割れやすいので気をつけよう。

プロポーションはバランス長さと太さのどちらを変えるよくか考えよう

プロポーションは「バランス」。一方を小さくすればもう一方はそのままでも相対的に大きく見える。どちら側の大きさをどれくらい変えるかをよく考えればパーツをなるべく活かして改造できる。

一概に大きさを変えると言っても、大きくするのか小さくするのかの選択次第で工作の手間は大きく変わる。一般的に大型化しようとするとパテを使うことになりやすいが、パーツを切り詰めればパーツ表面を活かしやすい。

ちびちび前

フェイス部は好みでいじってカッコよく！

●バランス的に頭を小型化したい場合、ヘルメット部を加工しだすと収拾がつかなくなりやすい。ダクトなどこまかいディテールが集中しているヘルメットパーツはそのままでも、フェイス部を削り込むだけで印象は大きく変わる。ヘルメットに手を入れたい場合は、出っ張っているエッジ部だけを削れば、大きなディテールの作り直しをせずにフォルムを変えることができる

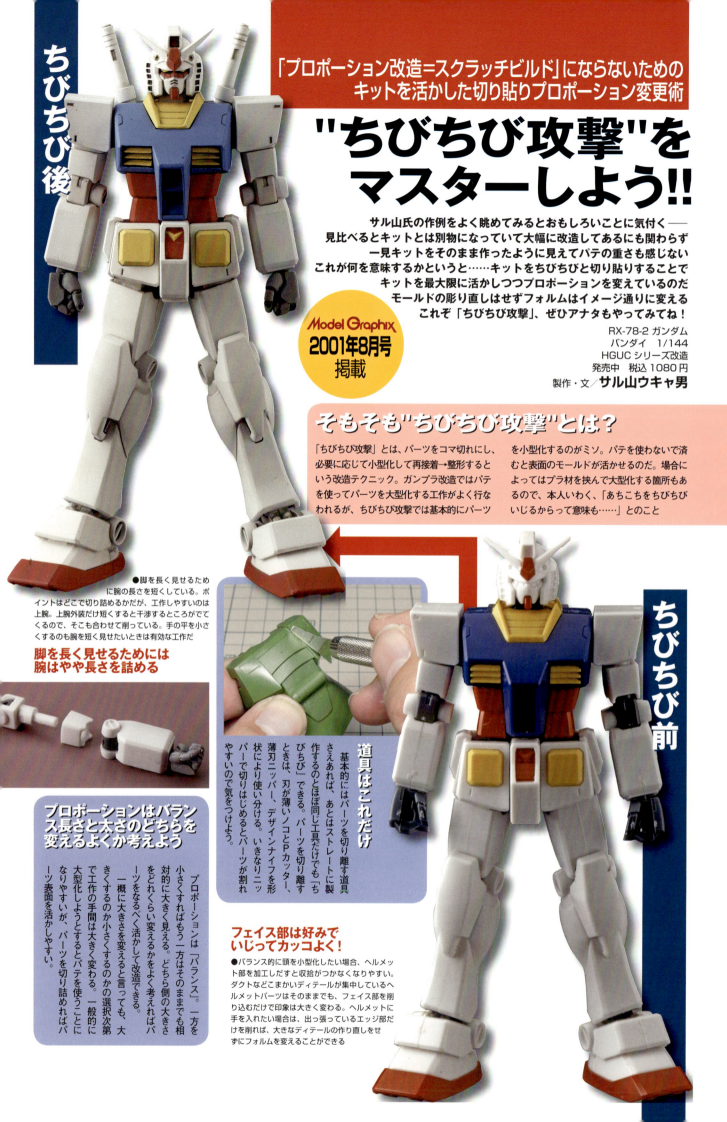

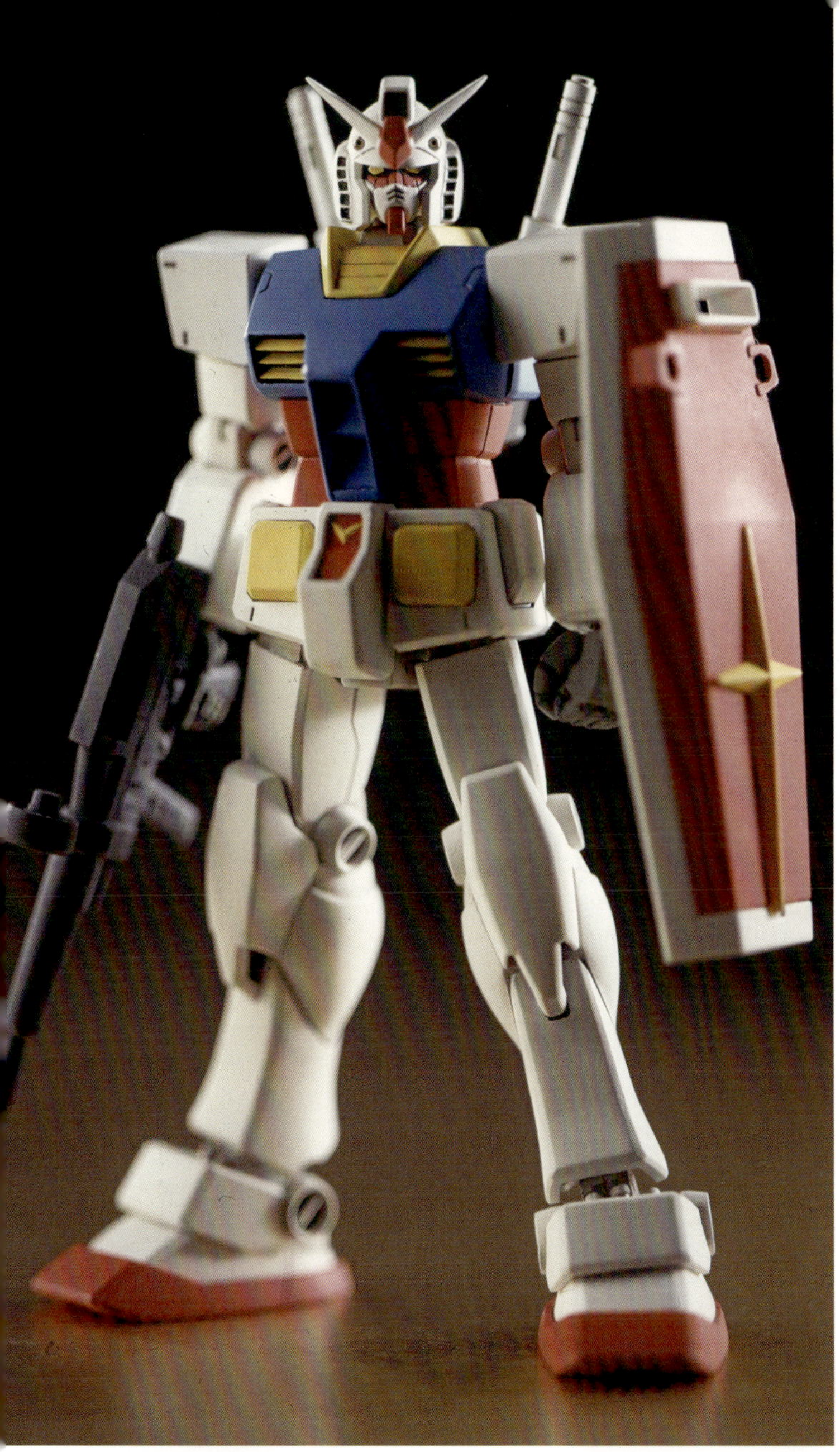

●写真下はキットのパチ組み。HGUCガンダムはアニメ設定画的な太ましく力強いフォルムが魅力だが、作例では、ちびちび攻撃でよりスマートなフォルムへと変換してみた。完成状態だけを見ると大改造作例に見えないのがこの手法のポイントだ

切るときは、あとで合わせ目が目立たないところを選ぼう

ちびちび攻撃でいちばんのミソとなるのが、「どこで切るか」ということ。

絶対にここで切れ、というふうには言えないが、こういうところで切れば後工作が楽、というセオリーはある。

まず第一に、パーツ端を切り詰めればすむ場合は、無闇にバラバラにしないようにしよう。また、パーツの合わせ目部分を削ればパーツを小型化／短縮できる場合も不必要に切り離さないようにする。どうしても切り離してブロックを「ちびちび」したい場合は、切断線がなるべく複数の面をまたがないようにしよう。

オススメなのは箱状のブロックをエッジのところで切り分けるパターン。エッジで分割しておくと、パーツを再構成するときに面を整えなくてすんで後工作の手間が減らせるのと同時に、切り離した箇所が目立ちにくくなる。

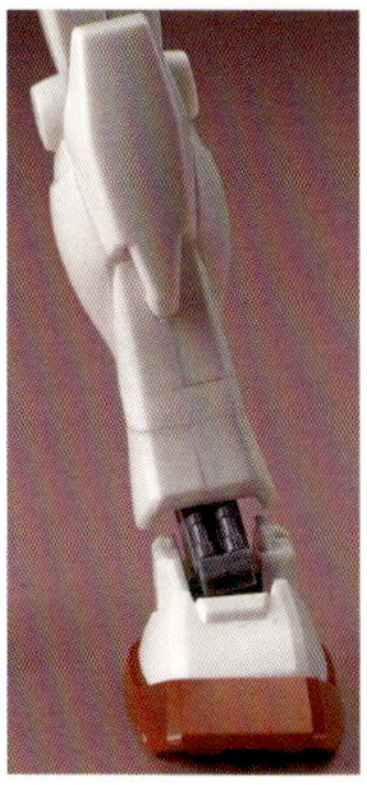

脚のラインを自然に見せるため左右非対称に

●立たせたときの脚のラインを自然に見せるには、足首パーツを内側に傾けるとよい。外装パーツに合わせて間接ポリキャップ受け部も削れば、キットの関節ギミックは活かしたまま脚のラインをきれいに整えられる

同じ長さでも細くすると長く見えるのだ

●全体的に上にいくほど締まった感じにするとスマートなプロポーションを強調できる。よりすらりとしたプロポーションに見せたい場合は脚を細くするのも効果的だ。脚を細くした場合は、それに合わせて腰も幅を狭くしておくようにしよう

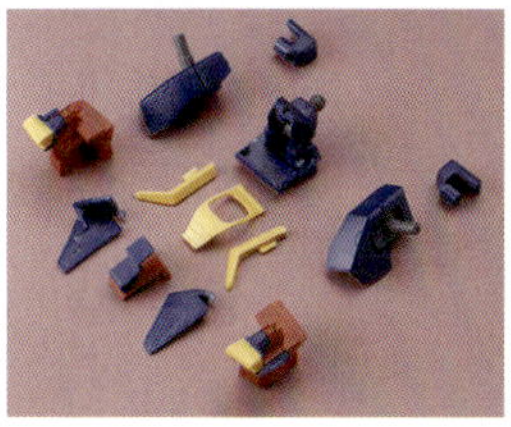

面が多い構成のブロックは必要に応じて切り分けるべし

●スマートにするために、腕を短くするのと併せて胸部を小型化。かなりバラバラにしているので「大丈夫なのコレ？」と思われるかもしれないが、これくらい分けたほうがモールドを活かしつつバランスが取りやすいのだ。仮組みしつつ慎重にバランス調整している。仮組みは乱暴だけどセロテープでビシバシ貼ってしまえば簡単

切断面は斜めにしよう

切断／分割したところはあとで接着するので、フチの形状に気を配っておこう。

再接着と接着後の合わせ目消し／整形をしやすくするには、フチを斜めにしておくのがおすすめ。こうしておくと接着時の合わせ目がエッジのところにライン状にできるので整形時にヤスリがあてやすい。斜めに落とす接着面はそれほどキレイにぴったり合うようにしておかなくてもあとで隙間を消せばいいので比較的ラフな工作でＯＫ。

RX-78-2 ガンダム
バンダイ 1/144
リアルグレードシリーズ
インジェクション
プラスチックキット
7発売中
税込2700円
製作・文／有澤浩道

Model Graphix
2010年9月号
掲載

ガンプラ30周年「ニューブランド」RG
RX-78-2 ガンダムの真価を探るプチ特集
「1/144」というスケールを超えた
表現を徹底的に楽しむ!!!!!

素材を活かす「簡単フィニッシュ」で
リアルグレードをカッコよく作る!!

RG RX-78-2 ガンダム

ガンプラ30周年を記念して10年ぶりとなる新グレードとして「リアルグレード」が登場！ その第一弾となる1/144 RX-78-2ガンダムは、1/144とは思えないギミックが満載の驚くべき内容。まずはキットを活かした作例でレビューしてみよう!!

●アドバンスドMSジョイントの採用により、可動と組み立ての楽しさを両立したRG RX-78-2。付属の「リアリスティックデカール」を貼ることでコーションマーキングや金属地表現などを施せる
●指は親指と人差し指が独立して可動するが、武器側に可動ヒンジが仕込まれているので、かなりしっかりと保持させることが可能となっている
●シールド、ビーム・ライフル、ハイパーバズーカ、ビームサーベル×2が付属。シールドをバックパックに、バズーカを股間ブロック背面に固定することも可能（バズーカ取り付けヒンジは股間ブロックに折りたたまれて格納されるようになっている）

無塗装＋付属デカール／ツヤ消しで仕上げる! RGは簡単フィニッシュでここまできます

●本作例は、キットのゲートをていねいに整形処理し、付属の「リアリスティックデカール」を使用のうえ、塗装は施さずツヤ消しクリアーで仕上げたもの。一般的な模型誌作例のような改造工作や塗り分け塗装を施していない、ていねいに仕上げた「ほぼパチ組み」でここまでできてしまうという、RGのポテンシャルを最大限に活かしている

なんて贅沢な1／144こんなにうれしいことはない!

大の1／144党である私としては、リアルグレードのスタートはうれしい限りですね。コアファイターも完全変形&色分けがされていて、まさに至れり尽くせりの贅沢キットと言えるでしょう。

ただ、贅沢によくできすぎていて、作例で如何にして製作するかはかなりの悩みどころです。外装はホワイト／アイボリーホワイト／ベージュグレーと絶妙な階度の色調による3色での成型。とくにベージュグレーがかなりイイ色合いで、これを全塗装で殺すのはとてももったいないです。そこで、今回はあえて成型色を生かした「簡単フィニッシュ」で製作しました。

製作順序としては、まずアドバンスドMSジョイントを組み立て、目立つパーティングラインを消します。グレーとダークグレーのパーツをはめて細部をさらにウォームグレー、ミディアムグレー等で塗り分け、フラットクリアーを吹きます。充分に乾燥させてから外装を取り付けました。ランナーのゲートも考え抜かれた3種類を使い分けることでゲート跡の白化を抑えたりと大変工夫されているのでパーツ数自体は多いですがゲートの処理は思いのほか楽でした。

スミ入れをしてマーキングシールを貼ってから再度フラットクリアーをコートして、めでたく完成です! ■

RGはウェザリング仕上げも似合う!

▶「リアル」グレードと銘打たれているだけあって、そのまま作ってウェザリングするのもかなり似合います。写真は『脱ビギナー ＋4ステップ』掲載の作例。本書ではウェザリングのやり方も詳しく解説!

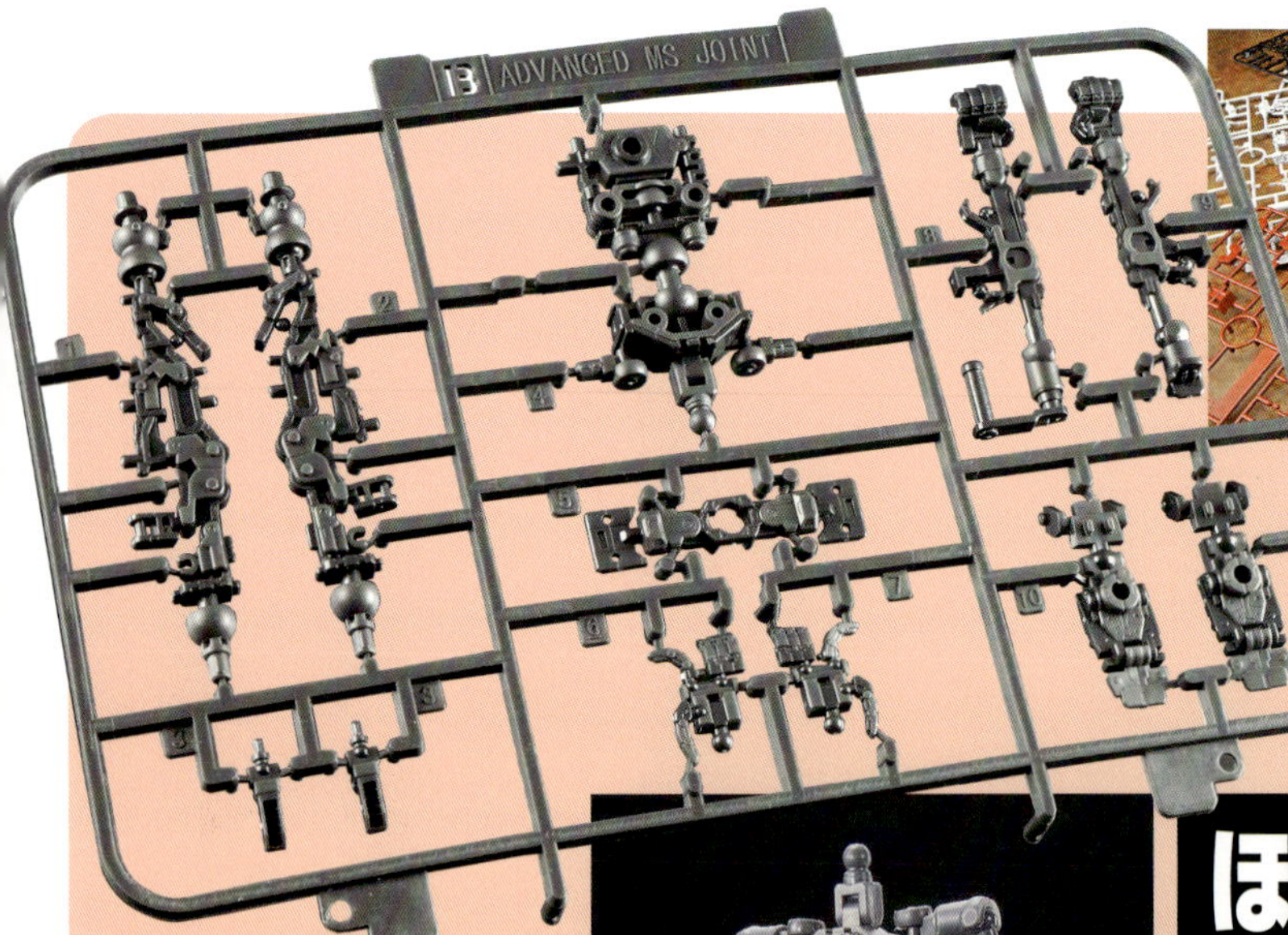

たった12パーツの組み立て済みフレーム

◀PGの組み立て済みフレームに驚かされたのもいまや昔。1/144でさらに進化したフレームがこれだ。フレームを切り出して外装を組み付けていくだけで超絶可動が実現する

▶外装を外した状態でも人型を保つインナーフレーム。ここに200近い数の外装パーツを組み付けていく構造になっている。外装パーツはこまかく色味が変えられており、内外ともに1/144とは思えない密度感である

◀RX-78-2の鬼門であるコア・ブロックは、完全変形（なんとキャノピーも開閉！）するコアファイターと可動を重視したフレームパーツ（写真上のもの）を選択して組み込むことが可能となっている

ほぼ原寸大

▶胸ダクトは1/144のRX系MSでははじめてスリットが別パーツ化。胸中央のブロックは上下に開閉させることが可能で、開けたときにのぞく外装とコアブロックの絶妙なクリアランスにも注目いただきたい

◀腕やももなどの外装はスライド、足首も2カ所で折れ曲がるので、1/144でありながら可動範囲はこれまでのRX-78-2のキットすべてのなかで最高クラス。劇中のイメージでポーズをビシッと決められるのだ

▶股間ブロックは、ブロック内に可動ギミックが仕込まれ、胴体部の可動と合わせてとてもよく動く。ボディが箱状でデザイン上隙間があると見映えが悪いRX-78-2だが、RGでは、見映えをまったく損なうことなくボディの繊細で表情豊かな可動を実現。スケールを考えると驚異である

1/144にしてパーフェクトグレード並の表現力を誇るリアルグレードを見る!

これぞまさに雑誌作例モデラー殺し!?(苦笑)

このRGガンダム、「雑誌作例を作る側の目」で見ると「困ったことになったなあ……（苦笑）」というのが素直な印象だ。

今回は、生半可な改造をはねのけるそのクオリティーを鑑みての簡単フィニッシュ作例掲載となったが、30年目にしてモデラー／模型雑誌泣かせのガンダムの登場である。雑誌作例では、微妙な塗り分けや質感再現、エッジ処理で差別化を図ることが多いが、このRGではこのようなポイントがことごとく盛り込まれ、しかもそれぞれ高い完成度でクリアーされているので、生半可な改造をしてしまったらキットに負けそうだ。もちろん改造をしない一般ユーザーにとっては「カッコいいガンダムを身近に楽しく作れる」ものになっているので、ぜひ一度実際に手に取ってみてそのクオリティーを実感していただきたい。

RX-77-2 GUNCANNON HGUC REVIVE!

RX-77-2 ガンキャノン
バンダイ　1/144
HGUCシリーズ（No.190）
インジェクションプラスチックキット
発売中　税込1296円
製作・文／**横縞みゆき**

Model Graphix
2015年10月号
掲載

そう言えば、コイツにも アムロ乗ってましたよね……

**「アムロちょい乗り系MS」
なかでも印象薄めなのが
このガンキャノン。
でもじつは結構強かったりして……**

ちゃんと乗った機体と言えばRX-78とνガンダムくらいのアムロですが、ちょい乗りした機体はいろいろとあったりします。そのなかでも影が薄いのがガンキャノン。でも、もしかしてそのままガンキャノンに乗り続けていたら、「連邦の赤いヤツが来た！」なんて……ならないか（笑）。さておき、ここではリメイクされたHGUC ガンキャノン No.190を横縞みゆき氏が徹底工作で製作!!

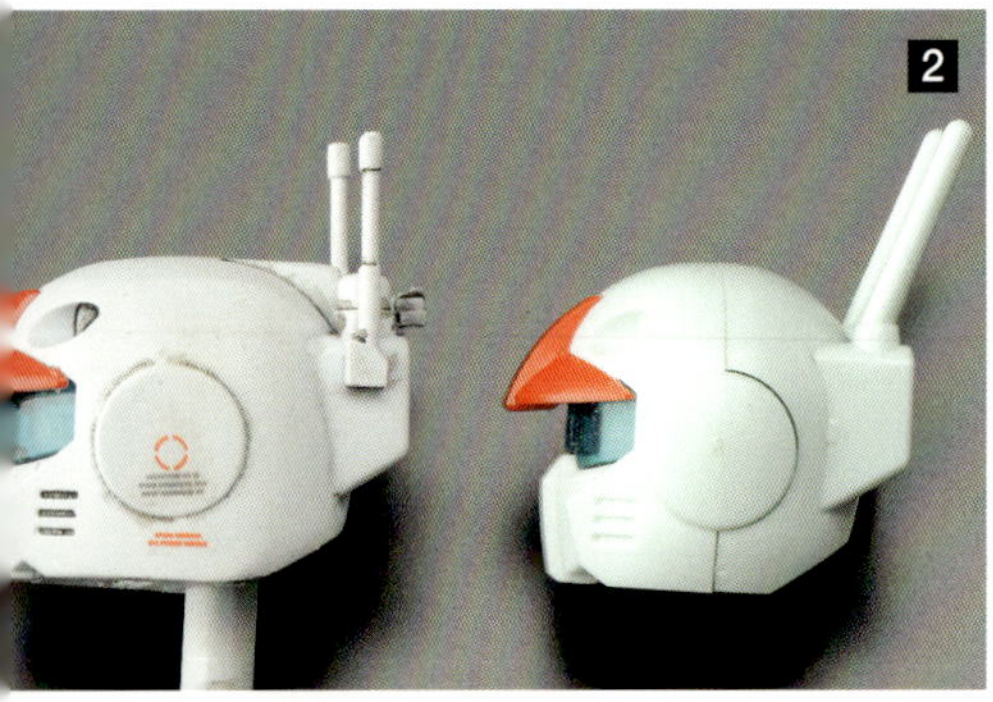

ほかの連邦系HGUCと並べたくて……大改修

123頭部は正面から見たときの下部の丸みをなくし、襟から頭が垂直に生えているカンジに。また、前後に2㎜ほど延長し、パテで後方カメラを増設。とくにアゴまわりの球っぽさを抑えた
4胴体部の改造途中。胸側面のスラスターのようなディテールも、大型化するとともにスクエアな形状に変更している
5上腕は「細すぎる！」と感じたので太めのプラパイプに置き換え。ヒジ関節も細く感じたが、これはキットをベースにデコレートして対応した。肩アーマーはエポキシパテを盛って大幅に形状変更。装甲のなかに肩がある……といった感じのスタンダードな構造を目指した
6フロントアーマーはカトキ風ガンダムを目指してHGUCジム改のパーツを使用した。連邦系量産MSと意匠を合わせたデザインとすることでそれらと並べても違和感がないようにしている
7ヒザはHGUC ギラ・ズールのヒザ関節をディテールアップして流用している
8手首は製品のハンドパーツを加工している

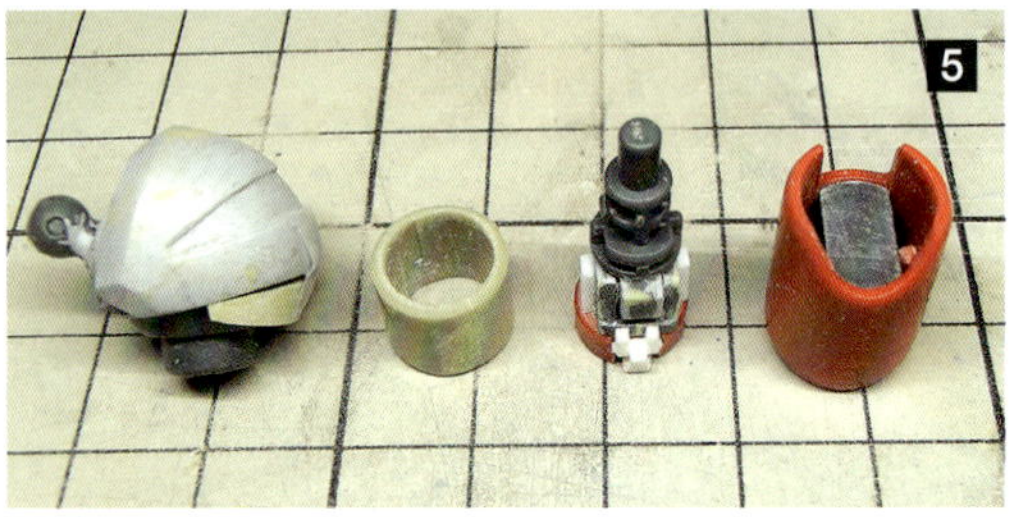

RX-77-2 GUNCANNON

BANDAI 1/144 HGUC "REVIVE"

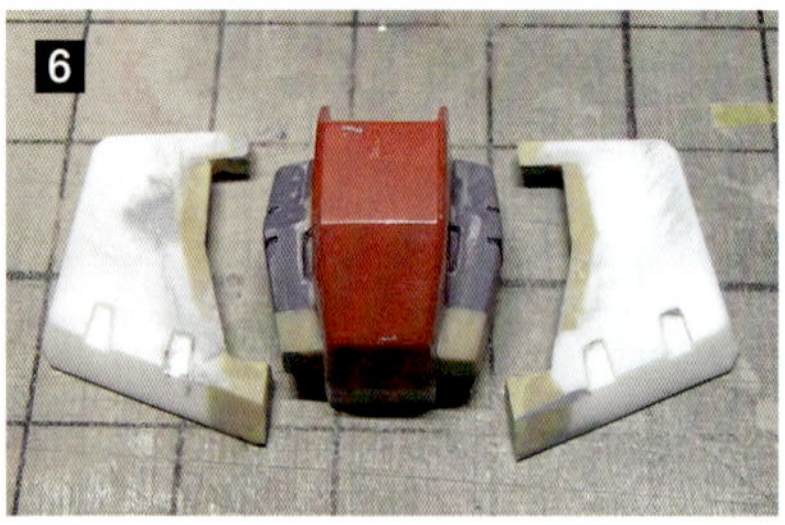

●スマートな痩せマッチョ体型に翻案されたガンキャノン。ヒジやヒザは二重関節化、立膝もつけるなど可動性能は申し分なし。旧HGUCとのニコイチも楽しそうだ

こんなに動く！新生したガンキャノン

ひとまず仮組みしてみたんですが、このキットは従来自分が持っているイメージとはずいぶん違うものでした。頭が小さく脚が長い、大袈裟に言えばヒーロー体型で、可動範囲が広く多様なポーズが取れる今風な製品なのです。40代以上の方々には同意していただけると思うのですが、自分のなかのキャノンのイメージは、ズングリした太めのプロポーションで、アクションポーズをキメるというより、ガンダムの動きについていくのが精いっぱいな印象です。

大改造になっちゃうかなと思っていたのですが、じつはこのキット、四肢と関節の細さが気になって先に述べたような印象を受けるのですが、全体の間の取り方、バランスはとてもよい。各ユニットのパーツ形状は微妙な三次曲面を備えていて色気があり、手作業による盛り削りでかたち作るのは困難な、高いレベルにあると思います。

ロートル横綱としては、30年以上前に刷り込まれたイメージに近づけるべく手を入れつつ、最新キットのオイシイところはイタダキというお手軽改造で作ることに決定。

まず気になったのが上腕とヒジ関節の細さ。上腕はひとまわり太いパイプ状の流用パーツに置き換え、関節はキットパーツを切った貼ったしてボリュームアップ。二重関節が一軸関節になっちゃった。あらら。

次に気になったのが大腿部とヒザ関節の細さ。大腿部はパーツの左右をプラ板とポリエステルパテで量増ししました。ヒザ関節は流用しましたが、そのまま移植するのではなく、それっぽいディテールを加えておくと「取って付けた感」を抑えられると思います。ここも関節が一軸になり、余計なディテールを入れたせいで可動範囲が恐ろしく狭くなってしまいました。まぁ横綱的には、なんなら固定でもよいくらいに思ってますゆえ、ご容赦ください。

頭部は前後にボリュームアップ。MSの頭部は多少前後に長い方がカッコイイと思うのですがいかがでしょうか？

肩のダンゴ虫状装甲はエポキシパテでひとまわり大きくし、オレ度の高い形状にしてしまいました。スマヌ。

次に腰まわり。ガンダムやジム系がカトキ版ムーブメント等を経て進化した形状を纏っているのだから、ガンキャノンだって連邦MSっぽい意匠にしてあげたいと思いまして。「連邦MSっぽい」という観点で言えば腕が筒ってのもアレなんですが。

しかし、基本的にすごくよいキットなのに「握り拳」はもう少しどうにかならなかったのか、と、あえて苦言を呈したいっす。ディテールはよいのですが、構造の簡略化の度が過ぎているように思えたので平手と握り拳をニコイチして握り拳を整形。この作業がいちばんヘビーでした（笑）。

◆カラーリング

ガンキャノンって変なカラーリングですよね？　頭だけが本体色と違う色で、肩や足首がメカ色って……。「肩とスリッパを赤くしてみようか？」とか「頭部も赤くしようか？」とかPCでイロイロ試してみました。結果、設定どおりに配色しないとガンキャノンに見えないことが判明。部分的に濃淡をつけて塗り分けるにとどめました。

◆総括

ホント、老眼でよく見えなくてさ。キレイに作れなくて申し訳ありません。えっ？　昔から小汚い？　おっしゃるとおりで。■

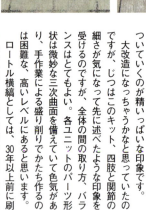

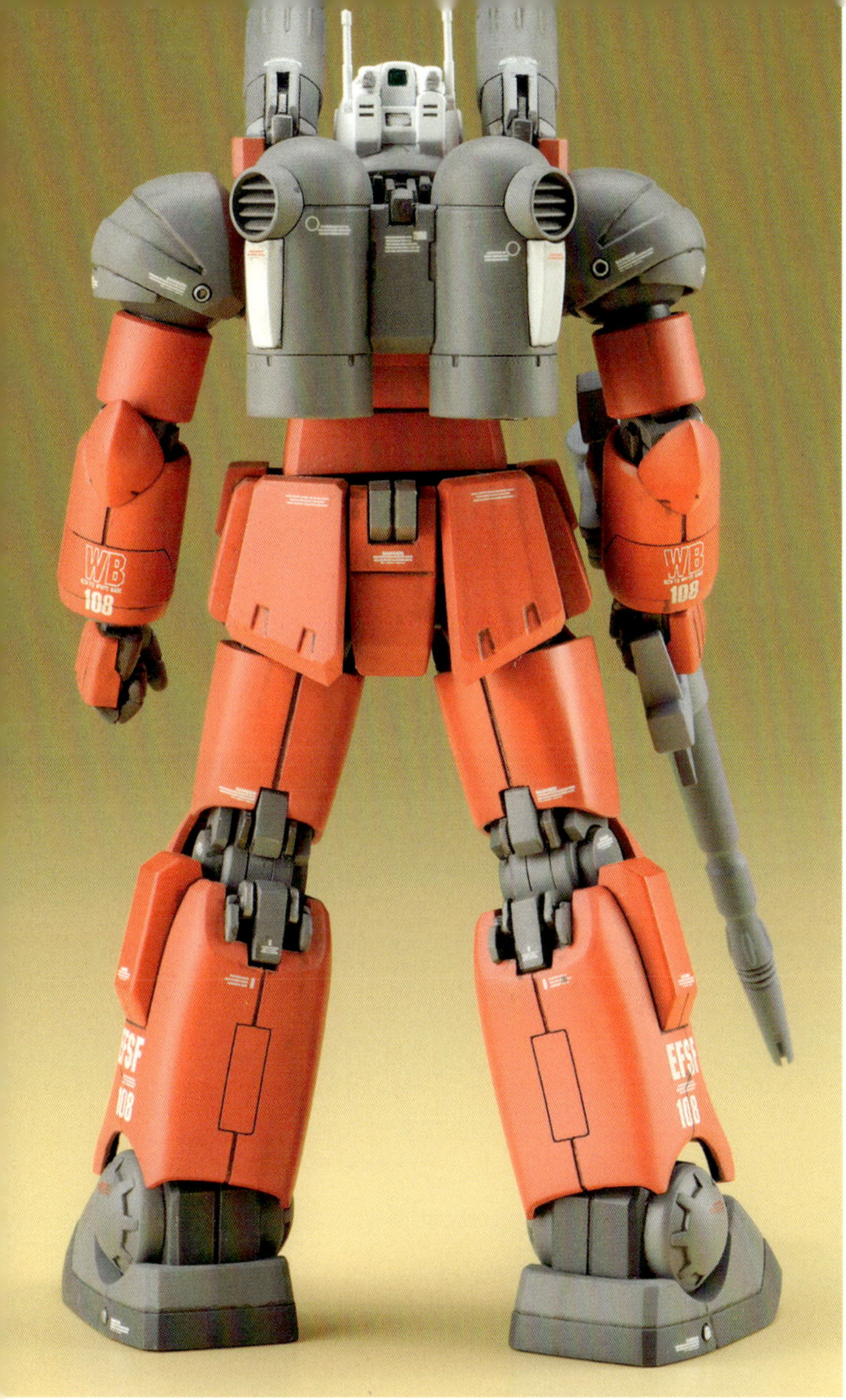

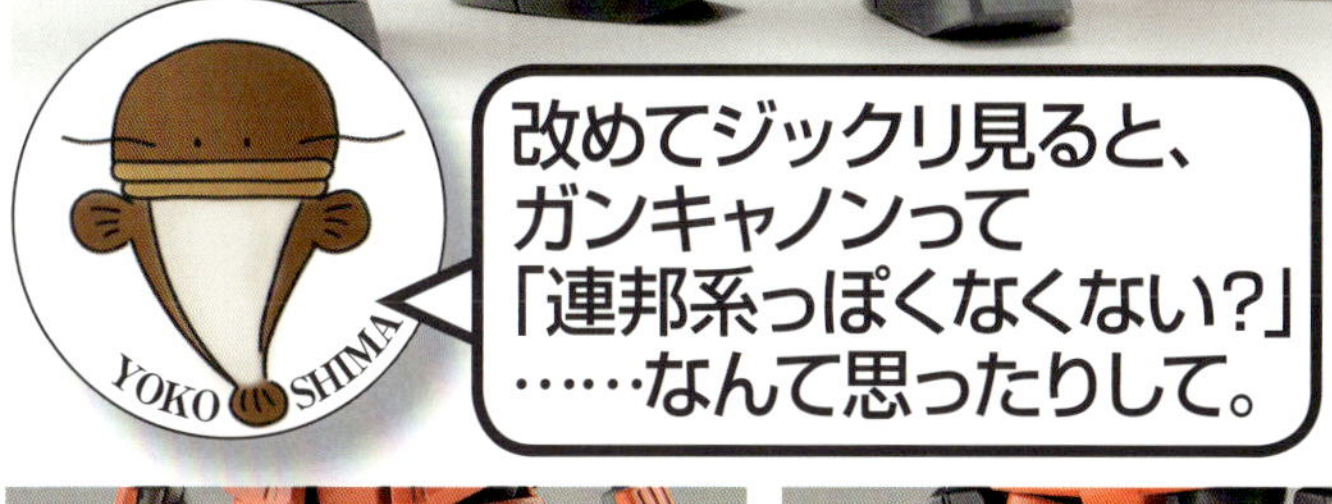
YOKO SHIMA
改めてジックリ見ると、
ガンキャノンって
「連邦系っぽくなくない?」
……なんて思ったりして。

2

1

4

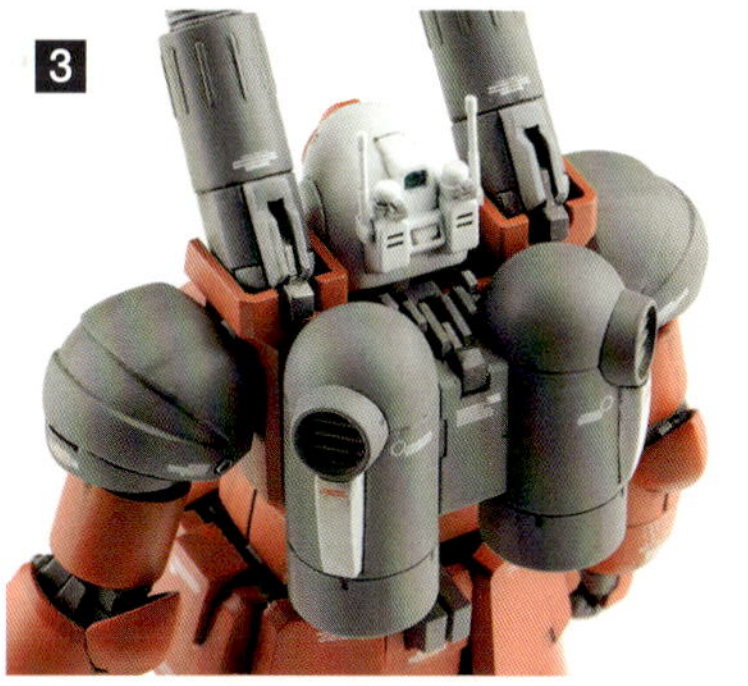
3

5

●ガンダムやGMを見据え、ステレオタイプな「連邦系」に寄せるべくガンキャノンを再解釈
12膝はジャバラ関節なのか、二軸関節かよくわからない外見なのでここと肘、足首関節をフレーム構造風の関節に置き換え「らしく」
34首やランドセルまわりもプラ板や流用パーツなどでシャープに。キャノンは付け根の開口部を広げ少し肩に埋まるように調整した
5パッと見でそれっぽく見えるよう、いかにも「ガンダム」や「GM」っぽい形状のフロントアーマーに改造している

Model Graphix
2017年5月号
掲載

徹底改造で
RX-78 Ver.kaを製作
↓
そのプロポーションを
活かす追加ユニットを
スクラッチビルド!

「極上のフルアーマーガンダム
が作りたい!!」計画発動

元祖にして“真打ち”

「フルアーマー」と言えばコイツ抜きには語れない 元祖FA-78-1をとことんまで本気で 作り込んでみようじゃないですか!

フルアーマー特集なのだから、その始祖にして代表であるFA-78-1がないわけにいかない！　でも、いまさらMG FA-78-1を普通に作っても雑誌作例としては新鮮味が……というわけで、ベタではありますけれども、カトキ版のRX-78をベースにしたFA-78を大改造で製作しちゃったのが本作。もちろん中身のRX-78は例のMGジム・カスタムの胴体を使う本誌恒例の手法でとことん作り込み。そこに、プラ材やマグネットを駆使して極限のフィット感を追求した増加ユニット群を着脱可能なように作る――これぞ本気のFA-78-1だ!!

FA-78-1 フルアーマーガンダム
バンダイ　1/100　インジェクションプラスチックキット
マスターグレードシリーズ RX-78-2 ガンダム Ver.Ka改造
発売中　税込3456円
製作・文／ken16w

いま、本気で作るFA-78
プロポーションと着脱ギミックは
はたしてどこまで両立して突き詰められるのか——？

●1/100のRX-78 Ver.KaはMGがあるが、この製品は太めのプロポーションなので、そのまま装甲を被せると外装の厚みぶんで着膨れした印象になる。今回はスマートなフォルムでなおかつアーマー着脱ができるFA-78-1を作るため、MGは改造の材料としてしか使用しないことにした（ちなみにサンダーボルト版MGフルアーマーガンダムは、デザイン段階でなかのガンダムを意図的に痩せ型にリファインし、ゴツいアーマーを被せてもシルエットが崩れないようにしている←ずるい／笑）

G-3ガンダム with フルアーマーという選択

●FA-78-1の設定画を見ると、上腕やモモ、腹部がグレーで塗られている。そこで、素体ガンダムのカラーリングを灰色のG-3ガンダムに置き換えてみると……これが見事にしっくりくるんです、ハイ
●MG RX-78 Ver.2.0をベースとしているMG FA-78-1の増加装甲は、RX-78 Ver. Kaのデザインにはフィットしない。既存キットが使えないので、外装はほとんどをプラ板の箱組みで自作することになった。別冊『ガンダム・センチネル』に掲載されているFA RX-78画稿の再現を狙うのではなく、'00年代にカトキ氏がGFF用に描き起こしたFA-78画稿を主に参考にしつつアレンジしている

超絶プラ板工作のなせる技！

◀強度を考えバックパック、スカートは基部ごと差し替え式に。三次曲面の再現が大変なふくらはぎはMG FA-78-1から流用したが、脚のスラスターはプラ板で自作。プラ板工作なのにバチピタで着脱できるのに驚く!!

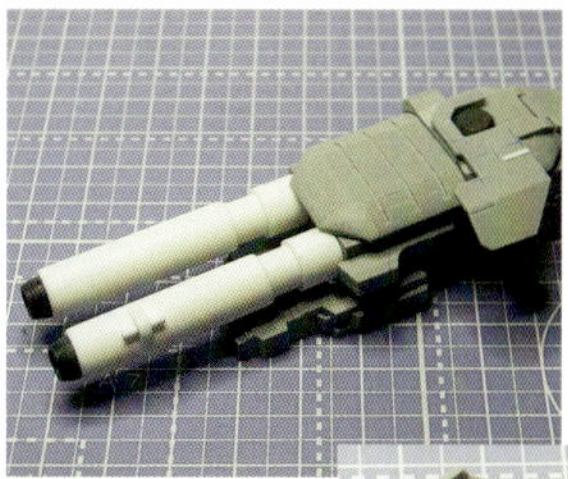

●素体を製作後に装甲の図面を引き、図を基にプラ板を貼り付ける。よく見るとウェーブの目盛付きプラ＝プレートの印刷が残っているのがわかるだろうか？

FA-78-1 FULL ARMOR GUNDAM
FSWS Project PROTO TYPE MS

フルアーマーといえば真っ先に思い浮かぶのはやはりFA-78-1 フルアーマーガンダムです。担当編集との談笑中に「中身はVer Ka、しかも外装着脱式!!」と盛り上がり、「MG RX-78 Ver KaとMGフルアーマーガンダムがあればどうにかなるでしょ」と軽い気持ちで引き受けたのですが……ふたつの製品はプロポーションがまるで違うことにしばらくしてから気が付き、これは大変な仕事を引き受けてしまった……と思ったもののあとの祭りでした。

◆いま改めて作るVer Kaガンダム

MG RX-78 Ver KaはFA化するには少し太いかな。あとあと追加装甲を被せるため、なかに収まるRX-78はできるだけ細身に作る必要がありますが、そうはいってもRX-78単体としてカッコよいバランスも捨てられないのが悩ましいところです。

ヘルメットを前後で延長するのは定番ですね。頬側面のダクトフィンは上下の幅詰めしたかったのもあり、一度すべて削り落としプラ板で作り直しました。フェイスパーツはMG GP01のフェイスパーツを削り込みシャープに整形して使用しました。製品のキツ目な顔つきから、カトキ画稿のように少し優しい感じに仕上げています。

胸部はMGジム・カスタムを使用、腰部、フロントアーマーも同じくジム・カスタムのパーツを延長し使用しています。

股間軸は、位置を見直すとともに、MG RX-78 Ver 2・0の球体関節を移植し、可動範囲の拡大と剛性を高めています。腕部、前腕、上腕はMG RX-78 Ver Kaのものを延長して使用しました。

素体のガンダム時のプロポーションとフルアーマー時のプロポーションを何度も検証し、どちらでも破綻のないシルエットにするのがとにかく大変でした。「少し細い？」と感じる方もおられると思いますが、両形態の両立を考えると、今回のプロポーションがベストなのではと思っています。

◆アーマー

Ver Ka系フルアーマーといってもい

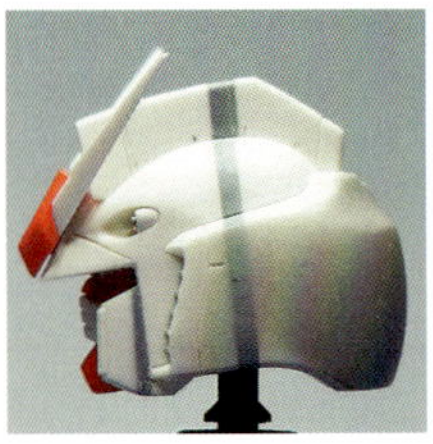

▲頭部は上下で幅詰めし、前後で1㎜延長、頬当ては切り離し角度を変えてから付け直した。特徴となる後頭部の曲面はパテで形状を変更

●胸は1/100Ver.Ka作り込みの際の必需品（？）、MGジム・カスタム。前後にプラ板を挟んで胸板を厚くしている。正面と背部のフンドシブロックは、プラ板で周囲を囲んで前後に大きく張り出す形に大型化。下半身はVer.Kaをベースにモモ、スネ合計で約16㎜ほど延長。足首は関節部以外はプラ板で全面作り直している。意図的に曲面の少ない箱組形状でまとめている

Ver.Ka、歴代作例を踏まえつつ新しい解釈を探求する

RX-78 Ver.Kaと言っても、本誌特集『センチネル0079』のカトキ氏による画稿、同特集の1/72作例（写真右）、バンダイのMGおよびその際に描き起こされた画稿などいろいろななイメージソースがあり、モデラーの解釈もさまざま。今回は、先述の画稿はもちろんのこと、単行本『「極上のガンダム」を作らねば！』（大日本絵画）掲載の作例も参考にしつつ、外装を着せることもあって、脚部をはじめとして随所に新たな解釈を盛り込んでいる。いまだに作るたびに新たな解釈ができるRX-78 Ver.Kaは本当に奥深いのだ。

ろんなバージョンがありますが、本作例は、「ガンダムフィックスフィギュレーション」（GFF）に範を求めました。製作手順としてはGFFを大まかに採寸し、イメージ優先で図面化、その図を基にひたすらプラ板を切り出して貼り付けていく感じです。

プラ板工作では、ウェーブの目盛り付きプラ=プレートが大活躍！　方眼の目盛りが印刷されており正確さが手軽に出せるので、プラ板工作の際にはぜひオススメです。

そうして形作った外装の固定にはネオジム磁石を使用しています。結局、ほとんどのパーツがプラ板からの新造となり、MGFAのキットを使用したのは、ふくらはぎと2連装ビーム・ライフルのスコープとグリップだけということに……。

◆塗装

無表記のものはガイアノーツ ガイアカラーを使用、（G）とあるものはGSIクレオス Mrカラーを使いました。

グレー1／ブルーFS15044（G）＋ニュートラルグレーⅡ＋ダグラムカラー ダークパープル＋ウッドブラウン（G）

グレー2／ニュートラルグレーⅡ＋ダグラムカラー ダークパープル ＋ウッドブラウン（G）

グレー3／ニュートラルグレーⅠ＋ダグラムカラー グレーバイオレット＋ウッドブラウン（G）

緑／ボトムズカラーAT・01グリーン＋ニュートラルグレーⅠ＋蛍光グリーン

コーションマーク類はガンダムデカールMGガンダムVer Ka用と、MG Vガンダム Ver.Ka用を使用。また、懐かしい「38」の機番や「FSWS」などのデカールは友人の沖冬弥氏に作っていただきました。

◆あとがき

製作中には「何をもってRX-78 Ver Kaなのか」といろいろと悩みましたが、最終的にはあくまでもイマドキのアレンジの効いたVer Kaフルアーマーガンダムというつもりで作りましたので、ライトに捉えていただけたらうれしく思います。■

フルアーマーガンダムの作例と言いつつ
本気で作りたかったのは中身だったりして……

Model Graphix
2009年5月号
掲載

モナカキットを切った貼ったの大改修!!
"未踏の頂に君臨するMSVの華"たるフルアーマーガンダムを超絶カッコよくしたい!!

FA-78-1 フルアーマーガンダム
バンダイ　1/100
インジェクションプラスチックキット
税込1080円
製作・文／**岡 正信**

FA-78-1
GUNDAM FULLARMOR TYPE
MOBILE SUIT VARIATION NO.26

《FA-78-1ガンダムフルアーマータイプについて》
RX-78ガンダムは、連邦軍の試作モビルスーツと

これが⇐

改修前

改修後

⇩こうなる!!

最初に断言しちゃいます。「オレたちボンボン世代にとって、いちばんカッコよくていちばん強そうなモビルスーツ、つまり"もっとも欲しいMSVアイテム"はフルアーマーガンダムなのだ！」と。いまどきのヤサ男っぽくてスマートなガンダムもカッコいいけど、あのころポスターや雑誌のイラストで見たアイツ、えーとなんて言ったらいいんだろ、とにかくあのころのガンダムに会いたいわけよ！

「旧キット」だからここまでイケる!

●試作機にして最強のモビルスーツ、RX-78に強化パーツを装着する計画が存在した……。『プラモ狂四郎』が初出でありながら、MSVシリーズでキット化され、こまかな設定まで起こされるに至ったフルアーマーガンダムの登場は「ぼくらのお手本」である狂四郎が作り出したキャラクターが、宇宙世紀と、そして現実の世界とリンクした"事件"であった。1/144、1/100、1/60の各スケールで発売されたキットは現時点でも唯一の存在。とくに1/100キットは'80年代にリニューアルされたRX-78ガンダムの造形物を入手する手段としても貴重な存在といえるだろう。現在では当たり前となった「ユニット単位で考えられた実在感のあるロボットとしてのガンダム」ではなく、「アニメに登場したキャラクターとしてのガンダム」という側面がまだ色濃く残るそのプロポーションやディテーリングはいまも色あせることなく輝いている。今回は1/100のフルアーマーガンダムを題材に、MSVシリーズ華やかなりしころに印象づけられたガンダム像を立体化すべく、当時小学生だった岡プロが徹底工作にチャレンジした

38

1/100 FA★78-1 GUNDAM FULL ARMOR TYPE

アーマーの脱着だってできちゃいます！

●せっかくアーマーの脱着ができるキットなんだから、ノーマルのガンダムと換装して楽しみたいのが人情というもの。というわけで、まずはノーマルのガンダムをきちんと完成させてから、これに合わせてアーマーの形状を調整するという手順でこれを実現した
●ノーマルのガンダムは基本的にキットパーツの幅を調整し、曲面をヤスリがけによって調整している。しかし唯一、フェイスパーツのみエポキシパテから自作している。現在ではメインストリームとなっている目が吊り気味で小顔のシャッキリとした造形（いわゆる「PGガンダム以降」の顔）もたしかにカッコいいのだが、今回はあえて「角度によっては垂れ目で面長に見え、釣り鐘型のヘルメットをかぶっているかのような印象」を再現している。特定のイラストを参考にしたわけではなく、あくまで「'80年代前半に擦り込まれた共通のイメージ」を探りつつ造形されたフェイスだが、単なるノスタルジックさとは違った意味での「MSVらしさ」を出すために微調整を繰り返している

念願のフルアーマーですわ★

◆ボンボン世代のガンプラって……

当時、小学生だからこその必要経費はいろいろあるわけで、うまい棒、10円ガム、銀玉鉄砲の弾、ガチャガチャ（当時はドロドロの兵隊とかに30円払っていたんよ）、どっきりシールなどなど……コミックボンボンなんて買っている余裕はなかったワケです。だからコミックボンボンはいつも回し読み。友達や近所のお兄さんのところで読みふけっていました。『やっぱ！　アホーガンよ』とか『はじけて！　ザック』なんかも読んでましたが、まあ何はともあれ『プラモ狂四郎』に熱中するんやな。

いまで言う「ガンプラブーム」は小学校低学年でも体感できるくらいの盛り上がりで、毎日誰かの家に集まっては運よくガンプラを手に入れた友達とワイワイやってたんやね。クラスじゅうの男子はもちろん、近所のお兄さんも、とにかく自分の周りの男子全員がガンプラに熱中していて、自分もガンプラをヘタクソなりに作り倒していました。作り方を教えてくれるお兄さんもいたけれど、それが理解できずにひたすら壊しては壊しの連続……。それがプラモデルっちゅうもんの遊び方やったんやね。

◆狂四郎（＝師匠）のガンダム

ボンボンではじめて見たのがいつなのか、いまとなっては記憶があやふやなんだけど、フルアーマーガンダムのインパクトはスゴいもんやった。ガンダムはただでさえカッコいいのに、そこにさらに強そうなモンがバンバン付いてる！　アニメではすぐにエネルギー切れになっていたビーム・ライフルのゴツいのが２本も付いてるわ、キャノン砲は付いてるわ、緑色でなんだかリアルだわ、とにかくこれがほしくてほしくてしょうがなかった。まあそんなこんなで、1／144のフルアーマーガンダムを手に入れたんやけど、セメダインGとかマッキーしか手元に道具がなくて、それはもうヒドい作り方をしてたな……。

当時中学生、高校生だったお兄さんのな

ガンプラ爛熟期に燦然と輝く2代目1/100ガンダム

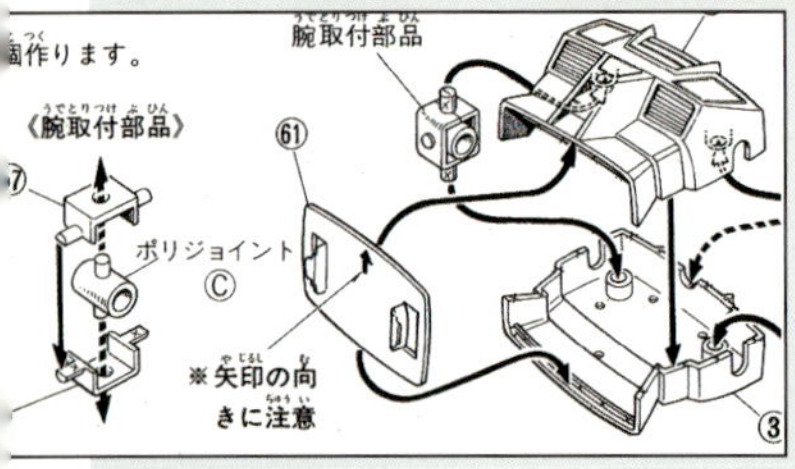

▲▼1/100パーフェクトガンダムの「なかの人」もフルアーマーのそれと同じ、と思いきや、一部ポリパーツが採用されています。知ってました？

■初代1/100ガンダムが発売されてから4年弱が経過し、1984年にMSVシリーズのFA-78-1ガンダム フルアーマータイプが登場したことで、プロポーション、可動ともに改善されたリニューアル版の1/100ガンダムが手に入るようになった。顔の造形は好みが分かれるところだが、'80年代の香りが漂うガンダムを作りたいならば、このキットをベースに改造していくのも選択肢として充分"アリ"だろう。

◀初代1/100ガンダムはコア・ファイターの脱着ギミック再現を優先したため腹部外装が設定と異なる解釈になっていたり、足首が動かない構造になっているなどやや玩具的な側面をもったキットであった。フルアーマーおよびパーフェクトガンダムに付属するガンダムは、こうした弱点をきっちりと改修し、現在のガンプラにも通じる構造を持ち得た最初の1/100ガンダムのプラモデルとも言え、その存在意義はいまだ薄れない

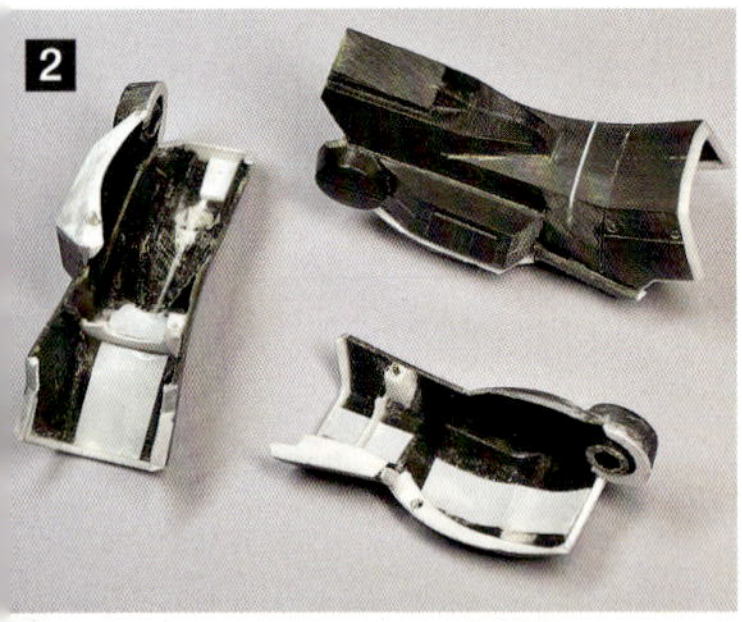

2

1

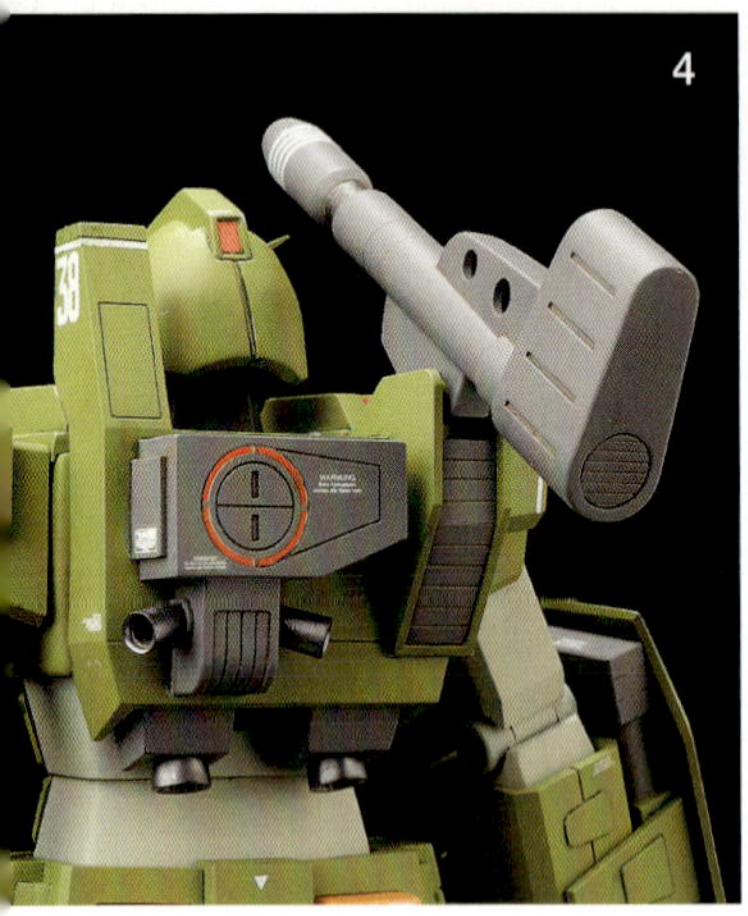

4

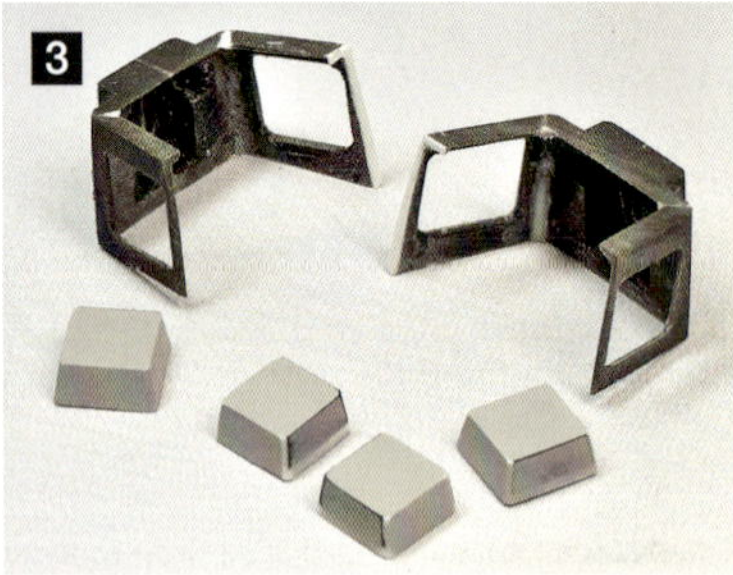

3

かつてボクらが憧れたあのガンダムをあくまでモナカキットから再現する

1 モナカ割りのガンダムにモナカ割りの増加パーツを取り付ける仕様になっているため、アーマーの脱着と整形、塗装を考えて分割ラインを変更した。作例はユニット同士をアルミ線で接続し、ほぼ固定ポーズとなっている
2 脚部のアーマーの分割はご覧のとおり。一度パーツを接着して整形してからスジ彫りが入る位置でパーツをカットし、接合線を再度整えている。なかのガンダムとのフィッティングはプラ板をガンダムのアウトラインに合わせて切り出したものを接着して調整した
3 腰の増加アーマーはヘリウムコアを脱着式にしなければ取り外せないため、ヘリウムコアは腰アーマーと別パーツにすると同時にボリュームアップ。増加アーマーは腰アーマーの面構成を変更したのに合わせ、角の部分で切り離してから角度を変えて再接着している
4 胴体、腕についてもここまでに書いたのとほぼ同様の概念で工作を進め、プロポーションの調整と脱着ギミックを同時に成立させている。ランドセルのディテールはあえてキットのままとし、キャノンの位置を微調整した

かには「狂四郎に出てきたキャラなんて正統じゃない。MSVも終わったな」と醒めたところがあったみたいやけど、カッコいいもんはカッコいい。意味もわからずシビれてしまったもんはしゃーないやんか！

けっきょく、その後何回かフルアーマーガンダムの製作に挑戦した覚えがあります。いまでこそ雑誌作例を製作するようなモデラーとしてガンプラを作っていますが、だからこそ、フルアーマーガンダムはトラウマ的アイテムであり、いつか決着をつけなければいけない相手だと思っていました。

◆25年越しのチャレンジ

今回1／100のフルアーマーガンダムを製作するにあたり、まず決めたルールは「フルアーマーガンダムよりも新しいキットからパーツを流用しない」ということ、そしてもうひとつは「お手本になる絵や過去の立体物をいっさい見ないで製作する」ということ。ま、言ってしまえば「当時のあのパッションをそのままもう一度！」という気分で挑んだわけです。

当時のキットはどれも胸が大きく、このガンダムにもそれは言えるのですが、それをまずシェイプするところからはじめました。また、当時のキット特有の面構成はなるべく活かしたいと思ったので、脚部はとくに気を使って整形しています。完成品を見ると全体的に大きく形が変わっているように見えますが、基本的には幅を詰めるかプラ板を挟むかのどちらかでバランスを調整しているだけです。増加アーマーはガンダムに装着しても着ぶくれした印象にならないように気をつけながら胴体部分をスクラッチビルドした以外は、分割線を目立たないところに移動する工作に留めています。

ヘルメットはキットのパーツをゲージにして当時のイラストでよく見かけた釣り鐘型のアウトラインに修正。フェイスは垂れ目で面長な印象に見えつつも、立体的に破綻しないよう気をつけながらエポキシパテを削り出しています。さすがにここは昔の自分に戻るのがなかなか難しいところやったけど、かたちになって大満足やね。■

58

RETRIEVE THE PROJECT FSWS

Model Graphix
2010年8月号
掲載

●脚部と左右のシールドには「78」をイメージした共通のグラフィックを配置。デカールではなくマスキングテープを使用して塗装（脚部についてはデカールも併用）した。クリアファイルなどにマスキングテープを隙間なく貼り付けてからこれにプリンターでパターンを印刷し、これをマスキングシートとして使うという荒技だ（試すのは自己責任で！）

悲願の「脱着自在」をなしとげたフルアーマーガンダム その魅力を引き出す「両形態を意識したカラーリング」

FA-78-1 フルアーマーガンダム
バンダイ　1/100 マスターグレードシリーズ
インジェクションプラスチックキット
発売中　税込5400円
製作・文／ソントン

「フルアーマーガンダムってMSVシリーズ再販のたびにどのスケールもサクッと売りきれてしまう人気アイテムなのになかなかリニューアルされないのはどうしてなのっ！」とヤキモキしていたファンも多かったのでは？　このたびついにアーマーの完全脱着を実現したマスターグレードが発売されましたので、新進気鋭の若手モデラー、ソントンくんが思いっきりよく全身カラーアレンジで製作！

もちろん中までリデザイン！

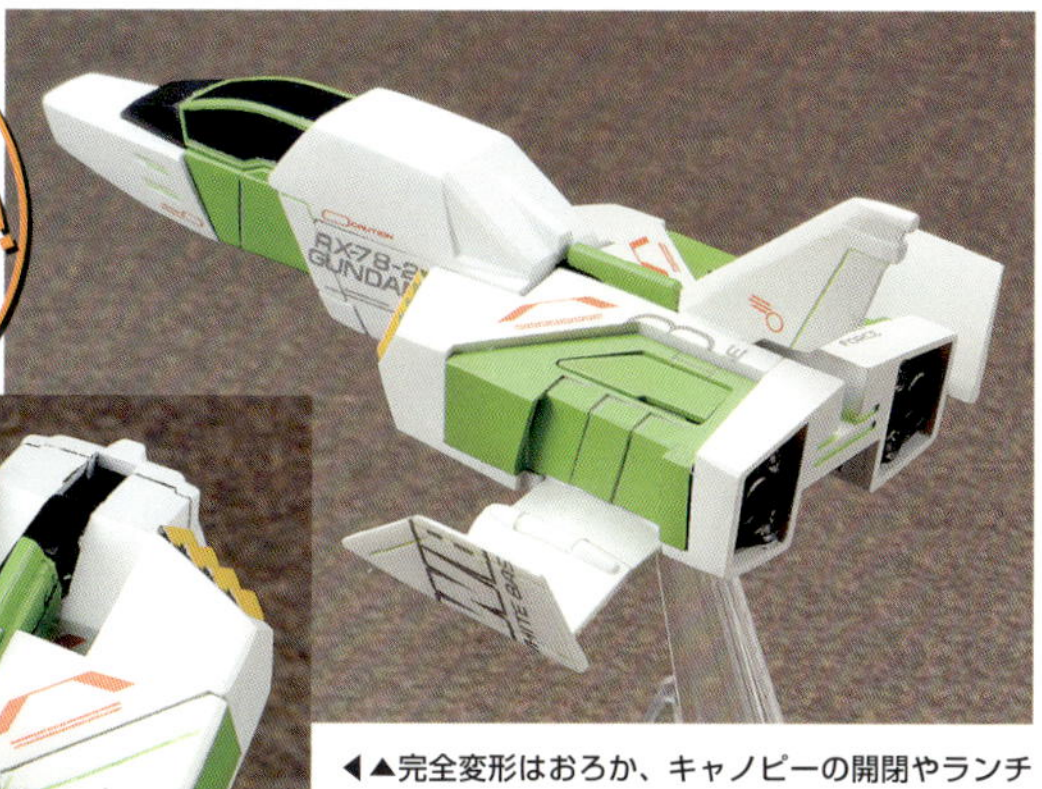

◀▲完全変形はおろか、キャノピーの開閉やランチャーの展開まで再現されたコア・ファイター。コア・ブロック形態では白い塊、コア・ファイターになると白と緑の戦闘機になるイメージで配色した。主翼のマーキングはあえてコア・ブロックの状態で字が読めるような配置にしているのに注目

▶基本的にはフルアーマーガンダムの色分けを踏襲しつつ、見た目の雰囲気優先でカラーリングを決定。関節にオレンジ色を入れ、白い部分のスミ入れをグリーンにすることで新鮮な印象に仕上がっている

▶砲身は白、装甲はグリーン、メカ部分はグレーという基本的なルールを作りつつも、それぞれの部位で彩度や明度に差をつけて色数を増やしている。スミ入れの色にも注目してほしい

◀頭部はエッジを出したほか、ヘルメットのひさし部分で下に０・５㎜延長し、カメラアイが若干隠れるように修正している

1/100 MASTER GRADE FA-78-1 FA GUNDAM

Ver.2.0準拠で長年の夢を実現!

◀こういう写真、なんだかワクワクしますよね。戦闘機の武装がずらーっと並んでるのとかね。しかしこれが撮影できるのもまさしくガンプラ的な技術の進歩のおかげでありまして、これまで完全脱着が可能なフルアーマーガンダムのプラモデルは存在しなかったのです。技術的に難しいのはやはり素体とアーマーの間に接続用のギミックが設けられない部分。本製品ではこうした部位にゲルシート（剥がしやすい粘着テープ状の素材）を貼り付けるというコロンブスの卵的（ちょっと反則？）な発想で脱着を実現しているのです！

◆キットについて

ＭＧザクＶｅｒ ２・０ではフレーム再現とそれを基にした統一フォーマットでバリエーション展開をしていましたが、ガンダムでも同様にＶｅｒ．２・０準拠のＧアーマーやジムが発売されており、その流れでついにＭＧフルアーマーガンダムが登場しました。キットはＭＧガンダムＶｅｒ ２・０にいわゆる増加装甲部分のパーツを追加する構成になっています。本体はフロント、リアスカートのヘリウムコントロールコアとカラーリング再現用のランナー変更、成型色以外はＭＧガンダムＶｅｒ ２・０のままになっています。追加パーツは可動部にＡＢＳを多用し、パーツ点数はそれほど多くなく組みやすいと感じました。

装甲の脱着が完全に再現されていますが、ダボやピンを一切使わずに、ゲルシートによってガンダム本体へ固定する斬新な方法になっています。プラスチック以外の素材を一部に使用したプラモデルはたくさんありますが、装甲の固定に使うのは初めてではないでしょうか。ただ、逆に言うと各パーツ同士のテンションで固定されるところが大半になっているため、クリアランスをしっかりと調節しないと装甲の脱着がかなり厳しくなるので注意が必要です。プロポーションはＭＧガンダムＶｅｒ２・０準規ですが、装甲パーツを取り付けてもバランスは崩れず、全体的に太くたくましいイメージでうまくまとまっていると思います。

◆工作編

今回ガンダム本体にはあまり手を加えず、増加装甲部分のディテール追加と変更をメインに行ないました。まず胸部装甲ですが、インテークにカバーパーツを作り、カバーが閉じている状態に変更しました。また、開閉も可能なコクピットハッチ周辺はディテール追加と塗り分けを行っています。

下腕装甲は、左側のモールドを切り離し、分割ラインを修正したあとそれと並行にスジを彫り、塗り分けました。

脚部は膝装甲の面構成が単調なので上部にディテールを加えています。側面からつ

●アーマーの脱着や可動の際に塗膜が削れないようすべてのパーツをサンドペーパーでひと回り小さく削ると同時に、エッジをシャープに加工している
●左肩の360㎜ロケット砲は大胆にパーツが一体化されているため、塗り分けを極力こまかくした
●バックパックにあるビーム・サーベルラックは開閉可能となっており、フルアーマー形態時には格納し、ビーム・サーベルは腰に取り付けられる
●胸上面の機雷は一体成型されているのでそれぞれ切り離している。基部にそれぞれピンがあるので固定するための特別な加工は不要。開閉するカバーはC面がなくなるよう削り、シャープに整形した

ながるディテールは、前面で突然つながりが切れている感じがあったのでプラ板でラインがつながるように修正。ひざ下のバーニアパーツはボテッとした感じなのでシャープになるようにC面をすべて削り込みました。ふくらはぎユニットのノズルパーツも同様に処理しました。また、つま先、かかとにつく装甲は左右の段差が弱いので削り飛ばしてプラ板で作りなおしています。

バックパックは一体成型で側面のディテールが弱いので、削り飛ばしたあと、他キットから流用したパーツを貼付け。プラ材でフレームパーツを自作してそれらしくしてみました。センサーは一体成型でシャープさにかけるので削り飛ばし、市販の丸ノズルとHアイズの組み合わせに変更。裏にラピーテープを貼りつけて光を反射するようにしています。

ロケット砲はフレームにプラ板でディテールを追加し、後方の排気口のフチ、内部のフィンをそれぞれ薄く削りました。ここはフレーム部分含めて4パーツとシンプルな構成なので、塗り分けを多めにしています。右側のシールド、2連ビームライフルはグリップとシールド裏面に肉抜き穴があるのでエポキシパテで埋めています。

◆塗装編

塗装は、本体色をライムグリーンにふり、ホワイトとあわせて全体的に明るいイメージで仕上げました。フルアーマー部分は単調にならないよう暗いグリーンも用意して適宜塗り分けています。ホワイトはアイボリー系とクール系を使い分けています。フレーム部分は暗めに調色したグレーと、アクセントにオレンジを入れています。こちらもキャラクターイエローと使い分けました。シールドや脚部にある大きいマーキングや矢印模様はすべてマスキングで塗り分けています。コーション類の小さなデカールの色やスミ入れの色もホワイトとライトグリーンを使い、全体の色相とトーンをまとめました。このほか、メインカメラや胸部ミサイルカバーにはブルーのメタリックテープを使用しています。■

●本作例に使用したキット。本体はHGUC ガンダムとジムのミキシングビルドで、アーマーはMSVシリーズの1/144キットのパーツをベースにしている。製作にあたっては、単に組み合わせるだけではなく、装甲の重なり部分などは新造し(とくに肩など)、本体とアーマーの一体感、模型としての見映えを考慮している

FA-78-1 フルアーマーガンダム
バンダイ　1/144
HGUC シリーズほか
ミキシングビルド
製作・文／**小林祐介**

Model Graphix 2001年10月号 掲載

いっぱい使えばエライわけじゃないけど旧いキットも大活用してみよう!

ついに発売となったHGUC RX-78-2ガンダムですが、手ごろな価格でとても作りやすい好キットとなっています。「ガンプラの改造もしてみたいけどMGはちょっと……」という方にも安心してオススメできるキット内容、ということで、今回はMSVシリーズのキットと組み合わせてHGUCプロポーションのフルアーマーガンダムを製作してみたぞ!

FA-78-1
FULL ARMOR GUNDAM
FSWS Project PROTO TYPE MS

◆小田さんが四郎に渡した図面

再びの小林でございます。今回の新たなお題はフルアーマーガンダム(以下FA)とのことで、正直浮かれまくってますが、気合いを入れていきましょう。

◆HGUC+MSV=新FSWS……?

MSVは試作MSの宝庫ですが、FSWSもプロジェクト自体が試作なので、設計段階で相当な数が存在したはず(MSVのキットインストラクション参照)。某コミックにおけるFAの唐突な登場にしても、プロジェクトチームが実験部隊へムリヤリねじ込んだと想像すると、いかにも試作機っぽい感じがしません? これまでにいろいろ発表されてきた各FAも、ひとつの元デザインの別解釈ではなくそれぞれが別設計試案だったと考えると、プロジェクトの暴走っぷりまで思い描けて楽しいです。

このような視点で本作を見ると、設計を元に機体バランスをテストするために作られた試作機の試作、といったところでしょうか。制式機では新規設計になるであろうロケット砲がバズーカのままだったり部分的にアーマーがなかったりとか。

◆アーマーは鉛入り(ウソ)

前回作ったHGUCジムはかなり手を入れましたが、今回はほとんどアーマーに隠れてしまいます。手足は計ったようにMSVキットのアーマーと合いますね。本体の工作ポイントは、ジムのときにやり残したヒジ周辺です。キットのヒジのマルイチディテールはモールドが浅めなのですが、これはFGガンダムのパーツを使えば超カンタンにモールドを深くでき可動にも支障ありませんでした。ついでにヒジ関節形状は旧設定画に近い形に変更しています。MSVキットのパーツのままでは使えなかったボディーとソールのアーマーは、プラ板工作で製作しました。腰アーマーや追加したシールド、背中のロケット砲には、(旧)HGガンダムのパーツがぴったり。そのほかにも、HGUCジム、BB戦士Sガンダム、武器セットも使っています。ここまで

くると間違い探しみたい……？

今回のチャームポイントはふくらはぎ下側の円柱状パーツです。これはバーニアではなくプロペラント（推進剤）注入口というオレ設定で、補給機からケーブルを延ばし、出撃前に最後の補給を行なうシーンを妄想しながら作っていました。それから、スケール感を演出するために、左腕の小型シールドにはアカデミー製1／144F-15用ミサイルパーツを装備させてみました。

◆お、お天道様の……イジワルっ（涙）

工作中から酷暑が続き、予想以上に塗装にも悪影響が。塗れば塗るほど底なし沼に沈んでいく感じで……部屋のエアコンなんてまるで役立たず。塗装仕上げに関しては自分としては最悪です。申し訳ありません。

色のイメージソースにしたのは、ゾイドのライガーゼロパンツァーでした。MSじゃないですけど個人的に好きなんです、アレの緑色って。マーキングは、モデラーズのデカール、インレタ、ウェーブのマクロスデカール、Xデカールのラインに、MSVキット付属のデカールをポイントに使ってMSVっぽくしました。今回は脚に大きくナンバリングしましたが、FAと言えば「38」、このイメージは大河原FA派としてはどうしても外せませんね。

最悪だった塗装とマーキングの作業がようやく終わってさめざめと涙を流しているころに気候のほうは涼しくなってきて思わず2度泣きしたのはさておき、塗装のデータは以下のような感じです。本体色はタミヤアクリルのX-2に数滴ずつ色を足して調色したもの。そのほかにタミヤアクリルのXF-18、19、21、54、63、GSIクレオス水性ホビーカラーH29を使っています。スミ入れはタミヤエナメルです。

◆倒せ、ゴッドタイガー!?

今回は終盤にきてとにかく反省しきり。いくら工作頑張っても塗装仕上げが悪いと……ですよね。しかしっ、この涙を糧にして再び精進に励むことをこの場にて誓わせていただきますっ！　ではでは。■

完全保存版!

RX-78-2 歴代ガンプラ総覧。

35年の進化の軌跡を辿るRX-78ガンプラカタログ

RX-78-2ガンダムはガンプラとともに変化し、そして進化し続けてきた。アニメにおける公式の設定画と言えるものはひとつしかないにも関わらず、ガンプラにおいては時代に応じてさまざまなアレンジや解釈が加えられ、ガンプラ発のRX-78-2が35年に渡って積み重ねられてきている。ここでは1/60、1/100、1/144を中心に歴代RX-78-2を総括的に振り返ってみよう。同じRX-78-2でありながら個性あふれる各キット、その内容だけでなく登場した経緯についても掘り下げてみたい。

1/60(1980)

1/144(1980)

1/100(1980)

HG 1/144(1990)

RX-78-2 GUNDAM 1980-2015

ひとつとして同じものなし。常に変化し続けるガンプラRX-78-2像

解説／森 慎二

●ガンプラがマスプロダクツとして特異な点は、35年前の初代キットを初めとする歴代キットが現在も普通に売られているところだろう（初代HGのみ「絶版」）。新しいバージョンが出ると古いバージョンが不要になり置き換えられるのでなく、旧いキットには旧いキットなりの魅力が在り続けるのだ。こんなプロダクツは希有である

●こうやって改めて並べて見ると、各々非常に個性溢れる造形であることがわかる。ツノの形状、目の形、目の下の隈取りの幅、フェイスの造形、バルカン砲の位置などなど……見ていくとすべての頭部が異なる解釈で形作られている。RX-78-2の頭部の造形は非常に繊細かつ微妙で、先述したような要素をどのようなバランスで成り立たせるかによって、実寸にすればコンマ数㎜の差異の積み重ねで印象が大きく変わってくる

●イメージの転換点となっているのは、初代HG 、PG 、MG Ver.1.5、MG Ver.2.0、RGだろう。ここに注目して前後を見比べると非常に興味深い

RX-78-2 歴代ガンプラ総覧。

HGUC 1/144(2001)

MG 1/100 Ver.1.5(2000)

RG 1/144(2010)

HG 1/144(2009) Ver.G30th

MG 1/100 Ver..2.0(2008)

1/100(1984)
パーフェクトガンダム

1/250(1984)
イロプラGアーマー

1/72(1981)
メカニックモデル

FG 1/144(1999)

PG 1/60(1998)

MG 1/100(1995)

MG 1/100(2005)
Ver.ONE YEAR WAR 0079

MG 1/100(2003)
パーフェクトガンダム

MG 1/100 Ver.Ka(2002)

MG 1/100(2015)
GUNDAM THE ORIGIN版

HGUC 1/144(2015)
No.191

MG 1/100 Ver.3.0(2013)

1/144（初代）

記念すべきガンプラ第1作
通称“300円ガンダム”

ガンダム
バンダイ　1/144
インジェクションプラスチックキット
税込324円

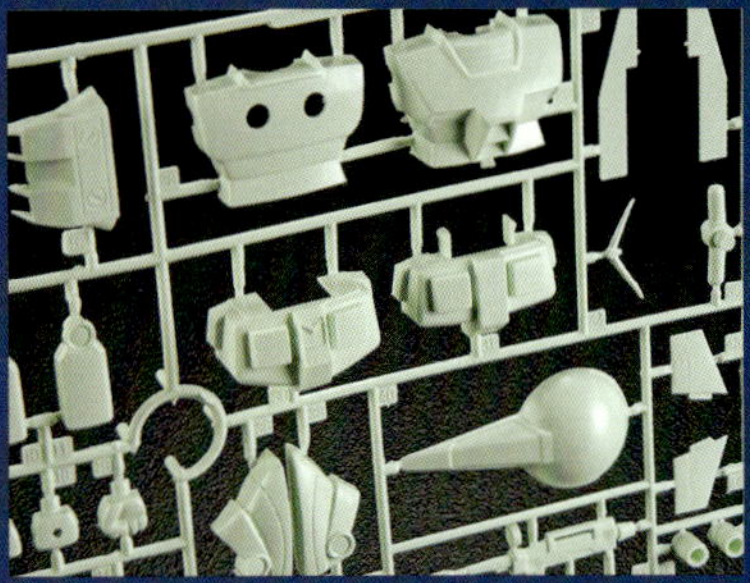

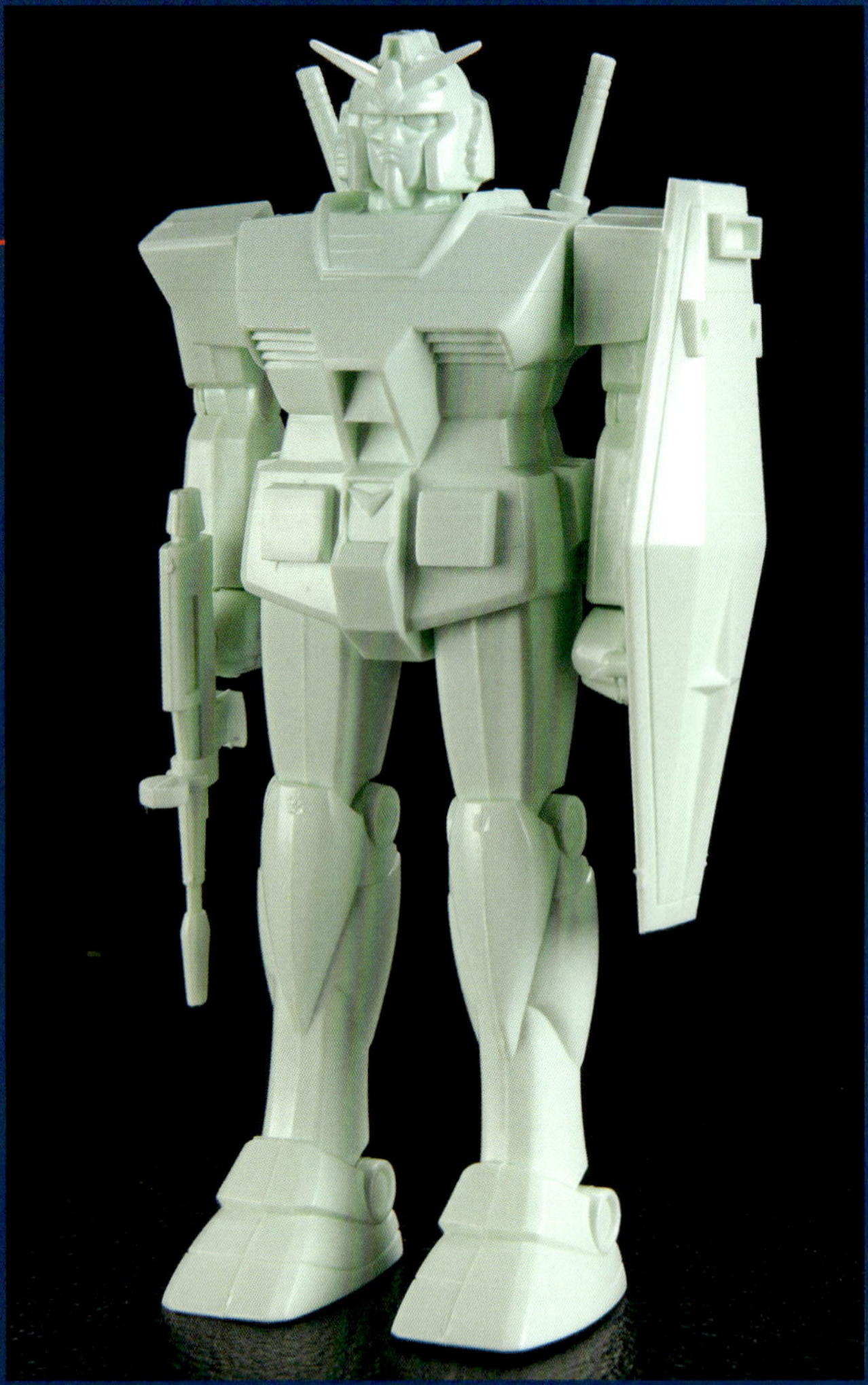

●初のRX-78ガンプラとして'80年に発売された初代1/144。通称「300円ガンダム」。おそらくは史上もっとも売れたプラモデルであろうガンプラの記念碑的アイテムだ。胸まわりの曲面などはじつに的確かつ心地のよい造形になっている反面、ヒザの装甲などは設定画と見比べると相当に丸く胴は短くなっていて、じつはかなりアレンジが加えられている。さすがにモールドは若干甘いものの、ヘルメット形状や顔面の造形はかなり秀逸だ。そのため、頭部の造形を偏重する第一世代のガンプラモデラーたちに長く支持され続けた
●1/144Gアーマーに入っているRX-78はほぼ同形だが胴体が分離するようになっている

1/100（初代）

玩具的アプローチが色濃く残り
過渡期を象徴する初の1/100

RX-78 ガンダム
バンダイ　1/100
インジェクションプラスチックキット
発売中　税込756円

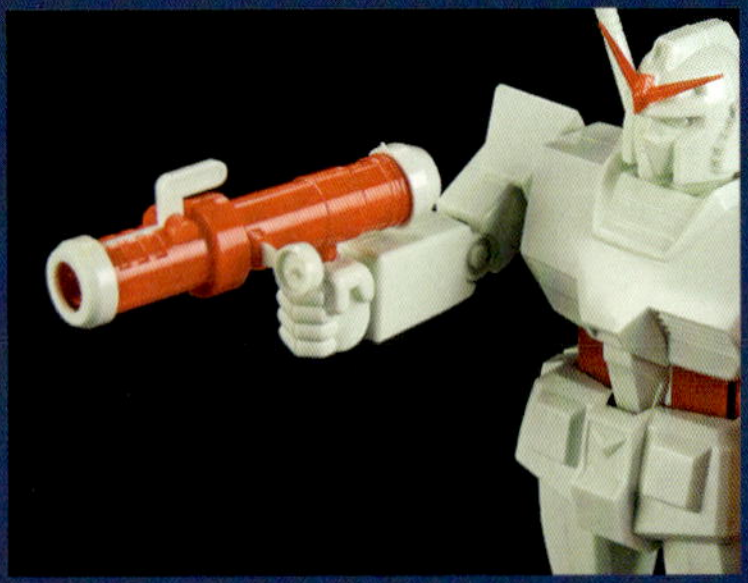

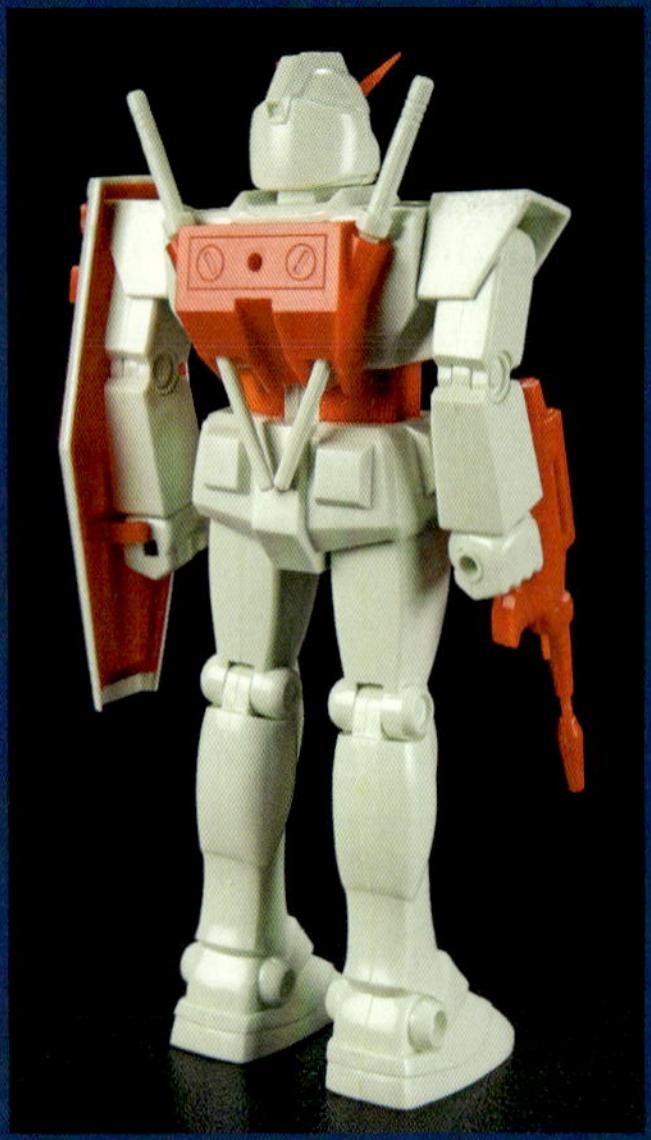

●'80年発売。コア・ファイターを内蔵したものの、当時の技術では胴体内にきちんと収めることができなかったためむき出しになっていたり、ビーム・サーベルの先端が本来スラスターがあるところから飛び出すままになっていたり、ガンプラオリジナルのスプリングで弾が飛び出すロケット砲を付属させるなど、玩具的なアプローチが色濃く残っている。プロポーションに関して言うと、初代1/144以上に胴が短くアレンジされているが、1/144よりも脚の長さは設定画に近い

1/60（初代）

コア・ブロックギミックの初搭載を果たした大型キット

RX-78 ガンダム
バンダイ　1/60
インジェクションプラスチックキット
税込2160円

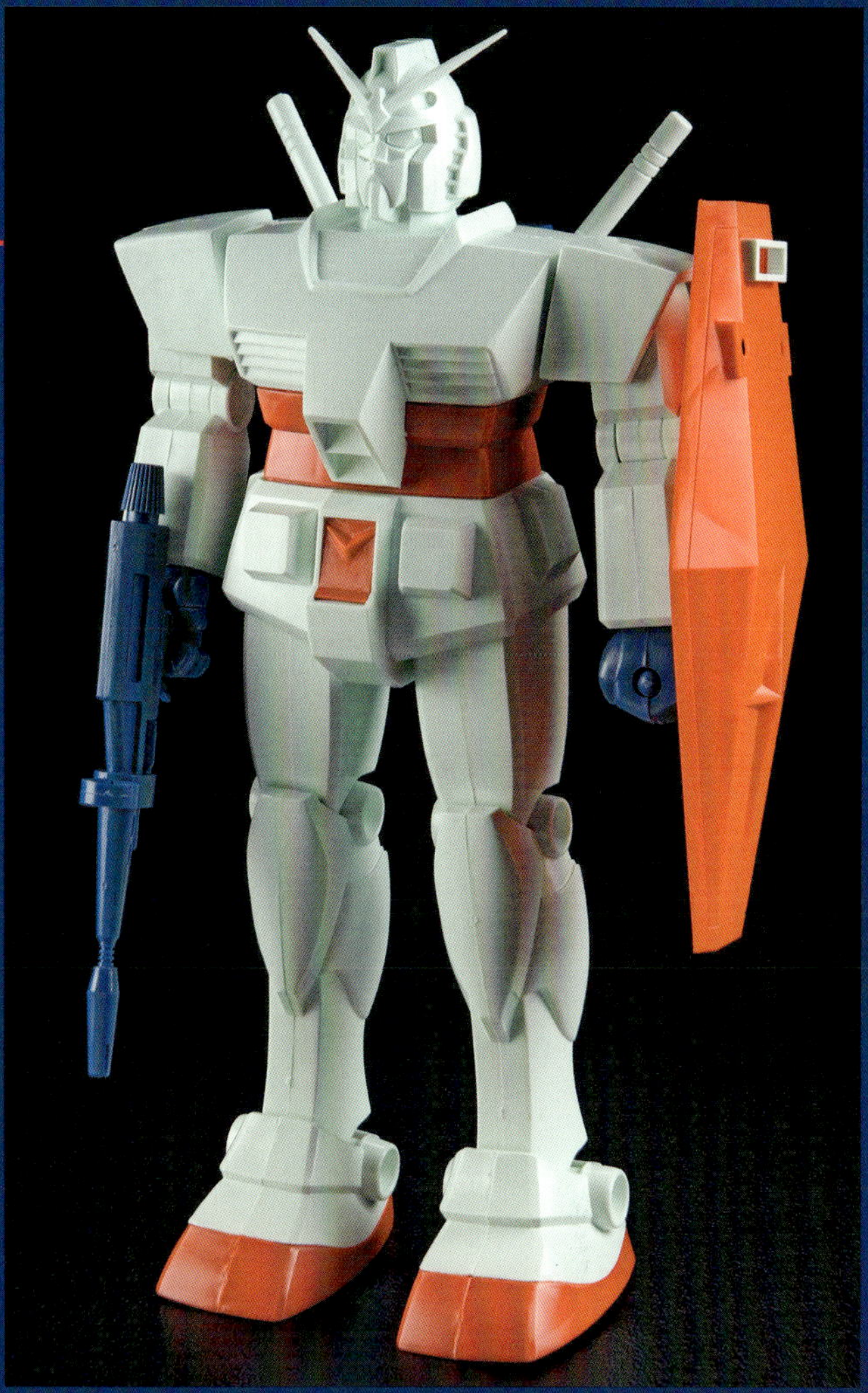

●'80年発売。サイズが大きくなることにより、初めてコア・ファイターの分離合体／変形が可能となった。ガンプラファーストシリーズのRX-78のなかでは頭部形状がもっとも大河原画に近く立体構成的にもよくできている。プロポーションは1/144モデルや1/100モデルと比べると骨太でがっちりとした印象であり、発売当時は「1/60モデルのプロポーションが好き」という人はかなりのマイノリティーであった
●ビーム・サーベル、ビーム・ライフルのほか、ガンダム・ハンマー、ハイパー・バズーカが付属

1/72（メカニックモデル）

フラグシップ的存在感に憧れた電飾仕込みのスペシャルモデル

RX-78 ガンダム（メカニックモデル）
バンダイ　1/72
インジェクションプラスチックキット
税込2700円

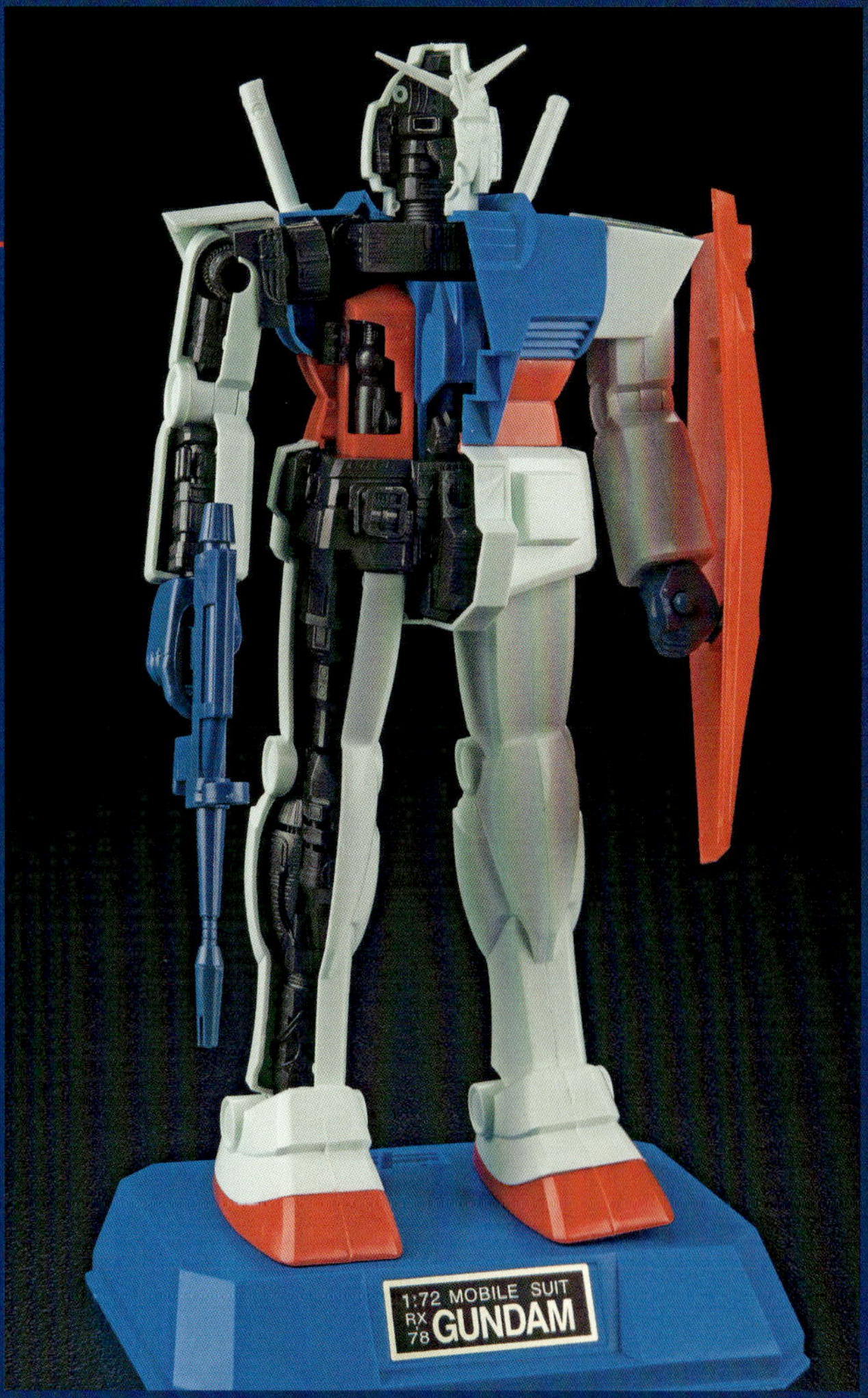

●'81年発売。1/72で首と腕以外は非可動、そして電飾を搭載（麦球は別売り）というガンプラでは珍しいフォーマットのカットモデル。配電用ではないディテールとしてのパイピング線材が付属するなど、マルチマテリアルなパーツ構成の走りでもある。年長の「リアル派」には敬遠されたが、当時のお子様にとっては憧れのアイテムだった
●ビーム・サーベル、ビーム・ライフルのほか、ハイパー・バズーカとビーム部分がクリアー成型のビーム・ジャベリンが付属する

1/144（プロトタイプガンダム）

MSVという“発明”が生んだ実質的な初代1/144のリニューアル

RX-78-1 プロトタイプガンダム
バンダイ　1/144　MSVシリーズ
インジェクションプラスチックキット
税込432円

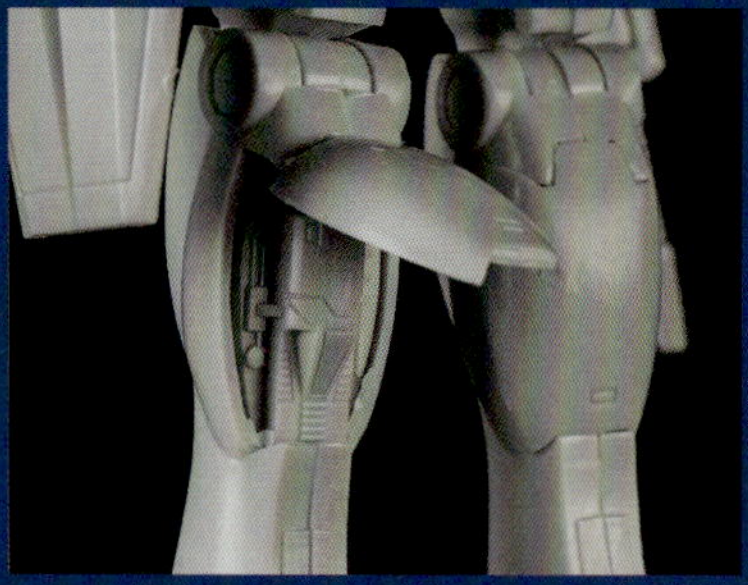

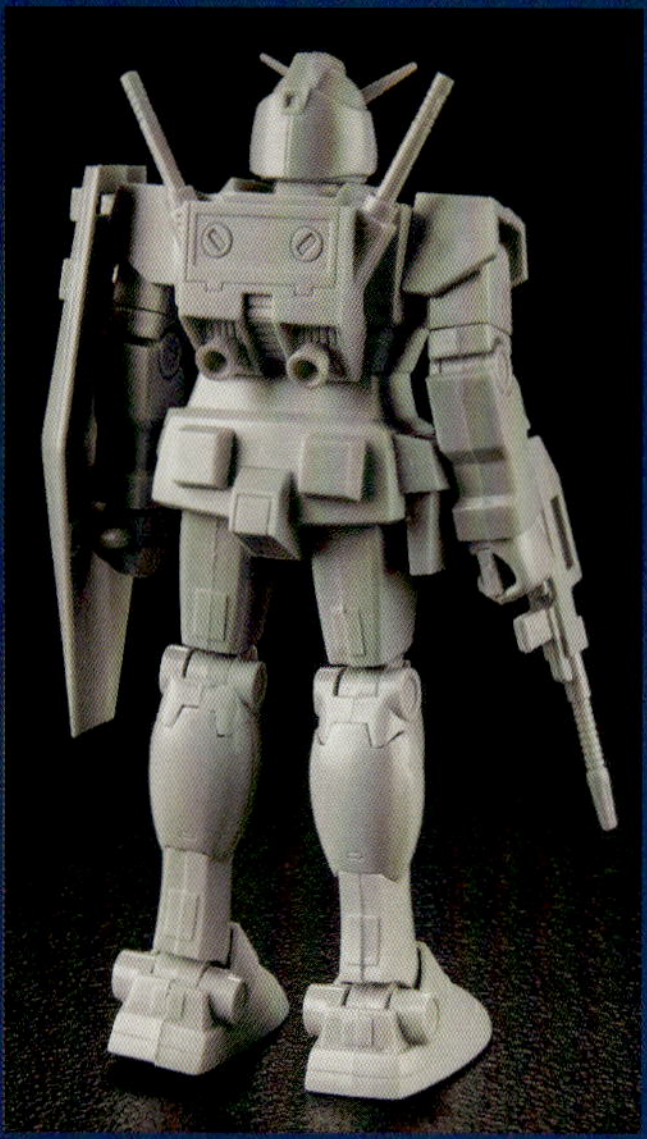

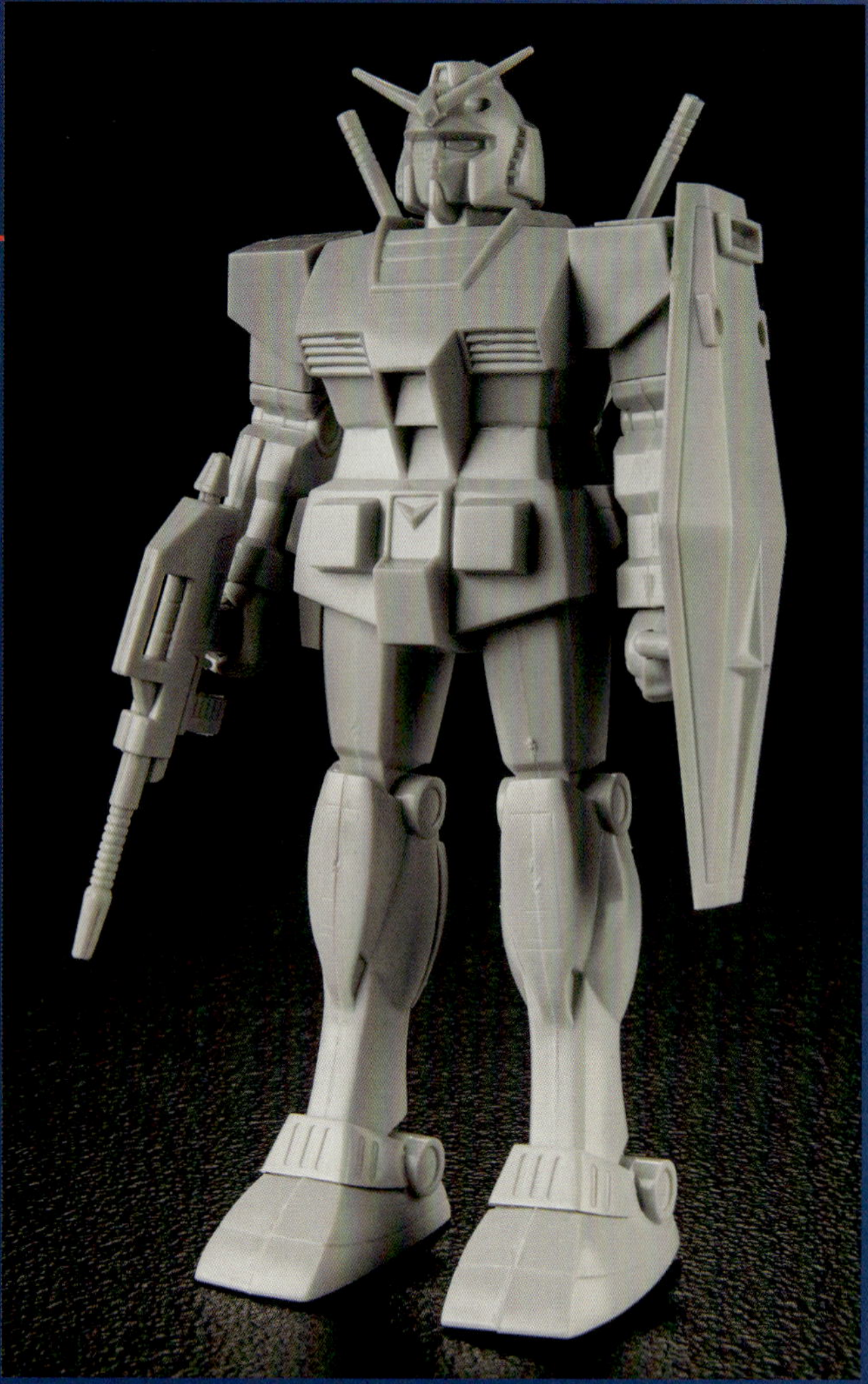

●'83年発売。第一次ガンプラブームが収束に向かったあと、さらなるアイテム展開とガンプラ的「リアル」への嗜好をすくい取るために考え出されたのがMSVという“発明”だったが、そのシリーズ内で発売されたのがこのプロトタイプガンダム。設定的にはRX-78とは別機体だが、実質的には1/144ガンダムのリメイク的な意味合いを持つ。より細身になったフォルム、シャープなモールド、ロールするようになった腕など、各部に当時最新の解釈やギミックが盛り込まれた。頭部に関しては、このころからフェイスが平面的になっている

1/250（G・アーマー）

1/250での分離合体という当時の金型成型の限界に挑戦した快作

G・アーマー
バンダイ　1/250　イロプラ
インジェクションプラスチックキット
税込648円

●'84年発売。「イロプラ」はひとつのランナー枠に複数色のパーツを入れたもので、その後一般化するシステムインジェクションの走りとなった。1/250という小ささゆえにRX-78はコア・ファイター以外色分けされておらず、造形的にも先祖返りした感があるが、この大きさで変形するコア・ファイターが胴体内に収められるという点で、当時としてはかなり画期的なキットだった。Gアーマー、Gブルなどの各形態でにできるプレイバリュー、そしてプラモデルの技術的な面でその後のMGやHGUCに繋がった先駆的アイテムである

1/100（ガンダムフルアーマータイプ／パーフェクトガンダム）

中身は初代1/100のリニューアル
関節機構が大きな進化を果たす

PF-78 パーフェクトガンダム
バンダイ　1/100　MSVシリーズ
インジェクションプラスチックキット
税込1512円

FA-78-1 ガンダムフルアーマータイプ
バンダイ　1/100　MSVシリーズ
インジェクションプラスチックキット
税込1080円

●'84年発売。1/144プロトタイプガンダムは実質的な初代1/144のリメイクでありつつもあくまで別の機体だったが、同じRX-78-2として初めて同スケールでリメイクされたのが、ガンダムフルアーマータイプとパーフェクトガンダムの中身のRX-78だ（成型色が異なるが同形）。RX-78で初めてポリキャップ内蔵関節が採用されたのと同時に、上腕のロール、股関節が開く、足首関節が左右に動くなどの機構の採用により、キットのままでも脚を開いて腕に力を込めたポーズが取れるようになった。フェイスはやや独特な解釈で、スマートな全身フォルムにも時代の変化を感じる

HG 1/144

ガンプラ史におけるマイルストーン
とくにインストラクションがスゴかった

RX-78 ガンダム
バンダイ　1/144　HGシリーズ
インジェクションプラスチックキット
1000円（当時価格 現在は絶版）

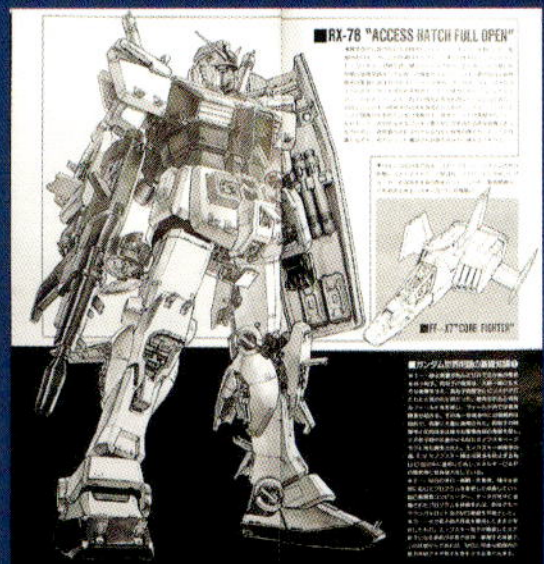

●'90年発売。HGはガンプラ初となるシステムインジェクションによる多色成型や1/144初のコア・ファイターの分離合体／変形を実現したエポックメイキングなシリーズ。RX-78としてのフォルム再現に関しては中途半端な感もあり、インストラクションに参考例として改造作例が載っているという、いまだったら考えられないようなところもあった。そして、ガンプラモデラーに大きな影響を与えたのがインストラクションのカトキ画稿だろう。そのリアルなSF的空気感は、宇宙世紀世界の解像度を大きく引き上げるものだった

MG 1/100

「究極のガンプラ」を生み出す。新時代の幕開けとなった初代MG

成型色による色分け、フレーム構造的な関節部、可動指など今日のガンプラでは一般的なプロダクツパッケージングを確立したのがこの初代MG RX-78-2。同時に、ガンプラの立体アレンジが独自の進化を遂げる先駆けともなった。

RX-78-2 ガンダム
バンダイ　1/100　MGシリーズ
インジェクションプラスチックキット
税込2700円

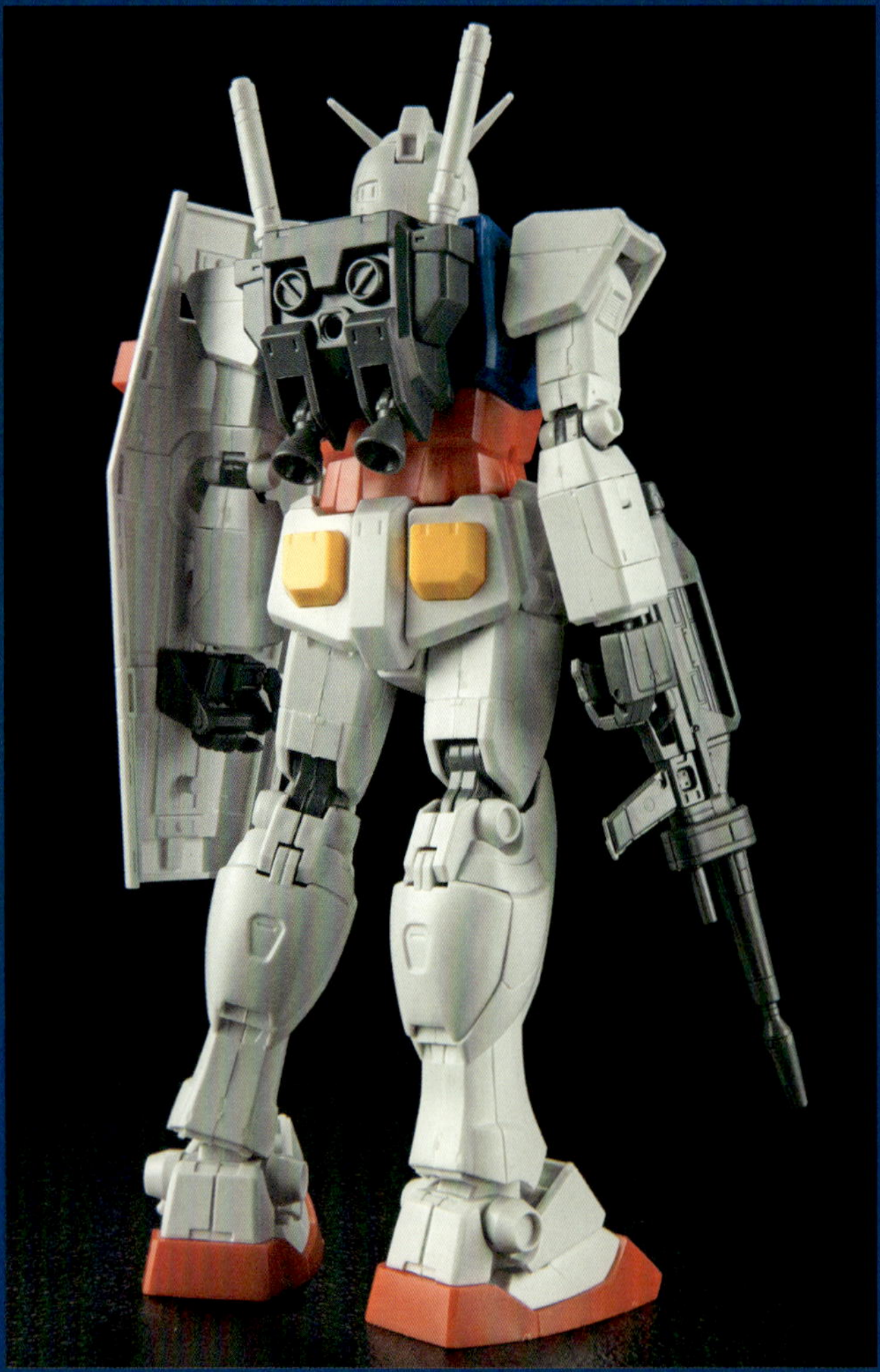

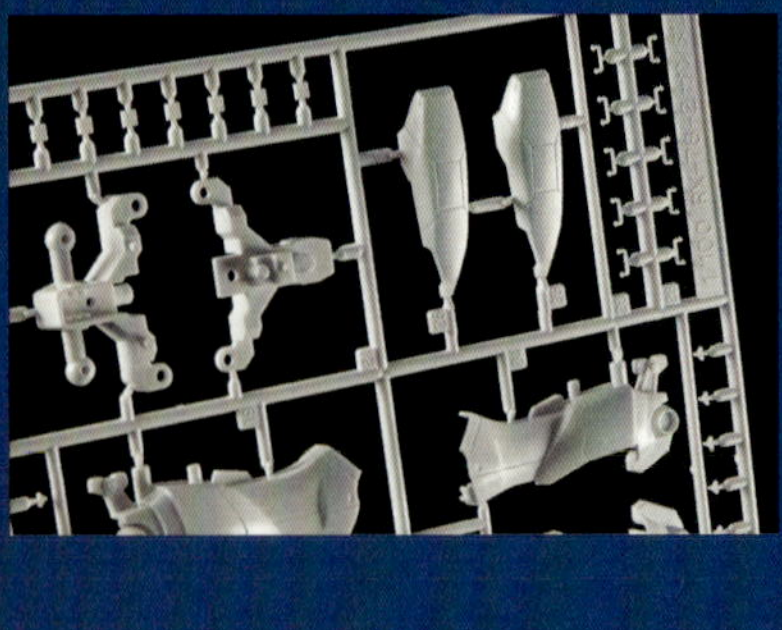

●'95年発売。ガンプラ15周年企画として発売された。成型色での色分け、分離合体変形可能なコア・ファイター、可動指、クリアーパーツの採用などその後のガンプラ定番となっていくパッケージングがこの初代MGで確立された。造形的には当時の流行を踏まえた脚が長くスレンダーなフォルムで、ディテールにはガンプラ独自の解釈が持ち込まれている。そのほか、オリジナルのミリタリーテイストなディテールパーツが付属するなど、本キットはガンプラがアニメ／設定画とは別の方向に進化をはじめた起点と言えるだろう
●各部ハッチが開閉するギミックを搭載。頭部アンテナは色分けされた軟質樹脂製パーツと白一色のプラ製パーツの選択式

ガンダム造形物を一般モデラーの手に取り戻すムーブメント

初代HGの発売から5年を経て、バンダイと『ホビージャパン』誌との連動企画から生み出されたのがこの初代MG。

これが発売された'95年当時はガレージキットブーム真っ盛り（『新世紀エヴァンゲリオン』がTV放映され、模型誌がエヴァ一色になった）。ガンダム造形においてもJAF-CONが軌道に乗り、MSのガレージキットが大量生産された時代である。当時は、MAX渡辺、才谷 翔（のちの竜人）、管義弘、小松原博之、佐藤直樹、波佐本英生（順不同、敬称略）といった原型師が活躍したが、彼らが作るものはそのほんの一部がガレージキットとして販売されるのみだった。そのような状況のなか、最新のガンダム造形を一般モデラーが手にすることができるプラモデルへと昇華させてほしい、つまり「モデラーによるモデラーのためのガンプラがほしい！」というムーブメントが盛り上がりを見せたのはある意味必然だった。

このようなシーンの空気感を受けるようにしてスタートした初代MG企画は、大河原邦男氏が画稿を描き起こし、MAXファクトリーが立体へのアプローチを担当、佐藤直樹氏が試作原型を作り、バンダイがそれらを取りまとめてギミックを盛り込むという、まさに当時の「オールスター」を巻き込んだ豪華なものだった。

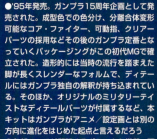

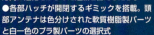

PG 1/60

これぞまさに“パーフェクト”奇跡的完成度のプロダクツ

RX-78の立体造形イメージは、PGの発売を境に、「PG以前／以降」と区別できるほどはっきりと変わってしまった。その後のRX-78立体像に絶大な影響を与えた“奇跡的”プロダクツ、それがPG RX-78だ。

RX-78-2 ガンダム
バンダイ　1/60　PGシリーズ
インジェクションプラスチックキット
税込1万2960円

●'98年発売。当初から「アニメの再現」ではなくガンプラ／立体物としての究極を目指して開発されたPG。細身のRX-78造形がもてはやされていたなかで「RX-78を限界まで太めに解釈する」という秀逸な方法論を用いて最高のRX-78立体物を作り上げてしまった超傑作である。可動やハッチオープン機構、電飾などガンプラとしてのギミックはもちろんのこと、RX-78造形物としての佇まい、存在感、プロポーション、ディテールの粗密のバランス、そのどれもとってもすばらしい。PGのガンプラオリジネイテッドな立体アレンジは、その完成度の高さゆえに、その後しばらくのあいだほぼすべてのガンダム立体物に影響を与え続けていくこととなった
●多重成型により切り離して曲げるだけでできあがる手や脚のフレーム構造を採用。コア・ファイターは、完全変形はもちろんのこと、尾翼の連動可動も実現した
●別売でクリアー外装やハイパー・バズーカほかの武装をセットしたカスタムセット2種も発売された-

製品がモデラーの想像力を超えてしまったPGという事件

「究極のガンプラ」と銘打たれてスタートしたMGがシリーズの拡充とともに一般化していくのに対し、新たなる上位グレードとして「新時代の究極」を目指したPG。MGを踏まえたうえで、さらにその上をいく「究極」を生み出さなければいけない開発陣の苦悩とプレッシャーは相当なものがあったと推察されるが、結果生み出された製品は優に満点を超え「120点」とでも言うべき内容で、ガンプラモデラーの要望や想像のはるか上をいくものであった。

PGは、大河原画稿の魅力、Ver Ka的なリアリティー、MGが生み出したプラモデルとしてのクオリティー、それらをすべて取り入れたうえで、さらにすべての面でその上をいっている。その後のすべてのRX・78立体物に影響を与え続けている立体デザインとしての驚異的な完成度の高さはもとより、1万円程度の市販プロダクツとしてのクオリティー、プレイバリューの面でも褒め言葉しか思い浮かばない。

ひとつだけ無理に文句をつけるとすると、それは「完成度があまりにも高すぎてモデラーが太刀打ちできない＝自分なりに手を入れ改造したい箇所が見当たらない」ところかもしれない。製品がモデラーの想像力を超えてしまった驚くべき特異点、それが、PGの発売という事件だった。

FG 1/144

2周目に突入したガンプラの「300円ガンダム」再生計画

MG以降急速に研ぎ澄まされていったガンプラをリセットしたのがFG＝ファーストグレードだった。これは、もっとも研ぎ澄まされたガンプラであるPGの外見はそのままに、「300円ガンダム」の“スタート地点”に戻す試みだった。

RX-78-2 ガンダム
バンダイ　1/144　FGシリーズ
インジェクションプラスチックキット
税込324円

●'99年発売。外見はPGをそのまま縮小しているが、1色成型で、可動部は首、肩関節、上腕、ヒジ、手首、股関節、ヒザ、足首だけに絞られており、無可動ではないもののほぼプロポーションモデルとなっている。構造的には内蔵フレームが一切ない、いわゆる“モナカキット”なので、改造して作るための素材としては非常に使い勝手がよい

行き着いた先に見えたガンプラの新たな地平

あえて初代１／１４４と同じ３００円という価格設定で、最小限のパーツ分割により誰でも手軽にガンダムを作ることができる、というのがＦＧのコンセプトである。外形的デザインはＰＧから流用し、単色成型で関節はポリキャップなしとなっている。

ＦＧは、ＭＧ、ＰＧへと続く流れのなかで、複雑で高価なプロダクトとなっていったガンプラを一度リセットしようという試みだった。'80年代のガンプラブームが収束して以降、コアなガンプラモデラーによって支えられてきたガンダム立体物シーンが、ガレージキットブームの狂騒を経てもう一度一般ユーザーを取り込みガンプラファンが多層化していく流れ、その端緒を的確に捉えた製品化だったとも言える。

ところで、モデラーとはメーカー／キット開発者の意図を無視して自分の欲求をキットに投影してしまうものだ。ＦＧはＭＧやＰＧで培われたギミックをすべて廃するところにこそプロダクツの意味があったわけだが、ギミックがないこと、そして改造工作しやすいキット構造だったことでモデラーの目には格好の「改造用素材」と映った。かくして、製品であえて廃された可動ギミックを工作で盛り込み「ミニＰＧ」を作る、という主客逆転したようなＦＧ作例が一世を風靡することとなった。

MG 1/100 Ver.1.5

斬新だったマイナーバージョンアップ PGを踏まえたMGなりの進化形

時代に合わせ移ろいゆくRX-78立体イメージに合わせてリニューアルされたMG RX-78-2第二作。初代MGのフォーマットにPG的なフォルムと新世代のフレーム構造を盛り込んだマイナーバージョンアップだ。

RX-78-2 ガンダム Ver.1.5
バンダイ　1/100　MGシリーズ
インジェクションプラスチックキット
税込3240円

●'00年発売。前々年に発売されたPGのノウハウやアレンジをフィードバックした「PG準拠」なMG第1作となったVer1.5だが、プロポーションバランスはPGより細身で脚が長く、むしろ初代MGに近い。「PGはカッコいいけれど作るには大きすぎるのと、脚が長ければもっとカッコいいのに！」という嗜好のファン／モデラーからは絶賛を浴び、いまだに「MGでどれかひとつだけ本気作るならVer1.5を選ぶ」というモデラーも多い
●初代MGからもっとも変わった箇所である脚部フレームは、多重成型により1パーツでダンパーの可動までできるようになっており、可動範囲も格段に拡がった
●武装はガンダム・ハンマー、ビーム・ジャベリンも付属。コア・ファイターは初代MGと同じものが入っており、同様に固定のコア・ブロックパーツも付属する

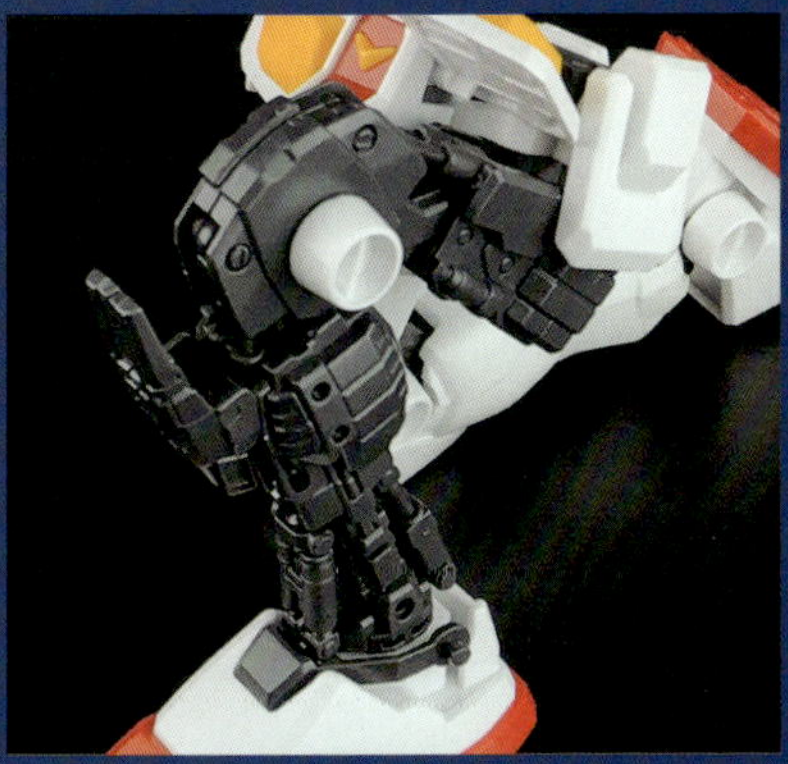

いまだにベストMGと推す声も高いマイナーバージョンアップ

Ｖｅｒ１・５が発売された'00年ころは、ＭＧが25作を超えてスタンダードになった反面シリーズに目新しさがなくなり、人気アイテムも一巡して「中だるみ感」がシーンに漂いはじめた頃合いだった。そんななかリリースされたＶｅｒ１・５と、前年にシリーズがスタートした１／１４４ＨＧＵＣは、ガンプラにおける実質的な「３周め」のスタートを象徴するものであった。

Ｖｅｒ１・５は、基本構造やキット構成において初代ＭＧを踏襲しつつも、全体の外形はＰＧ準拠のデザインラインでまとめられ、部分的にＭＧ ＧＰ01からＰＧガンダムへと発展した当時最新のフレーム技術が盛り込まれている。ＰＧの影響が色濃い新世代のＭＧでありつつも、腕などは思い切りよく初代ＭＧと同じものになっているあたり、その「１・５」というマイナーバージョン命名は非常に的を得たものだったし、ＰＣの急速な普及によって一般化した「バージョン●・●●」といったマイナーバージョン表記自体にも時代の空気感があった。

Ｖｅｒ１・５はモデラーにはいまだかなりの人気がある。フレーム構造がほどほどで改造しやすい初代ＭＧ的構成と、ＰＧ的でありつつ自ら手を入れたくなる余地がある外見。1でも2でもないその「どっちつかず」なところにモデラーは惹かれるのである。

HGUC 1/144

アニメ設定画的イメージへの揺り戻し 満を持して発売された初代HGUC

'99年にスタートしたシリーズのNo.21となったHGUC RX-78は、PG的なフォルムは継承しつつも、アニメ設定画的なデザイン意匠に引き戻された。誰でもが手軽に組み立てて並べられるシリーズコンセプトを見事に体現している。

RX-78-2 ガンダム
バンダイ　1/144　HGUCシリーズ（No.21）
インジェクションプラスチックキット
税込1080円

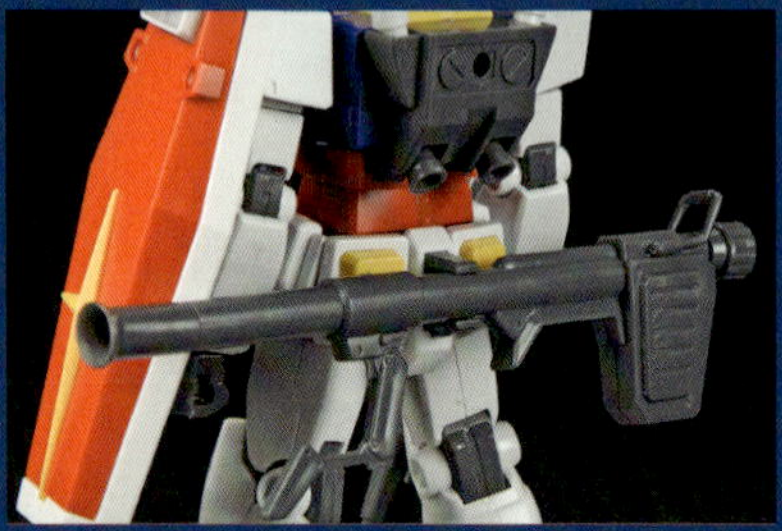

●'01年発売。シリーズとしてのコンセプトとフォーマットが定まったところで満を持して発売となったため、シリーズ第１作でなかったうえにジムが先に発売されたところがこれまでのRX-78とは大きく異なる。ガンプラとしての構成はかなり手堅いものとなっているが、PG譲りのボリュームバランスにアニメ設定画ライクなディテール形状を持ち込んだところが新しく、MG以降では、初めて胸のコクピットブロックが分割されていないデザインアレンジとなった。コア・ファイターを内蔵するのをきっぱりあきらめているため胴体が太くなることはなかったが、初代1/144以来の胴が短いところは継承されている
●HGUC Gアーマーには同じ外形のRX-78が入っているが、コクピットブロックと足の新規パーツが追加されている

「ガンプラオリジネイテッドな進化」をリセットしたオールラウンダー

PGに象徴される「ガンプラ発のアレンジ」として先鋭化していったRX-78像の延長線上にあったMG Ver 1・5に対するカウンターとして、翌年に発売されたのが初代HGUCだ。アニメ設定画テイストをベースとしつつ、最小限のパーツ数と1000円という価格で、誰もが手にして組み立てることができるキットとなった。

この「PG準拠アレンジに対するカウンター」的な構図がもっとも端的に現れているのは胸の造形だろう。'90年の初代HG以降、すべてのRX-78のガンプラにはアニメ設定にはない胸ダクトの枠が造形されコクピットブロックが分割されてきたが、10年を経て初めてアニメ設定のとおりダクト枠と分割がない胸部デザインのキットとなったわけだ。初代HGUCは、模型誌を主メディアとしていたガンプラシーンにおいて元設定とは別の次元に進化を遂げていたRX・78を、モデラー以外のファン層にも馴染みのあるイメージへと引き戻した。そして、そのコンセプトにおいて、手頃な価格で誰にでも組みやすいことは必須条件だった。もうひとつ特筆すべきは本キットがシリーズ21作目だということだ。20作を超えシリーズが定まったところでようやく発売にこぎ着けただけに、非常に練り込まれ誰にでも勧められる内容となっている。

MG 1/100 Ver.Ka

10年以上の刻を経てついにガンプラになったVer.Ka

伝説の『ガンダム・センチネル』連載最終回から12年、ようやくバンダイからVer.Kaのガンプラが発売された。急速な拡充を見せたMGラインナップのなかでの位置づけを重視した構成が興味深いキットだ。

RX-78-2 ガンダム Ver.Ka
バンダイ　1/100　MGシリーズ
インジェクションプラスチックキット
税込3456円

●'02年発売。事の起こりは'99年。一年戦争の主要アイテムのMG化が一段落したところでガンダム系アイテムの展開の布石として発売されたのがRX-78 NT-1だった。そのフレームは同年にRGM-79N ジム・カスタム、RGM-79Q ジム・クゥエルに流用され、プロポーションバランスやアレンジ感は翌年発売となったMG RX-78-2 Ver.1.5にも引き継がれていく。そして、その後発売されたVer.Kaでも、これらのシリーズ的な資産を活かしそれらと並べても違和感がないようなフォルムアレンジが採られていることが随所から見てとれる。その意味で、元のカトキ画稿とイメージが異なるのは当然とも言え、歴代ガンプラの並びのなかで眺めてこそ、このキットの本来のおもしろさや意味が見えてくるはずだ
●コア・ファイターは、Ver1.5のものからひと周り大きくなり、MGガンキャノンと共用になっている。なお、同じフォーマットでパーツも部分的に共用のジム改がVer.kaに先駆けて発売されている

「あの絵」だけを目的地としなかったガンプラだからこそのVer Ka

ガンプラモデラー、とくに'90年代のシーンを経過してきたモデラーにとって、いわゆる「カトキ版ガンダム」は特別な憧憬の的だった。衝撃的だった『ガンダム・センチネル0079』('90年)で公開されたカトキ画稿をいかにして立体物として手に入れるか。それはその後の10年間ガンダム立体物シーンの最大のテーマのひとつで在り続けたがガンプラの形で達成されることはなかった。そして、12年を経た'02年になり、ついに発売されたのがこのMG Ver Kaだ。

じつのところ、このキットは『センチネル0079』の「カトキ版ガンダム」を信奉するモデラーの間ではあまり評判が芳しくない。その理由は、はっきり言って当初のカトキ画稿とは別物になっているからだ。しかし、そもそもこのキットはあの画稿の完全再現を目指していないし、別物になるのはある意味必然だった。

MG Ver Kaは、先に発売され共通のデザイン意匠を持っているMG NT-1、ジムカスタム、ジム・クウエルとの共通性を優先して設計されており、実際に共有のパーツもある。このラインで並べたときの共通性やおもしろさを提案した本キットは、いかにもガンプラらしい「遊び」とリアリティーの提案であり、シリーズ展開として見ると納得がいくアレンジとなっている。

MG 1/100 PERFECT GUNDAM

アニメ設定画テイストのMGとして数少ない貴重な選択肢

旧MSVシリーズで発明された「バリエーション機のガンプラで実質的リニューアルをする」という手法をMGでも採用したのがMGパーフェクトガンダム。「PG準拠でアニメ設定テイストのMG」としてはこれが唯一の選択肢だ。

パーフェクトガンダム
バンダイ　1/100　MGシリーズ
インジェクションプラスチックキット
税込4320円

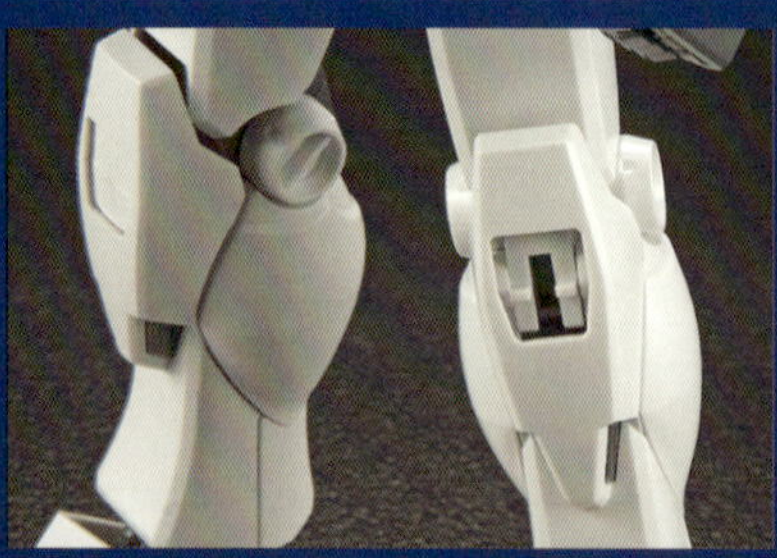

●'03年発売。アニメ設定的な外観のMG RX-78が登場したことと並んでこのキットでエポックメイキングだったのは、ついにMGのRX-78に全身フレーム構造が導入されたところだろう。いまとなってはMGの全身フレーム構造はあたりまえとなったが、このキットより以前は構造的な制約で腕や胴は外装のみでフレームが内蔵されないのが普通だった。また、コミック後半のアーマー着脱式を再現するために各部には脱着用ジョイントが仕込まれているが、ジョイントを回転式にするギミックにより、パーツを差し替えなくてもノーマルのRX-78になるように工夫されている

パーフェクトガンダムやフルアーマーガンダムはむしろ中身に要注目というパターンの確立

MGに注目すると、RX-78は初代、1・5、Ver Kaと大体5年おきに更新されてきた。MG RX-78を発売するということはガンプラシーンおいては大きなイベントだ。ユーザーの期待度の高さからしてもそんなに連発することはできないだろうし、5年という間隔はスペシャルなイベントへの渇望感を醸成するためには必要な時間だろう。しかし、'00年代以降のガンプラシーンはモデラーの好みが細分化すると同時にファン層も多層化した。Ver Kaとアニメ設定画テイストのRX-78はもはや別のアイテムであり、5年おきの更新ではさまざまなベクトルの嗜好のニーズに応えきれなくなってしまった。そこで登場したのがこのパーフェクトガンダムだ。

パーフェクトガンダムのなかのRX-78は新規開発で、言わばVer1・7か8と言ったところか。このようなリニューアル手法は旧1/100パーフェクトガンダムでも採られている。しかし、シリーズ開始から8年を経てようやくアニメ設定画的解釈でまとめられたRX-78が登場したという点で、シーンに与えた恩恵と意義はより大きなものがあったのではないか。「HGUCのデザインラインをMGにしたら……?」というモデラーの疑問に見事に応え、タイムリーかつ正鵠を射たプロダクツであった。

MG 1/100 Ver. ONE YEAR WAR 0079

実質的にはMG“Ver.1.9”？ PG準拠RX-78の最終進化形

キットパッケージとしてはゲーム版ということで発売されたが、実質的にはMG Ver.1.5の直系進化形リメイクだったのがこのVer.OYW。その意味でPG準拠のRX-78ガンプラの最終進化形とも言えるものだ。

RX-78-2 ガンダム Ver.ONE YEAR WAR
バンダイ　1/100　MGシリーズ
インジェクションプラスチックキット
税込3456円

●'05年発売。外形のアウトラインはMG Ver.1.5をベースとしており、空気遠近法を意識した淡い成型色で、全身にはパネルラインがびっしりと入れられているのが外観上の特徴。そして、外観以上にVer1.5から大きく変わったのはその内部構造だ。Ver.1.5で採用された脚部フレームは同様の構造としつつも、引き出し式になり飛躍的に可動範囲が増した肩関節、コア・ブロック再現を廃すことで可動範囲を増した胴体、大きく踏み出したポーズを可能とする股関節のスライド機構などが新たに採用され、初代MGの構造を部分的に色濃く残していたVer1.5から大きな進化を遂げることとなった
●ゲーム版が発売されたあと'07年にバリエーションとしてアニメーションカラーバージョンも発売された

外形は1・5と同じに見せて中身を大幅にバージョンアップ

このVer ONE YEAR WAR 0079（以下Ver OYW）は、PS2のゲーム『機動戦士ガンダム 一年戦争』に登場するRX-78を題材としている。このゲームに登場するRX-78は、それ自体が「PG準拠のガンダム像」のひとつとして生み出されたものなので、結果的に1・5でいちばんのPGとの相違点であった腕がよりPGのフォルムイメージに近いものになるなど、さらにPG準拠RX-78イメージの純度が上がったものとなったが、最大の特徴はじつは外見ではなく中身にある。

Ver OYWはVer1・5にパネルラインを増やして成型色を変えただけのようにも見えるが、内蔵フレームは別物だ。Ver1・5では主に下半身のフレームがリニューアルされたが、Ver OYWでは上半身の肩関節や胴体などの構造が大幅に見直され、全体で見たときにはついに初代MGとはまったくの別物となった。その意味では、単なるゲーム版バリエーションキットではなく、実質的「MG Ver1・9」とでも言うべき内容になっていると言える。

もうひとつ特筆しておきたいのは、Ver OYWがゲーム版→アニメカラー版という流れで発売されたところだ。ゲーム世代がシーンの中心となりはじめた'00年代中ごろのシーンを如実に表すアイテムである。

MG 1/100 Ver.2.0

これは単なる“アニメ版”などではない。驚くべき“深化”を遂げた考証と構造

MG RX-78 Ver.2.0は多くのモデラーに驚きを持って迎えられた。それまでのPG準拠のデザインラインを一新し、アニメ設定寄りのシンプルな外観は当時のシーンに賛否両論を巻き起こしたが、その“真価”は中身にこそある。

RX-78-2 ガンダム Ver.2.0
バンダイ　1/100　MGシリーズ
インジェクションプラスチックキット
税込4536円

●'08年発売。外装を外してもプロポーションを保つ全身フレーム構造のVer.2.0。非常に可動域が広く劇中の印象的なポーズのほとんどを再現することができる。構造的にとくに革新的なのは胴体部分だろう。RX-78はコア・ファイターを再現するとどうしても胴が太くなったり可動が制限されがちだが、背面側に極薄の新設計可動フレームを配することでコア・ファイター再現と可動、プロポーションを鼎立してしまった。大河原画稿的な細身で長い胴体を再現したことは特筆に値する
●全身のフレームを「玩具的な意味で必要な構造物」から「考証を見せるディテール」へと昇華させたのもVer.2.0のポイント。外装を外した状態で飾ってもメカニックモデルとして充分楽しめることは画期的だった

練り込まれた考証とメカ、そしてつるんとした外装のアンビバレンツ

PGの発売後、ガンプラにおけるRX-78のすべてが「PG準拠」のデザインラインとなったが、そこからの脱却を図るバンダイのチャレンジ、それがこのMG Ver 2・0だった。MG Ver 1・5以降MG Ver OYWに到るまでのPG準拠な太ましいデザインラインの継続から脱却し、初代1／144的なイコンに回帰するという意味も込めてついに「1・●」というマイナーバージョンでなく「2・0」という新世代のナンバリングがなされている。

まず初代1／144的なアニメ設定画テイストの外見に目がいくVer 2・0だが、本領は外装ではなくその内側、フレーム構造におけるメカニックの再現と考証にある。連邦とジオンのメカニック傾向の差異やバリエーション機も視野に入れた機体考証、そしてそれらを踏まえたうえでガンプラとしてのギミックを収めつつ、さらに外装を外したときにもメカとしてリアルに見えるような構造／ディテーリング……言うのは簡単だ。しかし、たった20㎝ほどのプラモデルのなかでこれらすべてを実現してしまったことは驚嘆に値する。非常な深さで練り込まれた考証とそれを形にできる技術の融合……それはまさに新世代の名に相応しい。そこに込められたガンプラに対する深い洞察と情熱には率直に敬意を表したい。

HG 1/144 Ver. G30th

放映30周年記念のアニバーサリーはお台場の1/1立像と同デザインのHG

MG Ver.2.0が発売された翌年の'09年には、TVシリーズ放映30周年記念でお台場に1/1 RX-78立像が建造されガンダムファンの注目を集めることとなる。その立像を1/144に落とし込んだのがこのHGだ。

RX-78-2 ガンダム Ver.G30th
バンダイ　1/144　HGシリーズ
インジェクションプラスチックキット
税込1296円

●'09年発売。パーツ数を抑えた構成になっているVer.G30thは、『機動戦士ガンダム00』シリーズで培われた可動ギミックをフィードバックすることで、少ないパーツでも可動範囲が広くなっている。頭部を大きく動かせる首関節、引き出せるボールジョイント式の肩関節と胴体、1軸構造にもかかわらず90度以上曲げられるヒザ関節などにより、大きく見栄を切った躍動感あるポーズもビシッと決められるようになっている
●金属製チェーンを採用したガンダム・ハンマーが付属
●アニバーサリーアイテムだったVer.G30th、現在は「ガンプラスターターセットVol.2」(税込1512円)として、写真付きの組み立てガイド、ステップアップマニュアル、ガンダムマーカーが付属し、アニメカラーイメージの成型色に変更されたセットで販売されている

お台場の1／1立像という新しいRX-78のイコン

HG Ver G30th（以下ジーサーティース）は、『機動戦士ガンダム』アニメ放映30周年を記念して発売されたアイテム。具体的には、「GREEN TOKYO ガンダムプロジェクト」の一環として東京お台場の潮風公園に建てられたRX-78の1／1（等身大）立像モデルをモチーフとしている。

キャラクターものの原寸大立体物というのはそれ以前にも以後にもたくさんあるが、RX-78 1／1立像は特異だ。テーマパークなどにありがちな原寸像が「大きさだけ原寸にしているがよく見るとハリボテ感満載」であるのに対し、このRX-78 1／1立像は「ガンダムが実際に存在したら」という想定をギリギリまで煮詰めて造形されている。立像の足下に立ったとき、まずはその圧倒的な迫力に驚くわけだが、そのあと細部に目を移していっても、細部ディテールのリアリティーにいちいち納得させられてしまうのだ。もちろん自力歩行したりはできないのだが、「動力と関節の強度さえなんとかなれば……」と思わせてしまう説得力がこの立像にはある。このようなモチーフなだけに、HGジーサーティースでは、立像をそのまま1／144に縮小している。かくしてキャラクターモデルであるガンプラで、初めて実物をそのままに縮めた「スケールモデル」が登場することとなった。

RG 1/144

1/144でPGを超えるギミックを。驚くべき高密度の新グレード

ガンプラ発売30周年を期し新設されたグレード、RG。1/1立像が創出した新しいMSの「リアル」感を手のひら上で体感するというコンセプトを最新の技術で実現した結果、それは驚くべき密度と細密感を持つガンプラとなった。

RX-78-2 ガンダム
バンダイ　1/144　RGシリーズ
インジェクションプラスチックキット
税込2700円

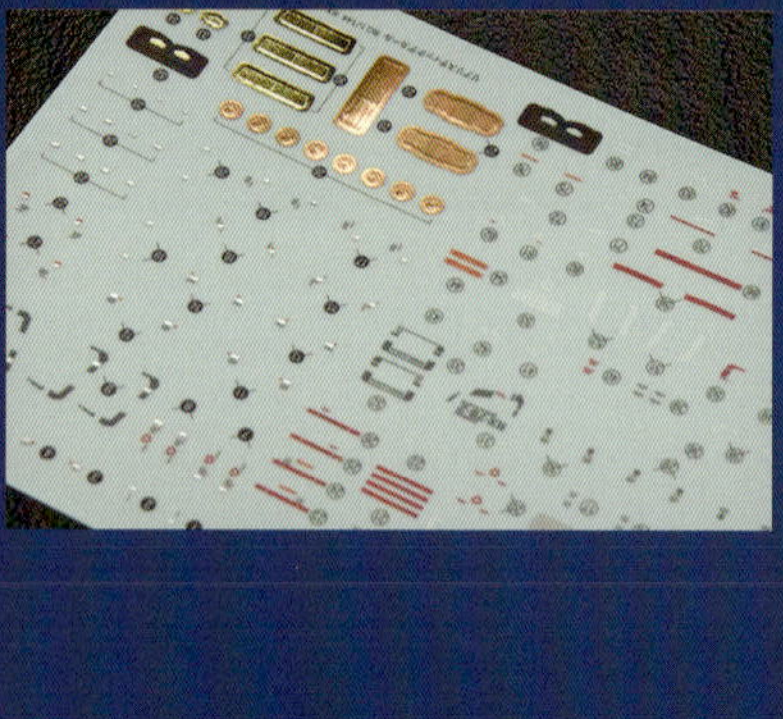

●'10年発売。RGでは、多重成型のシステムインジェクションをさらに進化させたフレーム、「アドヴァンスドMSジョイント」が採用され、かつてはPGのサイズでなければ実現不可能だったフレームギミックを、さらに洗練させた形で1/144に実装している
●1/144スケールでは類をみなかった色分け再現と特殊素材のリアリスティックデカールにより未塗装でも見映えがするようになった
●パーツを切り離す際の白化を最低限におさえる「キャビゲート」、ゲート跡をパーツ表面に残さない「アンダーゲート」、切り離し作業をより簡単に行なえる「クサビゲート」を部位ごとに使い分けることで、こまかなパーツが大量にあるキットながら、組みやすさと仕上がりのクオリティーを担保している

PGの影響を脱した新たなるグレードへの到達

ここまでも何度か述べてきたが、PG以降のRX-78立体物の外見はすべからくPGの影響を受けてきた。真逆な外見に見えるMG Ver 2.0にしても、PGという起点があってこその鏡写し的な方向に意味性があった。しかし、1／1立像が公開されたことによって状況は変わる。

1／1立像は、それまでのガンプラの流れとはまったく別の基準で形作られた。原寸実物が存在することによる圧倒的な説得力と、当時のシーンの空気感を汲み取ったような線が多いディテーリングは多くのファンに受け入れられ、新しいRX-78のイコンとなった。HG ジーサーティースが立像のスケールモデルだとすると、1／1のイコンをガンプラなりに昇華した結果生まれたキャラクターモデルがこのRGなのだが、どちらにせよ、ガンプラのRX-78は10年以上の刻を経てようやく「PGの呪縛」から解き放たれることとなったのだ。

RGのもうひとつの意義は、「PG並みかそれ以上のギミックを1／144に搭載する」というチャレンジにある。多重インサート成型フレームのアドバンスドMSジョイント、1／144初の完全変形コア・ファイターなど、野心的な挑戦がこれでもかとばかりに濃縮されている。

MG 1/100 Ver.3.0

3周目に突入するMG RX-78-2。1/1立像イメージは発展する

細密な外装パーツ分割やスライドギミックなどを投入した意欲作、MG νガンダムVer.Kaのテクノロジーをフィードバックし開発されたVer.3.0。膨大な数となったMGで培われてきた技術の集大成的キットだ。

RX-78-2 ガンダム Ver.3.0
バンダイ　1/100　MGシリーズ
インジェクションプラスチックキット
税込4860円

●'13年発売。「スチロール樹脂性全身フレームに外装を被せた構造でよく動く」という大きなくくりではVer.2.0と基本的に同じであるVer.3.0だが、全体的にさらに大きなクオリティーアップを果たしている。普通の模型用ラッカー系塗料での基本塗装や、エナメル系塗料を使ったスミ入れが可能になったフレーム素材（ABSパーツでは非推奨だった）、Ver.2.0よりさらによく動くフレーム、細部まで煮詰められたメカとしての「リアル感」、そして組みやすさなどなど、かゆいところに手が届くMGとしての集大成的なキット内容になっている
●外観は1/1立像のイメージをベースとしているが、RGからもさらにこまかな変更が加えられており、1/100ガンプラとしての最適化が図られている

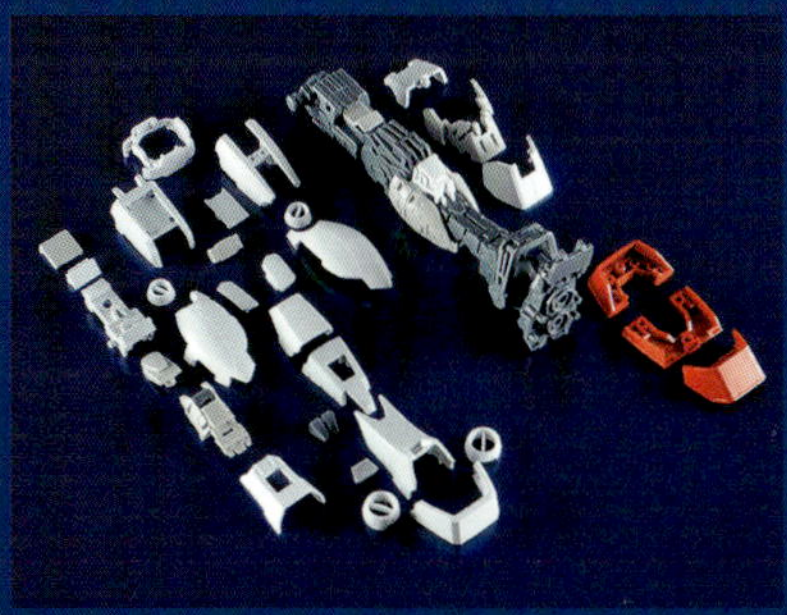

ＲＧを新たな起点に、ＭＧとしての到達点を模索した次世代機

ＭＧ Ｖｅｒ３・０は評価を言葉にしにくいキットだ。一見ＲＧをそのまま大きくしたようにも見え、では中身にそれ以前と比べてすごい新機軸があるかというと、正直なところＶｅｒ２・０が登場したときのような驚きはない。しかし、このＶｅｒ３・０は組んでいて非常に心地よく、完成すれば文句なくカッコよくてよく動く。もしいま「ガンダムが好きなのでガンプラを趣味にしてみたいんですけど、オススメのものありますか？」と聞かれたら、まず間違いなくこのＶｅｒ３・０を勧めるだろう。

Ｖｅｒ３・０の魅力は、ギミックや要素が既存ＭＧの集大成的に盛り込まれ、かつ非常に高いレベルでコントロールされているところにある。組みやすさ、すばらしい可動範囲、電飾、フレームの成型色での色分け、五指可動、マグネット・コーティングをイメージした関節パーツのようなプラスαの提案など……ガンプラのスタンダードとなったＭＧがどうあるべきか、その問いに対するバンダイの真摯な答えがここにはある。コンフォータブルにしてラグジュアリー。ＲＧがツーシーターのピーキーなスポーツカーだとすればこちらはＳＵＶ。Ｖｅｒ３・０の登場は、ガンプラが目新しさから「質」を重視する時代へとシフトしたことを象徴しているのかもしれない。

HGUC 1/144 No.191

'10年代の空気感を体現する“リバイブ”=HGUC再生

“HGUCリバイブ(=再生)”と銘打たれて発表された「HGUC No.191 RX-78-2 ガンダム」。HGUC RX-78のリメイク版として世に出たこのNo.191は、新しいガンダム/ガンプラファン層の空気感を抽出したものとなっている。

RX-78-2 ガンダム
バンダイ　1/144　HGUCシリーズ（No.191）
インジェクションプラスチックキット
税込1080円

●'15年発売。現在はNo.21のHGUC RX-78-2と併売されている。No.21と総パーツ数はほぼ同数ながら可動箇所は1.5倍以上。くさびゲートの採用でゲート跡を目立たなくするなど、組みやすさもさらに向上している
●ヒジ/ヒザの二重関節化、引き出し式肩関節、股関節スイング機構、内部で軸を90度曲げられた胴体内関節パーツ形状などにより、ひねりを効かせた射撃姿勢や両手でライフルを構える、ビーム・サーベルを抜く動作、片ヒザ立ちといったポーズを取ることが可能となった。動きのあるカッコいいポーズが最大のウリであることは、一新されたそのパッケージイラストにも現れている

「リアル」から「カッコいい!」への転換 置き換えられたガンダム欲求

『機動戦士ガンダム』が子供用のアニメから脱却し、現在ひとつのカルチャーとして認められるまでに育った大きな要因のひとつとして、「リアル」というキーワードがある。逆に言えば、ガンプラブームが起こり、そしてその収束後もシーンが存続し得たのは、「リアルだからこそ子供じゃなくてもガンプラを作っていいんだ」というエクスキューズが成り立ったからである。アラサー以下世代は感覚的にわからないかもしれないが、ガンダム以前のアニメは明らかに大人が見ていては恥ずかしいものだった。ガンダムの「リアル」という免罪符は、青年や大人がガンプラから卒業しなくてもよい環境を作り出したのである。

そんな「リアル」が結晶したのが『センチネル0079』であり、そのムーブメントも収束し大人でも恥ずかしくないガンダムシーンがあたりまえになったとき、『ガンダム』とガンプラにおけるプライオリティーは「リアル」からヒロイックな「カッコよさ」へと転換していく。このような転換は『機動戦士ガンダムSEED』に顕著だが、'00年代を通して醸成されたプライオリティーの転換がはっきりと形になったのがこのリニューアルされたHGUCだろう。痩せマッチョな体型でポーズがビシッと決まる、転換後のニーズに応えるプロダクツだ。

MG 1/100
GUNDAM THE ORIGIN版

ガンプラがアニメと同時進行する、もうひとつのRX-78-2最新形

現在もアニメが現在進行中で公開され続けているアニメ『機動戦士ガンダム THE ORIGIN』。そこに登場するガンダムとして、大河原デザイン／安彦マンガ版を踏まえて新たにリファインされたのがこれだ。

RX-78-2 ガンダム（GUNDAM THE ORIGIN版）
バンダイ　1/100　MGシリーズ
インジェクションプラスチックキット
発売中　税込4860円

●外観は、細部に小気味よいディテールを配しつつも全体的にはすっきりとした印象。マンガ版のRX-78は非常に有機的なイメージだが、アニメ化に際してアレンジされたこのRX-78は、Ver.Kaに通じるメカニカルなリアルさを全身に纏った印象となっている
●Ver.2.0～Ver.3.0でもかなり広かった可動範囲だが、THE ORIGIN版ではそこからさらに可動範囲が広がり、安彦画の躍動的なイメージがばっちり再現できる。バンダイが「史上もっとも美しいポージング再現」と謳ったのもうなずけるものとなっている
●ビーム・ライフル、ハイパー・バズーカ、シールド、ビーム・サーベルのほか、初期型ビーム・ライフル、ショルダーキャノン、発射エフェクトパーツが付属する

ハイブリッドなフォーマットと同時進行という新しい形

GUNDAM THE ORIGIN（以下ジ・オリジン）版のMG RX・78がここまでのすべてのRX・78のキットと異なっているのは、先に映像作品があってキット化されるのではなく、アニメ本編に登場する前にキットが発売されてしまったところだろう。アニメとガンプラが同時進行で3Dデータを共有するといういまのシステムは、キャラクターモデルにおける「元絵をどのように料理するかが重要だ」という昔ながらの価値観を塗り替えるものだ。

塗り替えると言えば、このジ・オリジン版のデザインは、カトキハジメ氏によるRX・78リファイン、いわゆる「カトキ版ガンダム」を更新する言わば「新Ver Ka」的な意味合いも持っている。そのような視点で細部を見比べると、デザイン処理の共通する部分と新しくなった部分が多層的に見えてきてとてもおもしろい。

いっぽうでガンプラとして見たときにおもしろいのは、「リアル」系の外観を突き詰めつつも、同時にひねりが効いた躍動感ある決めポージングが取れるようになっているところだ。ガンプラシーンで脈々と培われてきたメカとしての「リアル」さと特撮戦隊ものの決めポーズのようなカッコ良さのハイブリッド。MGでコア・ブロック内蔵を廃し可動を取った潔さには驚かされた。

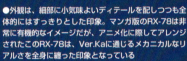

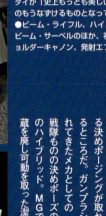

MSK-008 ディジェ
バンダイ　1/100
REBORN-ONE HUNDREDシリーズ
インジェクションプラスチックキット
発売中　税込3780円
製作・文／**NAOKI**

RE100 1/100
MSK-008
DIJEH

Model Graphix
2015年9月号
掲載

イロモノ(?)MSのフォルムをヒロイックに最適化する

『機動戦士Zガンダム』放送から30年が経ち、ようやくディジェの1/100ガンプラが発売されました。で、組み立てて気づくわけですよ。「あれ？……意外とディジェってカッコいい！」って。ただ、30年待たされたぶん期待値が上がりすぎたのか、どこか物足りないような……。そこで作例では大味なところに手を入れつつ、よりシルエットを絞る方向で完成度を高めてみました。

ディジェなのに「カッコイイ!」と思わせたら勝ち的な(笑)

RE100 1/100
MSK-008
DIJEH

●頭部は製品よりも小顔化。アゴやモノアイレール周辺、後頭部など全体的に形状に手を入れている。こまかく手を入れて調整することにより精悍な顔つきとなった
●バックパックのスラスターユニットは左右共通のパーツ構成なので、フィン取り付け部の反対側が各々フタパーツで塞ぐ構造になっている。この構造を利用して、ユニット中にボールジョイントを仕込み（構造上無改造でできる）新造したステーを差し込み、バズーカを懸架可能にした
●製品にはクレイ・バズーカが１門付属するが、もうひとつキットを用意することで２門搭載にしている。別売のMG百式Ver.2.0からもうバズーカを持ってくるのでもよいだろう（武器ランナーはMG百式Ver.2.0と大部分が共通なのだ）

KARABA AIR FORCE
201
KARABA AIR FORCE

▲胸～腰は大改修を施した。まずエポキシパテでスカートアーマーを上方向に延長してボリュームアップ。さらに、設定画に見られる胸ダクトの鋭角な取り付けを再現するため、胸部フレームを三方向に分割して胸部外装を縦方向に詰めている。両胸上部のセンサーディテールも大型化

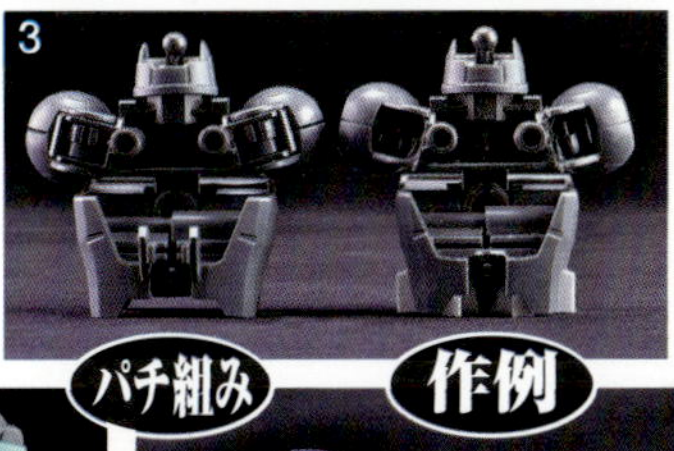

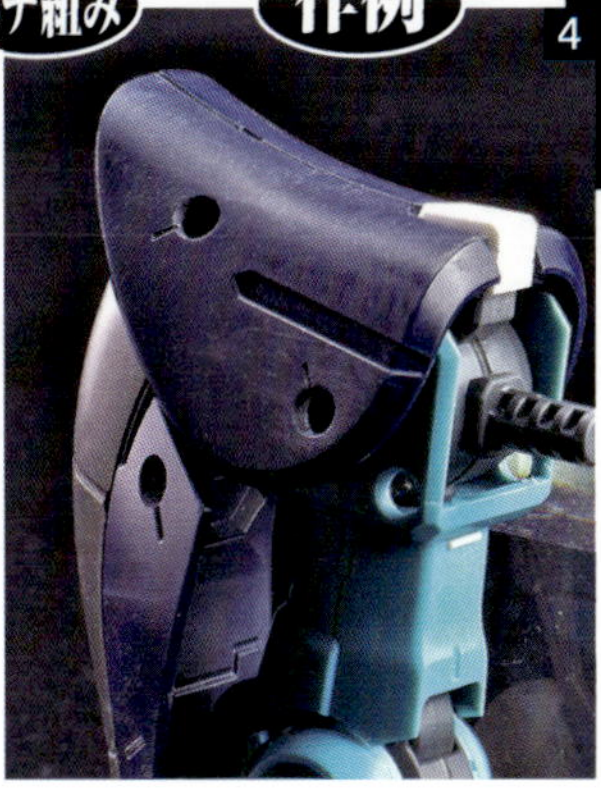

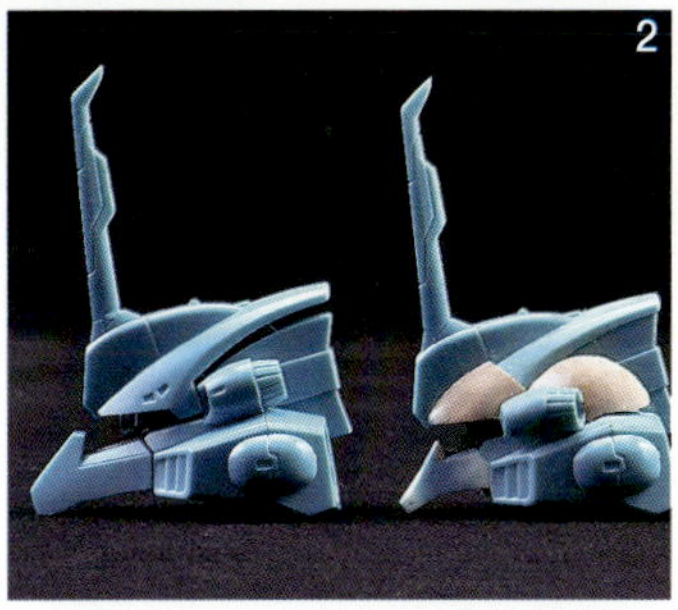

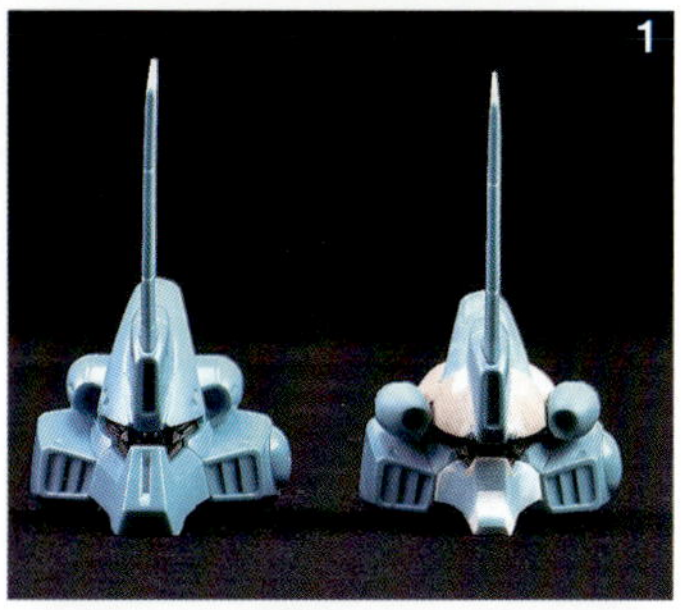

1 2 後頭部の「はち」を新造、モノアイスリットや「鼻」もボリュームを調整することで小顔化。顔まわりを小型化すれば頭身自体が上がって見える効果を意図している
3 4 全体のまとまり感を出すべく、腕を胴体に寄せ肩の球体関節ブロックの端を削り胴体フレームにめり込ませた。右肩のラウンドアーマー上部にはプラ板で支持フレームを追加。手はB-CLUBのハイディテールマニュピレーターを芯にボリューム調整

5 9 足首はつま先、かかと部分で分割、幅を詰めて小型化することによって脚部のボリュームの頂点を末端ではなく、ふくらはぎのフレアー部分にくるように演出している
6 翼状フィンの幅が狭く感じたのでバックパックを左右に幅増し。独自解釈でプロペラントタンク状のユニットを追加
7 8 股関節軸を延長して股関節幅を左右に拡げつつ、太ももの球体ブロック底面を削り落として脚を短めに見せている

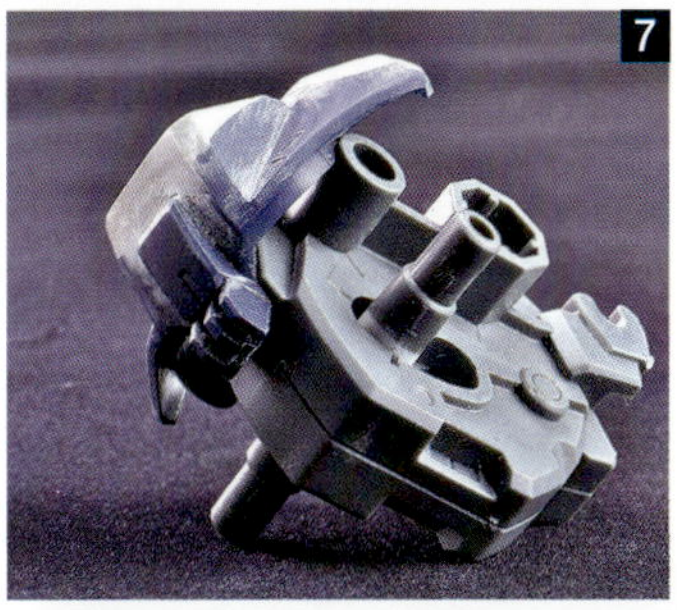

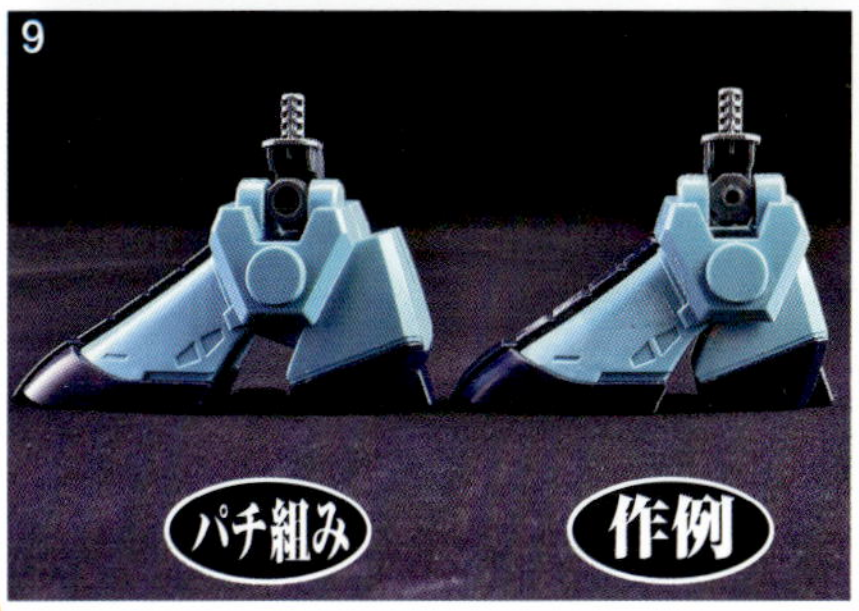

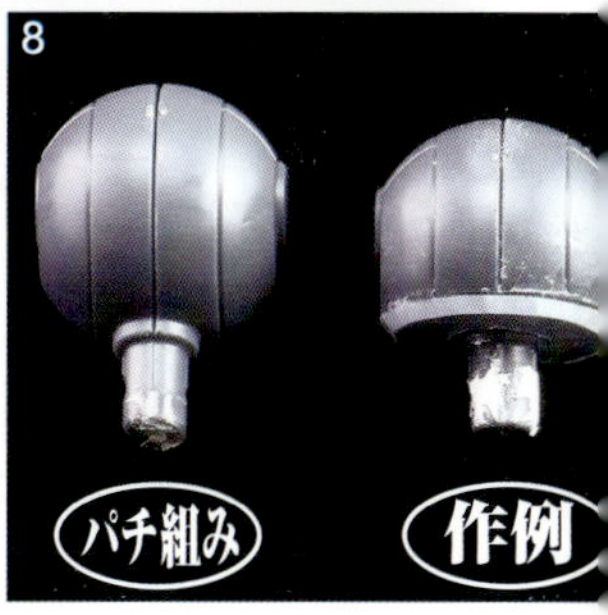

MSK-008 DIJEH

◆はじめに

今回はRE／100ディジェです。このRE／100というシリーズ、痒いところに手が届くラインナップに加えて、フレームレスの設計ゆえに手を加えやすいという、ありがたいこと尽くしな内容。今後も期待したいシリーズであります。

RE／100ディジェは全体にアニメ設定からアレンジが加えられており、MGのアイテムと並べても遜色のない出来になっています。ただ、そもそもディジェという機体のイメージがユーザーのなかで確立されておらず、最大公約数的な落としどころが難しいMSだと感じました。もし今回のRE／100があなたの抱くイメージと違うものだったとしても、まずは1／100スケールのディジェの模型が安価で手に入るようになったことを喜ぶべきでしょう。

そんなわけで発売から少し時間も経ったことですし、今回は自分の思うカッコいいディジェ像を模索することにしました。

◆頭部

ディジェの頭部はゲルググなどのジオン系を彷彿させるデザインなので、そのイメージをより強調。まず後頭部の「はち」を新造、頭部の芯となる部分を作り、そこにさまざまなユニットが付加されている（ように見える）構造にします。で、ここから持論を少し。人型（メカ）の場合、頭身を読んで字のごとく、頭部バランスで頭身が決まってくると思います。が、さらに厳密にいうと、頭部というよりもフェイスを形成する要素のバランスだけでも頭身イメージをコントロールできると私は考えています。作例は後頭部や額などのボリュームアップなどで頭部自体のボリュームはアップしているものの、顔まわりを小型化しているので頭身が上がって見えるわけです。

◆胴体

ディジェのイメージって、腰まわりにボリュームがあるように感じるのですが、設定画をよく見ると決してスカートが長いわけではないです。ではなぜそう見えるのか？　その答えは、ほかのMSにはないスカート上の腰まわりの「腹巻」の部分にあると思っています。で、キットはその部分のボリュームが足りないので、スカートアーマーを上方向にボリュームアップします。さらに、設定画に見られる胸ダクトの鋭角な取り付けを再現するため胸部フレームを縦方向に詰めています。設定画と言っても、設定に近付けることを目的としているわけではなく、「設定画からそのMSたらしめているキモ」の部分、つまりバランスを抽出することによって、アレンジを加えても元デザインの強度を保てます。

◆最後に

今回使用した新製品のコーションデカール「システムマーキングSS」ですが、本誌モデラーPOOH熊谷さんのブランドVertexと自分のプロデュースブランドNAZCAのコラボアイテムです。マーキングのサイズ、形状、カラーなどを自分が担当させていただきました。■

本書
新規作り起こし
作例
#03
RGZ-91 Re-GZ
E.F.S.F.
01

●あえてのダサめのなデザインが演出上のキモだったリ・ガズィ。HGUCはそんな特徴を巧みに立体化しているが、作例ではHGUC No.191 ガンダムと対応するようなスマートなイメージとなるように改造している
●胸部はカトキ版Zガンダムよろしく「ツンと上がった胸」になるようプラ板で形状を修整した。ダクト下のフィンはHGUC Zガンダムのパーツをそのまま使用。このあたりは製作者の好みによるアレンジだ
●ヒジはライトニングガンダムの二重関節のパーツに置き換えた。肩パーツの軸をいったん切り離し埋め込むように接着している。この工作に伴い二の腕パーツをプラ板で延長している。握り手はビルドナックルを使用し、手甲部分をプラ板で形状修整している
●腰はフロントアーマーと中央先端を切り離し2㎜プラ板を挟み込んで延長。股関節はライトニングガンダムのロール軸に変更

RGZ-91 Re-GZ

HGUC 1/144

RG Z -91 リ・ガズィ
バンダイ　1/144
HGUC シリーズ
発売中　税込 3024 円
製作・文／**朱凰@カワグチ**

やられメカのリ・ガズィをあえてヒロイックなイメージで

劇中ではνガンダムの強さとカッコ良さを際立たせる引き立て役だったリ・ガズィ。あえてガンダム的なヒーローイメージを廃した量産機＝ジム／ネモ系テイストがその特徴ではありますが、アムロが駆った機体であればカッコよく作っちゃいたくなりません？　そこでライトニングガンダムのパーツを流用しつつ大改造して、スマートで強そうなリ・ガズィを作ってみました！

"Refined-Gundam Zeta"

RGZ-91 Re-GZ

HGUC 1/144

●脚部は、太ももの内部パーツを切り離し、股関節ロール軸パーツの受けを接着。太もものカバーパーツはプラ板で足りない長さを補いつつ形状修整している。ヒザパーツの両サイドには1㎜プラ板を貼り付けて幅増し。これに伴いヒザからスネ前面の隙間をヤスリで削り調整。さらにスネの赤いパーツもプラ板で幅増しし、足首前面のカバーパーツと足はヤスリで削り込み、曲面が平面になるように修整した。爪先先端も若干延長している。足の甲上部のカバー状パーツは切り取り、プラ板で作った自作パーツに置き換えることで、よりシャープに見せるようにしている
●バックパックは両サイドのスラスター部分を開口し、金属パーツに置き換えてデコレートしている。背面中央のスタビライザーは先端を3㎜程度延長し、さらに金属パーツを使用することでセンサー風ディテールを追加した
●武器は、ビーム・ライフルのバレルカバー（？）部分に0.5㎜のプラ板を貼り付け、若干太らせている

●BWSは保持の二重関節化に伴って腕部が延長されたため、腕を覆う濃い青緑のパーツもそれに合わせて延長している。この改造により主翼の受け位置も若干変わってくるので、空いてしまった隙間はプラ板でカバーしている。真んなかの赤いパーツ中央部分や両側のビーム・キャノン先端には金属パーツを使用してデコレート。そのほかはキットをそのまま製作している

●作例では、ライトニングガンダムのパーツを各部に流用することで、アムロ機としてのスマートでヒロイックな印象を強調している
●胴体内部はライトニングガンダムから軸受けのパーツをコンバートしている。脇にもライトニングガンダムのパーツを移植することでディテールを足すとともに上半身のマッシブさを増している
●頭部は末広がりなメルメットの裾を削り込み丸顔に。頬のダクト部分をしっかり彫り込み、顎のラインを削り込んで面長感をなくした。軟質パーツのアンテナは真ちゅう線に置き換え、基部は流用パーツを型にしてポリエステルパテで複製したものを使用している

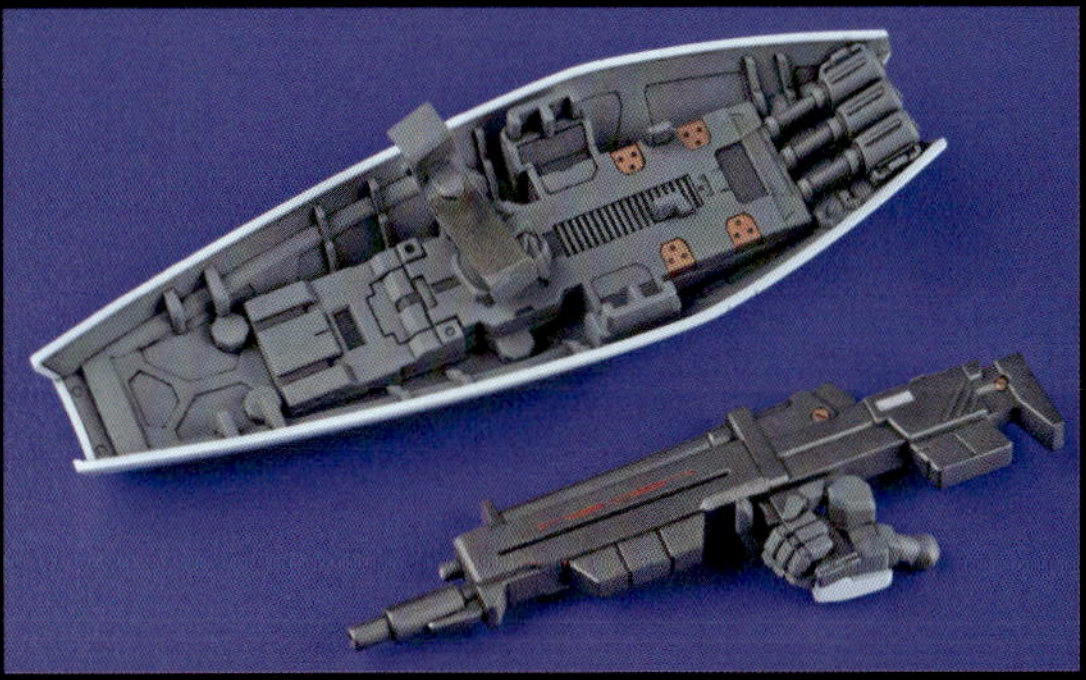

ガンダムシリーズにおいて『逆襲のシャア』は人気の高い作品で、それはプラモデルにおけるMS人気にも反映されているように感じます。HGUCとして同作品のキットの発売がアナウンスされた当時、どのMSも待ちに待った感がありましたが、リ・ガズィでは先に発売されたMGよりもスタイリッシュで小顔となり、同サイズの旧キットには付属されなかったBWSも追加されるというれしい内容でした。設定画のニュアンスをうまくトレースしつつ立体化され、アンテナに軟質パーツを使用することで破損を防止したり関節の強度もかなり保持力の高いものとなっており、プレイバリュー／ボリュームともに満足のいく名キットと言えるのではないでしょうか。

本書は一冊まるごとアムロ編ということですので、劇中序盤にサザビーと一戦交えた、アムロの駆るリ・ガズィをイメージしたワケなので、ここはやはり「主人公機たるヒロイックなイメージ」を製作コンセプトの前面に押し出していきました。

先にも述べましたが、本キットはどちらかといえば設定画に近づけている印象があります。そこであえて、ライトニングガンダムのパーツを流用して今風のスマートなプロポーションバランスにしてみました。『ガンダムビルドファイターズトライ』作中においては、ライトニングガンダムはHGUCリ・ガズィを改造して作っているので、逆輸入状態。HGUCリ・ガズィがベースになっているだけに流用の際の相性もよいです。今回使用したライトニングガンダムのパーツは以下のとおり。二の腕カバー、ヒジ、両腕サイドの一部、股関節から太ももにかけての内部パーツ、太もも外装、です

リ・ガズィは二の腕や太もも、ヒザの細さが印象的ではありますが、そこを若干延長気味に太くすることでアムロ搭乗機らしい力強い印象を与えることができるでしょう。加えて腹部も延長することで全体のバランスをとっていきます。また、全体的に曲面的なラインになってますので、直線と曲線のメリハリをはっきりつけることでよりシャープさを増しています。

RX-93 νガンダム Ver.Ka
バンダイ　1/100
マスターグレードシリーズ
発売中　税込 7560 円
製作・文／**有澤浩道**

MG νガンダムVer.Ka 劇中イメージに寄せつつ ポイントディテールアップで "キミにもできる"作り方を伝授

MG νガンダム Ver.Kaは“攻めた”内容のすばらしいキットだ。νガンダムのカッコよさを研ぎ澄ましたフォルム、大柄な機体を間が抜けた物に見せないディテーリング、そしてさらに元のアニメ設定にはない「展開モード」という提案などなど、盛り沢山の内容の傑作キットと言える。そのままストレートに作れば120%カッコよくできあがるし、ぜひ一度は組んでみていただきたいのだが、ストレート組みではちょっとおもしろくないのがモデラーというもの……そこで今回はキットの良さは活かしつつも、あえてウリである展開ギミックを部分的に省いてアニメ設定画に寄せた作り方を提案してみよう。

FA-93 νGUNDAM HWS

BANDAI 1/100
MASTER GRADE based

本書
新規作り起こし
作例
#04

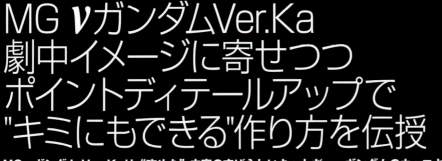

●作例では全身の展開ギミックを省き、外装のパネルラインを適度に整理して埋めている。アニメ設定画のスッキリとしたイメージに寄せつつも、キットの持つディテールの魅力は活かすべく、あえて手を入れることにした箇所のバランスには細心の注意が払われている
●このキットはパーツのモールドを活かした細部塗り分けが非常に映える。とくに内部メカ／フレームやスラスター周辺は重点的に塗り分けを施し、モールドと色味を合わせたうえで情報量の粗密をコントロールするようにした
●頭部は、小顔でちょっとワルそうな引き締まったイメージを狙い各部に手を入れている

FA-93 νGUNDAM HWS

BANDAI 1/100 MASTER GRADE based

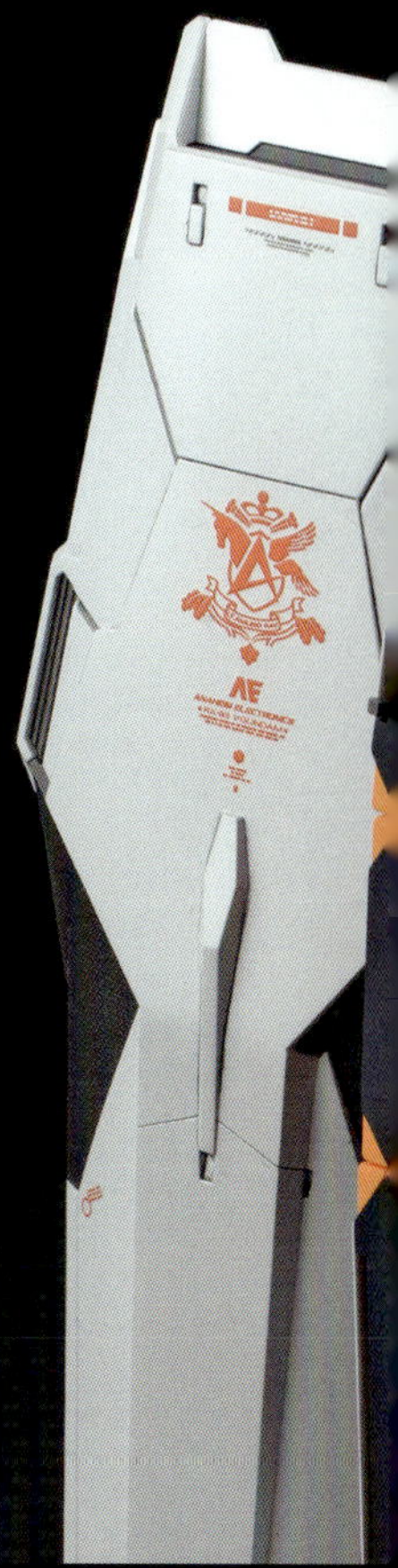

EFSF
E.F. SPACE FORCE

●ディテール工作には有澤氏がデザインした市販エッチングパーツを中心に使用している（詳細は112ページ参照）。こういった市販パーツを巧く活用すると、なるべく手間をかけず効果的に密度感をアップさせることができる
●νガンダムはモノトーンで地味になりやすいので、白い外装部分はパール塗料で仕上げている

見どころ満載盛り沢山 攻めた内容の革新的キット

カトキハジメ氏によるデザイナーズブランドとして人気を博す"Ver.Ka"のラインナップに加わったνガンダム。10年の時を経た2度目のマスターグレード化への挑戦として実現され、ハードなディテールをまとった新鮮なデザインや、ガンプラ発の設定「発動モード」のサイコフレーム露出ギミック、1/100スケールでの全指可動を実現した「エモーション・マニピュレーターSP」の採用といった意欲的で攻めたその内容は、MGシリーズの革新、新たなるステージへの到達を予感させるものだった。マスターグレードシリーズ18年の歴史における経験則と、そのなかで着実に培われてきた技術力の積み重ねに基づくラジカルな挑戦。永くMGを追い続けてきたモデラーであっても、あるいは永いつきあいのモデラーをこそ、「MGでここまでできるんだ!?」と驚かせる内容となっている。ガンプラだからこそ見せることできたνガンダムの新たなる地平——まさにマイルストーンである。

ポイントを絞って魅せる工作を「キミにもできる」MG νガンダム

発売からすでに4年近くの年月が経っているので多くの方が製作されていると思いますがまずはキットのインプレッションとしてひと言「このガンプラ凄い!」。箱を開けると25枚に及ぶランナーがギッシリと詰まっており、１／１４４党の私はめまいがしそうになりますが、ニッパー片手にパチパチ組み立てるだけでアラ不思議、カッコイイνガンダムが完成します。色分けのためパーツはかなり細分化されていますが、考え抜かれた的確な分割で、組みやすさを損なうことなく、パチ組み状態でも堪能できる情報量の高さに驚きます。さらに、グレー1色で再現されることが多かったスラスター類のインナーが黄色いパーツで色分けされているのはうれしいポイントですね。

今回は、アレンジとしてアニメ設定のシンプルな形状に少しだけ振りました。このキットのコンセプチュアルな部分である、装甲が外れたりサイコフレームが露出する発動モードのギミックはとてもすばらしいのですが、単行本用作り起こし作例ということで、あえて手を入れています。

改造ポイントのほとんどは、分割されているパーツの接着、つなぎ目の加工、表面処理ですが、自分の中のνガンダム像を強調するために頭部と腰部は形状変更してみました。顔は下端を削りやや童顔に。頬当ての形状をこまかく調整してツリ目気味に見えるのを緩和しました。ヘルメットは側面から後部に掛けてエポキシパテを盛って大型化し、九龍氏のνガンダムのような抑揚のあるラインに落とし込みました。

塗装は設定の配色に隙がないので余計なことはしませんが、人類最強のパイロットかもしれないアムロ・レイ最期の乗機ということで、外装の白にパール塗料をオーバーコートして高級感を出してみました。

紛れもない傑作キットですが、こんな楽しみ方もあるよという製作案として参考にしていただければ幸いです。νガンダムの隣にサザビーを並べたいところではありますが、さらにボリュームがすごいのでどうしようかなー、と思ったり思わなかったりする今日このごろ。では! ■

RA

MG 1/100 νガンダム Ver.Ka 脱ビギナー製作ガイド

製作・解説／有澤浩道

そのまま組んでもスマートかつディテールフルでめっちゃカッコいいMG νガンダム Ver.Ka。ストレートに組んで楽しむのももちろんオススメなのですが、ここではひと味違う完成品にするための製作法を解説。組みやすいキットなのでチャレンジしてみてね！

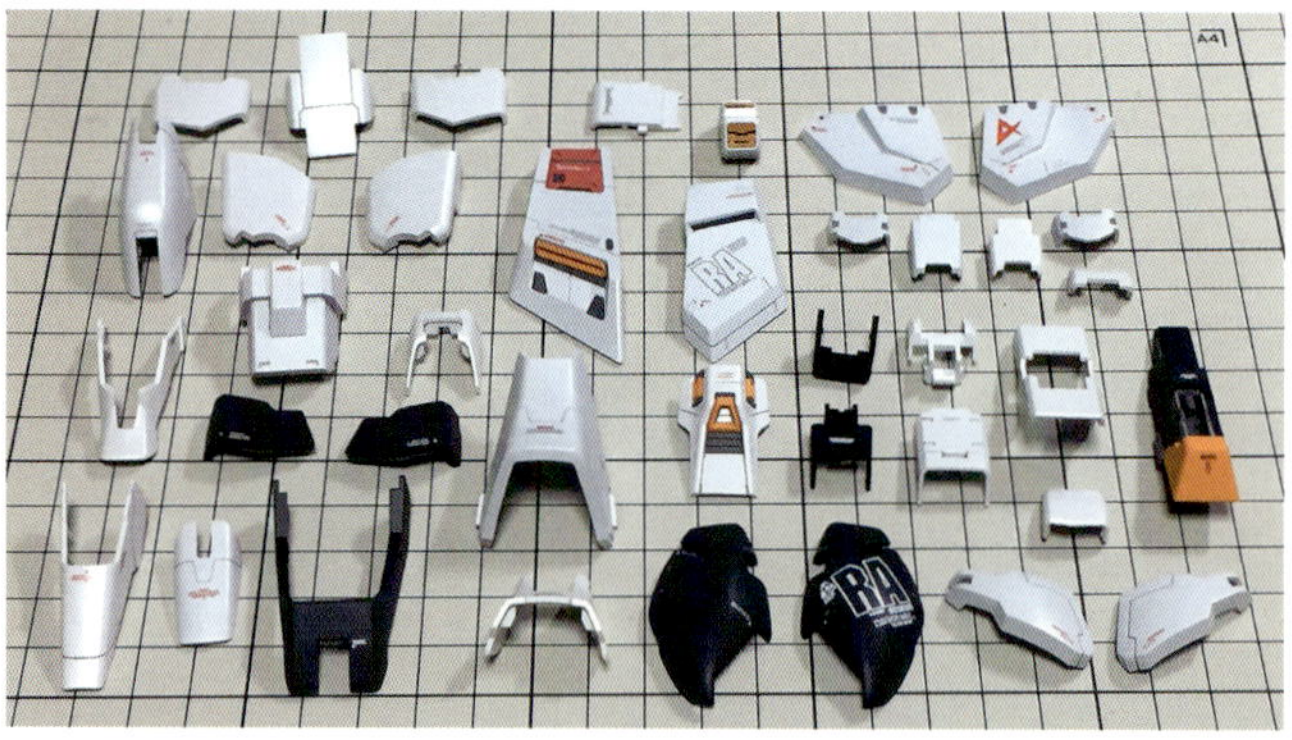

部分的に展開ギミックをなくして設定画風に

νガンダム二度目のマスターグレード化に際して、Ver Ka独自の革新的な設定として盛り込まれたのが、全身のサイコフレームを展開した「発動モード」。その展開ギミックは、ユニコーンガンダムとの設定的な関連性を盛り込みつつ立体物としての密度感を上げる秀逸なものだ。

このキット、ストレートに組む場合はギミックを活かして製作すればよい。しかし、自分なりに少し手を入れて作ってみたいとなると、ギミックがスゴすぎてなかなか手が出せなかったりする。そこで本作で提案するのは、「部分的に展開ギミックを省き、アニメ設定画的なテイストを強調する」作り方。大きな改造はせずとも、キットストレート組みとはひと味違うすっきりとしたνガンダムにすることができる。ここではガンプラ製作全般に活かせる工作ポイント解説とともに、手を入れた箇所の工作法について解説してみることにしよう。

整形

基本工作

思いのほか見映えを左右する地味な整形工作をマスター！

ガンプラを製作する場合、パーツの整形作業はとても重要！　地味な作業が続きますが、ゲート部やヒケの処理、合わせ目消しがきれいにきちんとできているかどうかによって完成品の見映えは大きく変わってきます。

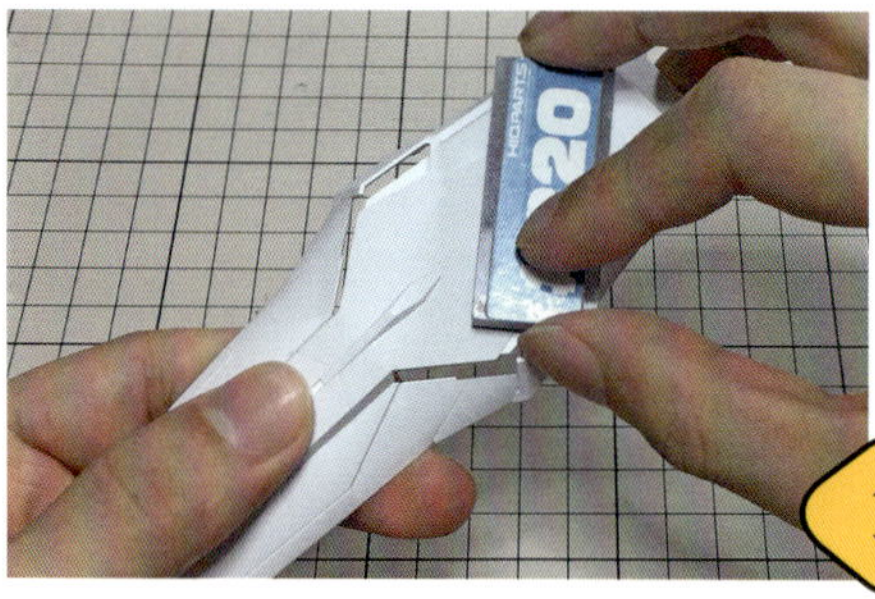

▲ヒケがあるところは、#320→#400→#600の順で紙ヤスリをあて表面を平滑に。ヒケが大きいところは瞬間接着剤をパテ代わりにしますが、完全に平らにしなくても目立たなければOK

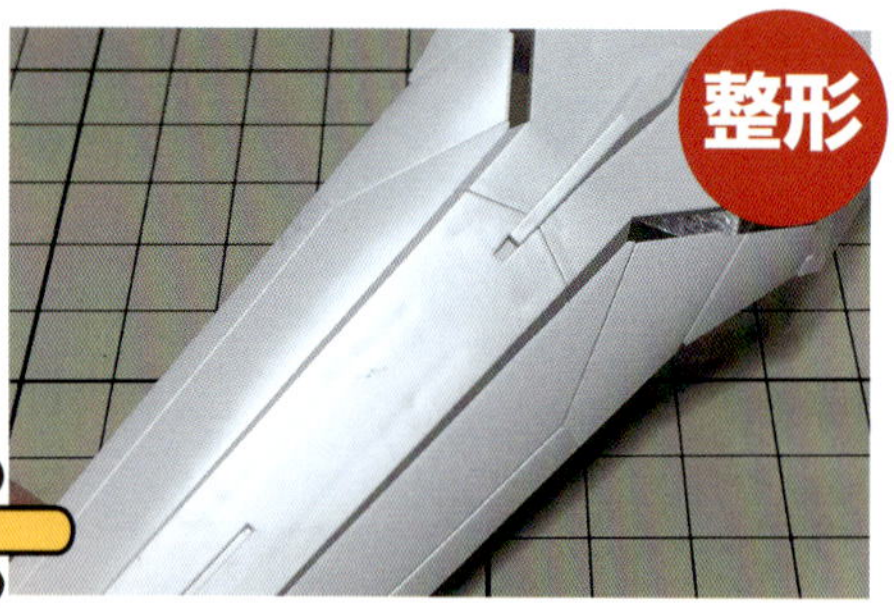

▲高温高圧で射出成型するプラモデルのパーツには、プラスチックが冷えて収縮することで凹んでできるヒケがあるので、目立つところは処理しておくと見映えが良くなります

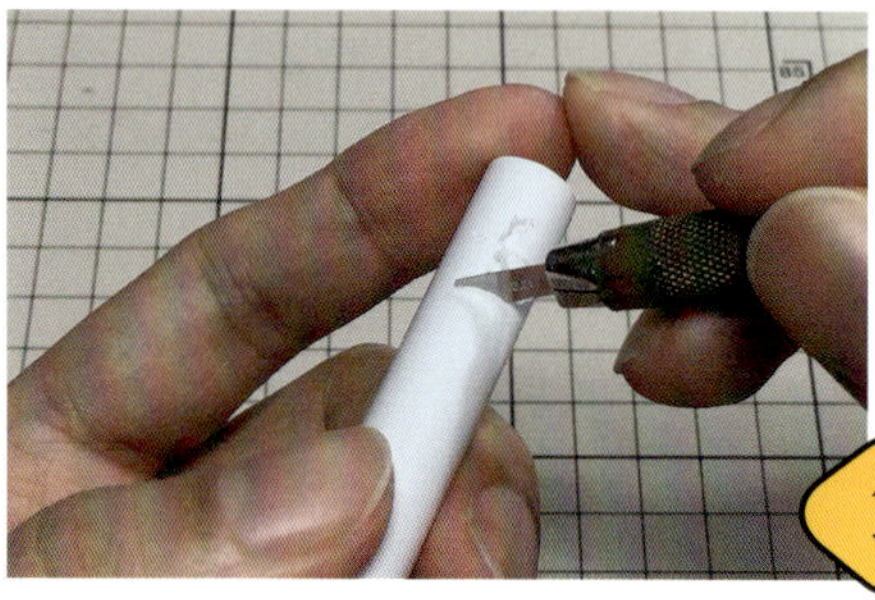

▲砲身などの筒状のパーツはゲートを余裕をもって切り、パーツを切り出したらパーティングラインをナイフのカンナがけで削って整形。筒状パーツはスクレイパーを使うと便利です

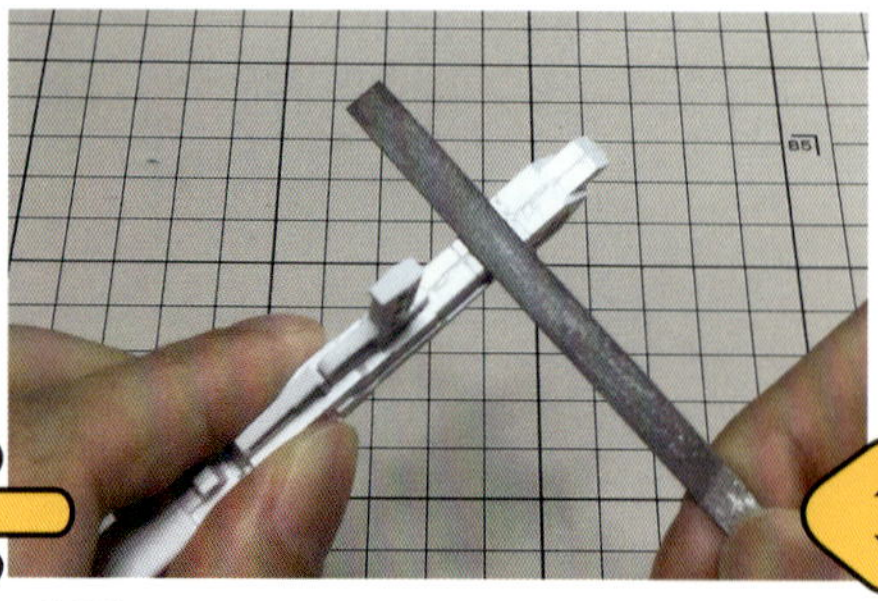

▲接着剤が硬化したら、金ヤスリでハミ出した部分を大まかに削っていき、その後#320→#400→#500の順で紙ヤスリをあてて表面を平滑にしていきましょう

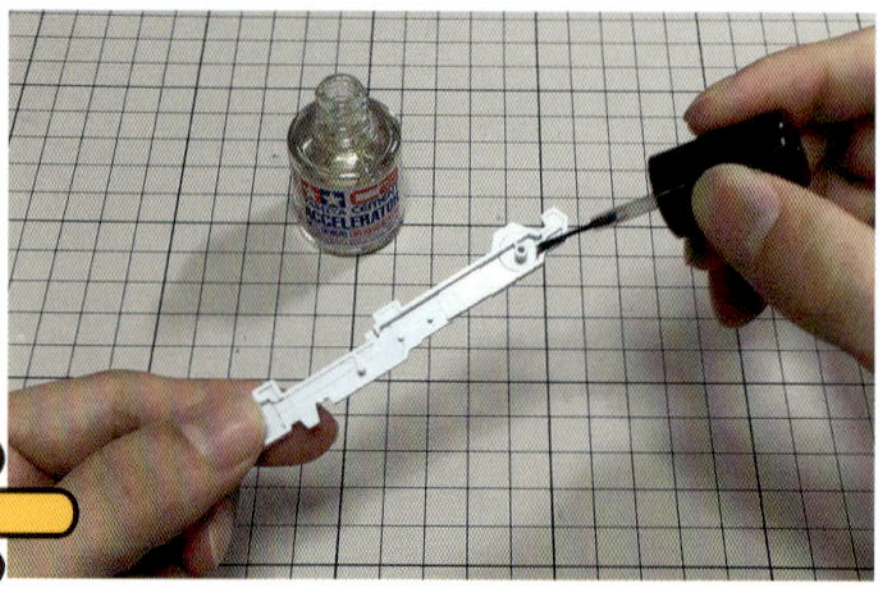

▲合わせ目消しが必要なパーツはハケ塗りの瞬間接着剤で接着。塗ったらすぐにパーツ同士を合わせ、しばらく指でギュッと押さえて圧着します。ポリキャップなどのはさみ忘れには要注意！

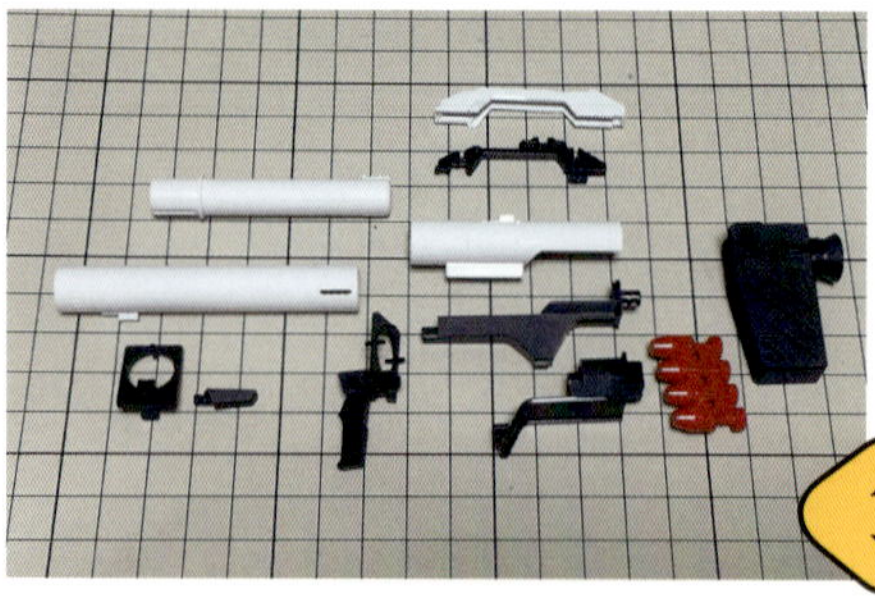

▲ニューハイパーバズーカだけでこのパーツ数。分割とスライド金型のおかげで合わせ目消しは不要です。組み立てると塗り分けがしにくいので、整形後バラバラのまま塗装するようにします

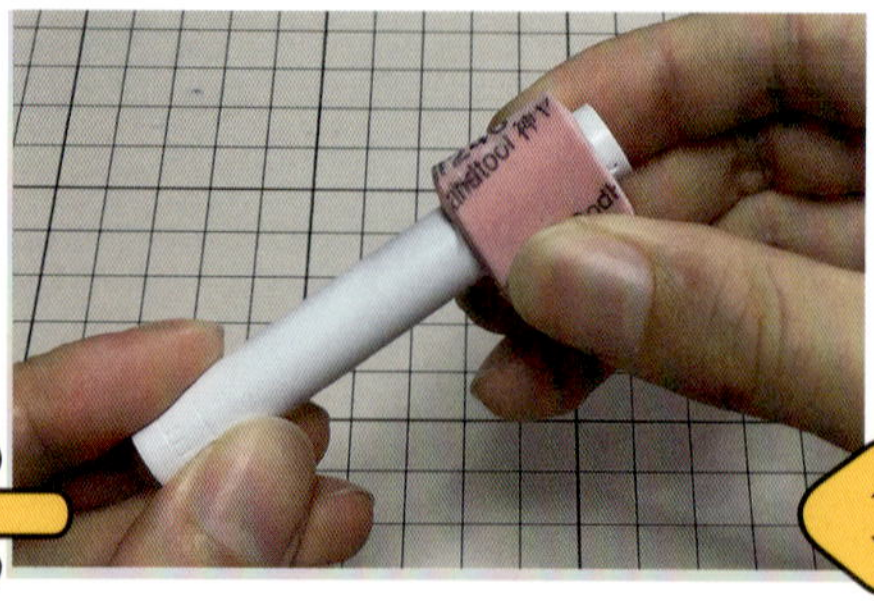

▲削っていくとパーティングラインの処理をした部分だけ平らになりがちなので、神ヤスを砲身に巻きつけるようにしてパーツを回転させながら表面をきれいに整えていきましょう

◀写真はThree Sheeps Designの「スクレイパー[丸]」（実勢価格1000円程度　問い合わせ／twitter @three_sheeps）。エッチング製のカンナがけ用刃先で、デザインナイフの柄に取り付けて使うことができ、いろいろなRに対応できます

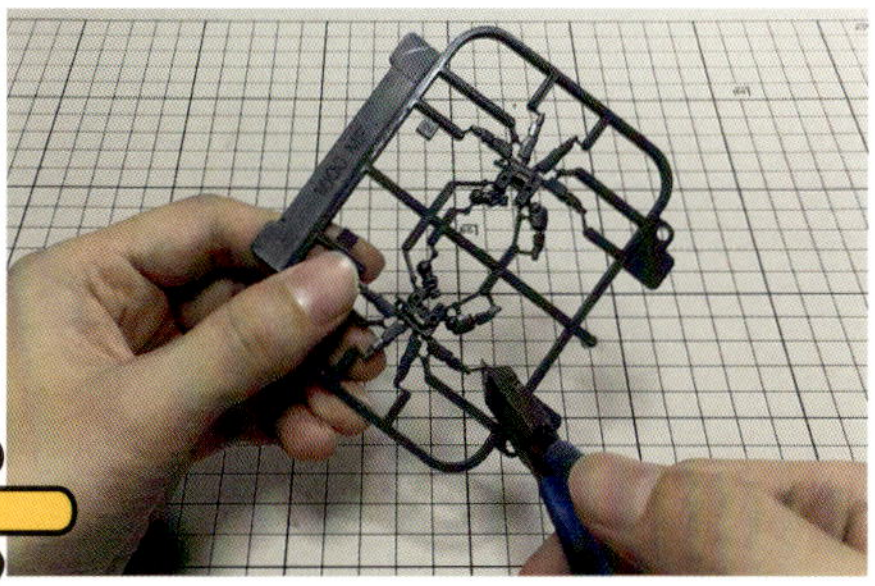

▲最近のMGではデフォルトになりつつあるエモーション・マニピュレーターSP。塗装仕上げの場合はパーティングラインをきれいに整形しておくようにすると見映えが上がります

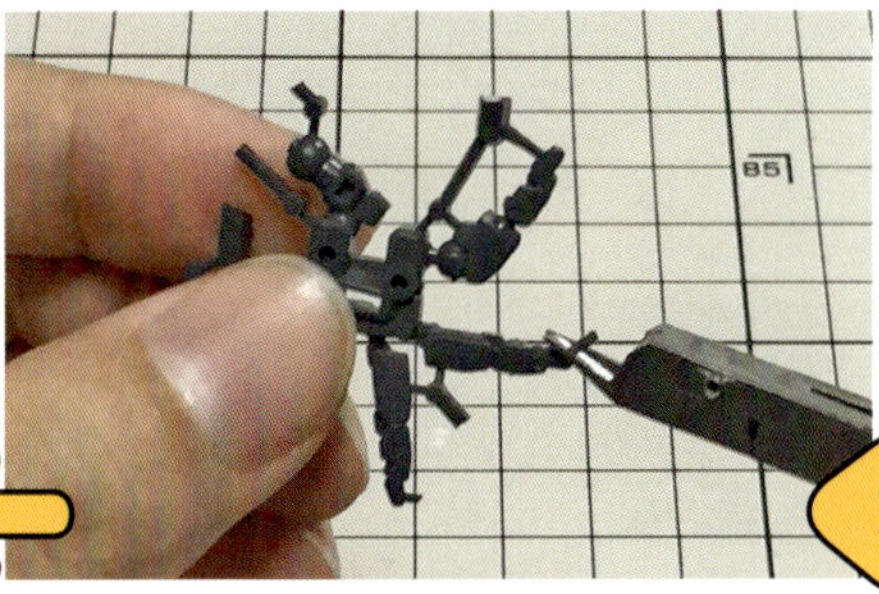

▲よく形状を把握し、必要なパーツ部分ギリギリの箇所でゲートをカットします。薄刃の切れ味がよいプラ用ニッパー（写真はアルティメットニッパー）で切れば白化しにくくなります

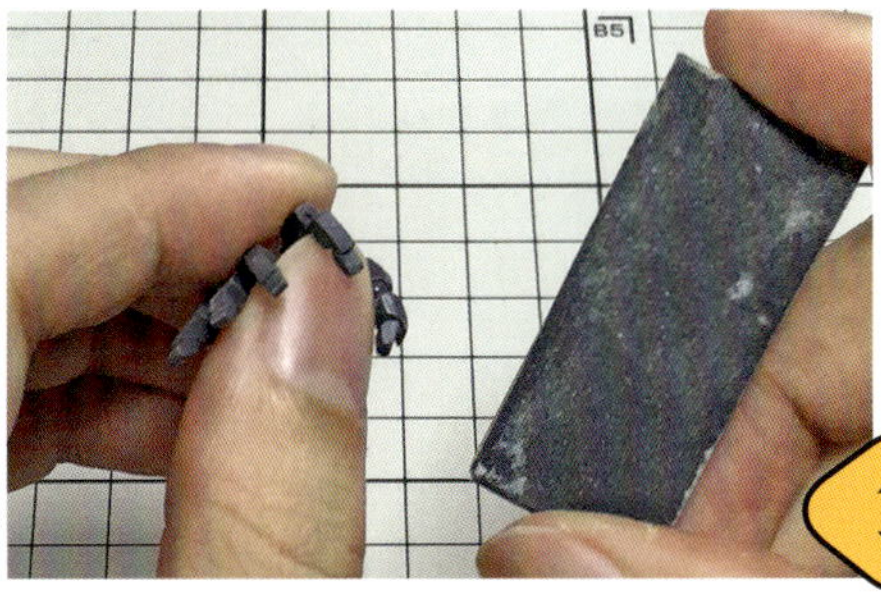

▲整形中に余計なところに傷が付かないよう、指は先端から付け根へとヤスっていきます。作業中に持ったパーツが動くとエッジが丸まってしまうので、しっかりホールドしましょう

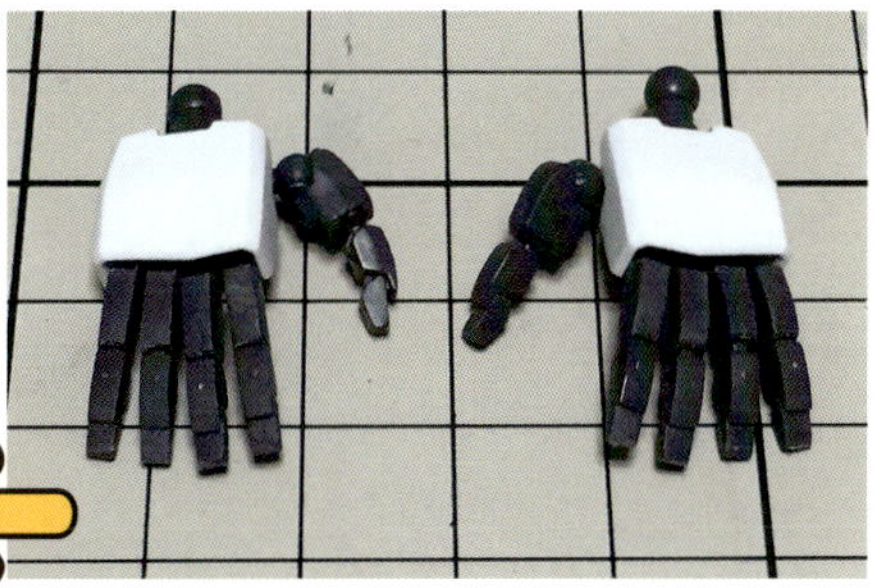

▲整形作業を終了したマニピュレーター。指一本が3ブロック、それが5本×両手で30ブロック。パーツも小さく手間がかかりますが格段に完成度が上がるので、私の場合は必須工作です

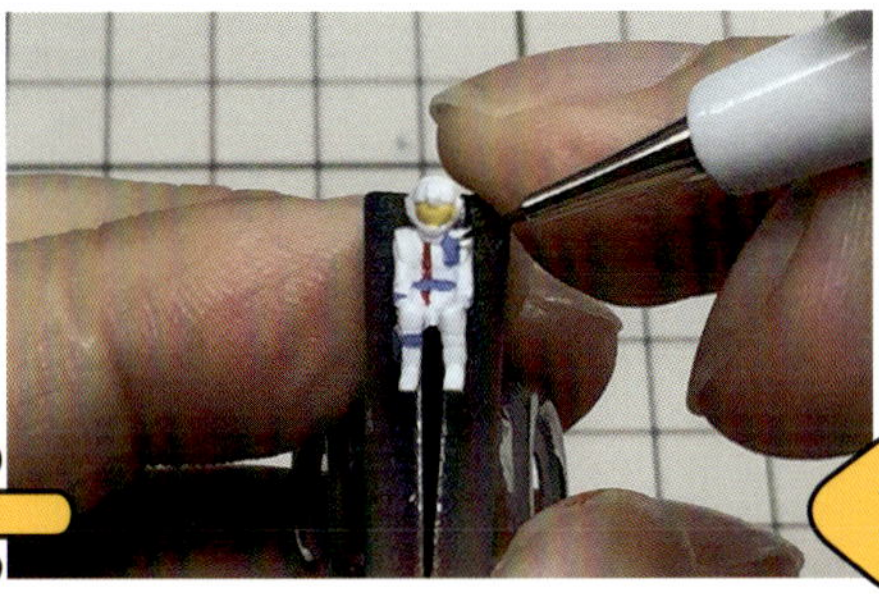

▲フィギュアの塗装は水溶性アクリルカラーのファレホを使います。ファレホは発色がキレイでのびがよく筆ムラがでにくいのが特長。有機溶剤臭がせず、塗り上がりはツヤ消しになります

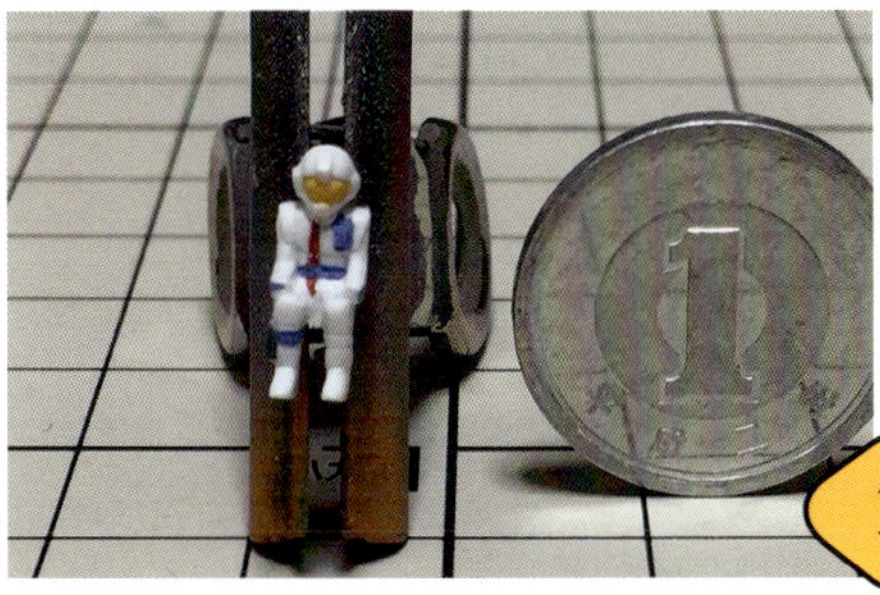

▲コクピットに収めるとほとんど見えませんが、きれいに塗り分けられました。塗り分け後にはスミ入れをしました。最近はルーペを使用して塗り分けの確認をするようにしています

開閉ギミックは……

キットのウリですが、今回はあえて閉じちゃいます。

閉じているのを開くようにするのは大変ですが、開くギミックを開かなくするのは簡単。場所に応じてパーツ同士を接着したり、ディテールを埋めることで、アニメ設定画っぽいスッキリしたνガンダムを目指してみます。

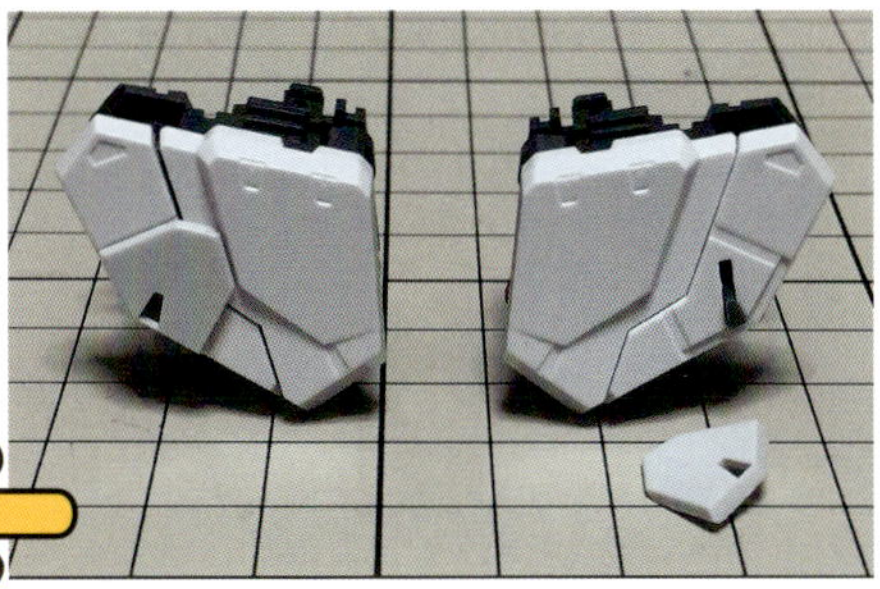

▲キットの肩アーマーにはユニコーンガンダムのような展開ギミックが内蔵されています。今回は外装パーツを一体化してディテールを少し整理して減らしていくことにします

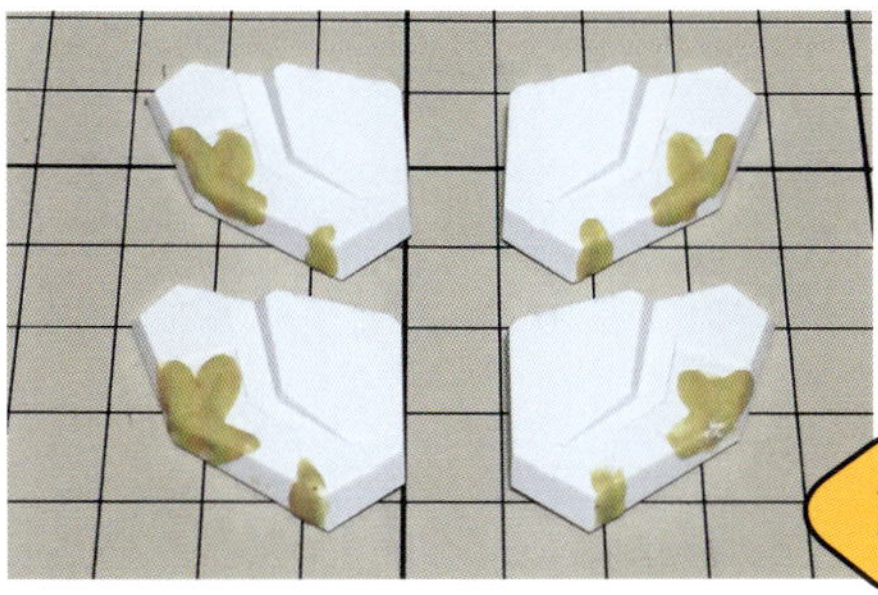

▲展開時にサイコフレームが露出するパーツ分割部を接着し、パテでこまかい凹ディテールを埋めます。盛りつけたエポキシパテが硬化したらヤスリできれいに整形しましょう

▲腰前面アーマーもディテールをすっきりさせます。そのままパテで埋めることもできますが、パーツ形状が複雑できれいに整形しにくそうなので、プラ材を使って工作することにします

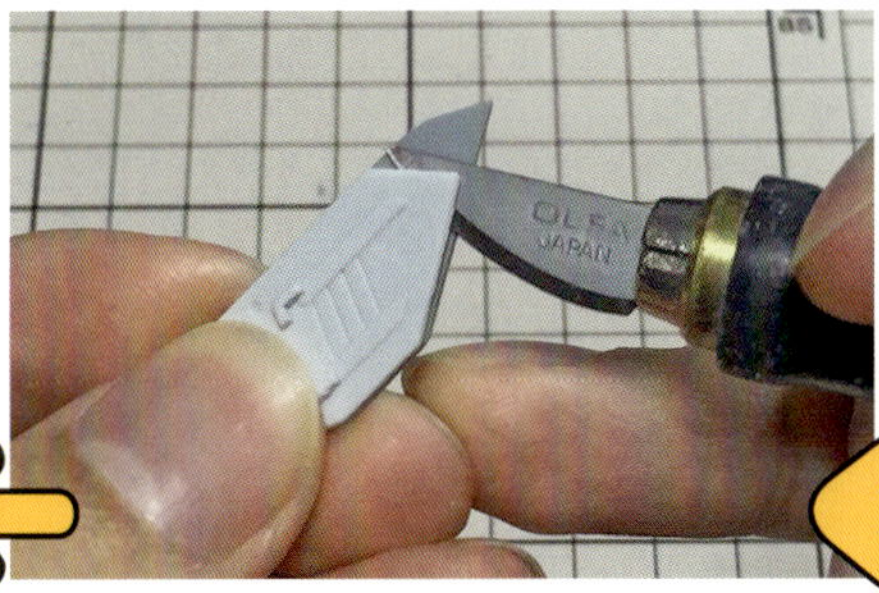

▲ここはパーツをガイドにすることにして、パーツをプラ板に瞬間接着剤で点留めしてプラ材を同じ形に切り出します。切り出したあとはナイフの刃先をさし込んで剥がします

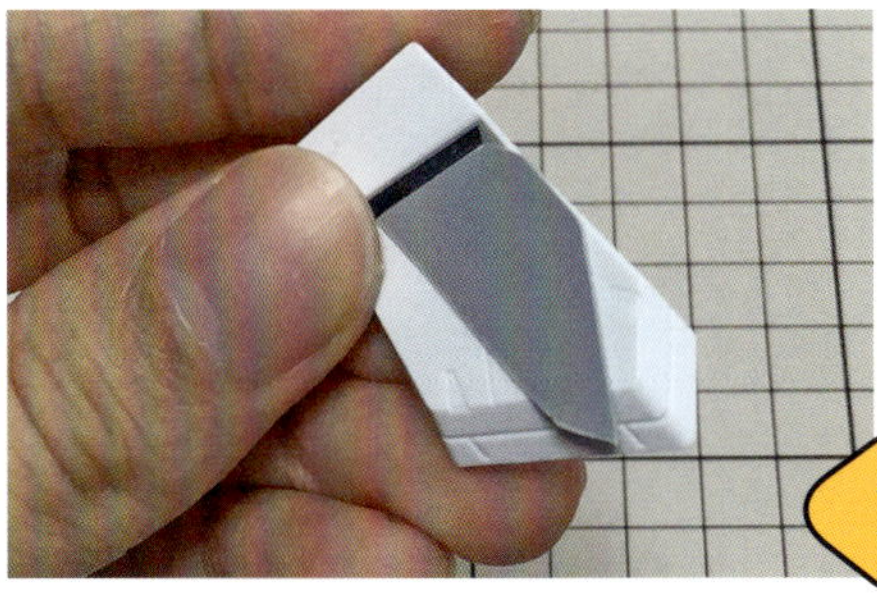

▲パーツがはまるところにぴったり収まるプラ材が切り出せました。エッジのところをきれいに作るために、プラ材は大きめに、少しはみ出すくらいにしておくのがポイントです

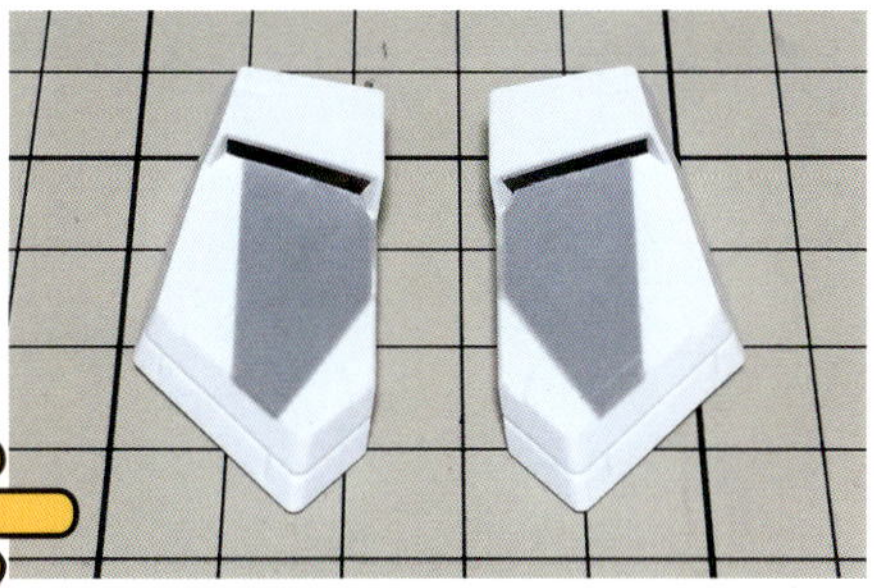

▲パーツにプラ材をしっかりと接着してから、はみ出しているところを削って表面を整えます。これで腰前面アーマーがアニメ設定画のようなスッキリとしたデザインになりました

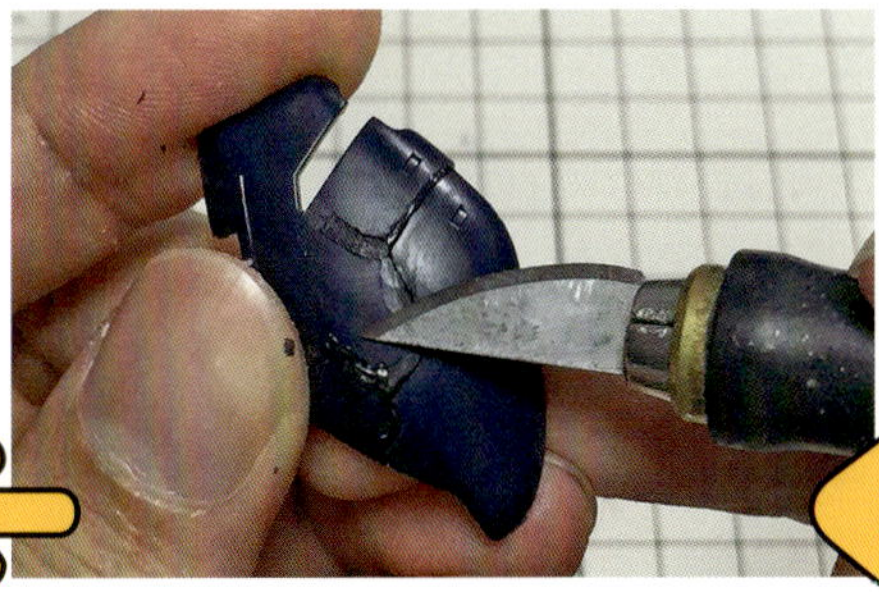

▲展開ギミックをなくしたのに合わせて、各部のスジ彫りによるパネルラインディテールも適度に整理して埋めることにしました。瞬間接着剤でスジ彫りを埋め、ナイフ→紙ヤスリで整形します

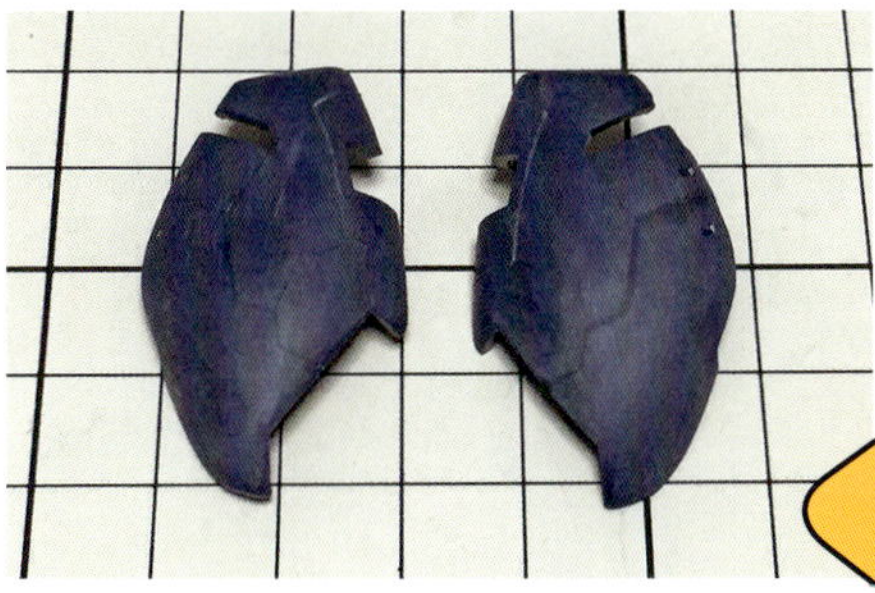

▲パネルラインを埋めたところ。ガンプラを作っているとついついディテールを足すばかりになりがちですが、こうやって部分的にディテールを減らすほうが効果的な場合があります

頭部にはこだわる!

ガンダムは顔が命!
頭部/フェイスは心ゆくまで……

ガンダムの顔の好みは人それぞれ。吊り目気味の悪い顔が好きな人もいれば、大河原画稿ふうの垂れ目気味が好みという方も……というわけで、本体は改造しない場合でも頭部、とくにフェイスには手を入れてみるとよいでしょう。

▲キットの頭部をそのまま組むとこんな感じ。設定画の面長なイメージをギリギリ残しつつも今風にスマートなまとめ方になっています。今回はもうちょっとメリハリをつけながら少し「悪い」感じに……

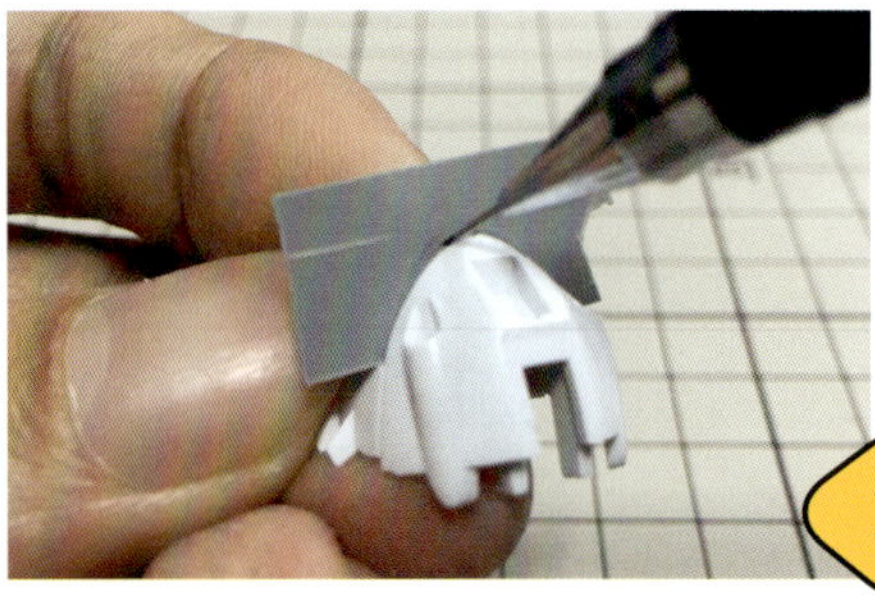

▲目つきを鋭くしたい場合、目の周辺をいじるよりヒサシの形状を変えたほうが手っ取り早く効果的です。基本的に、ヒサシを張り出させると目が細く吊り目になっていきます

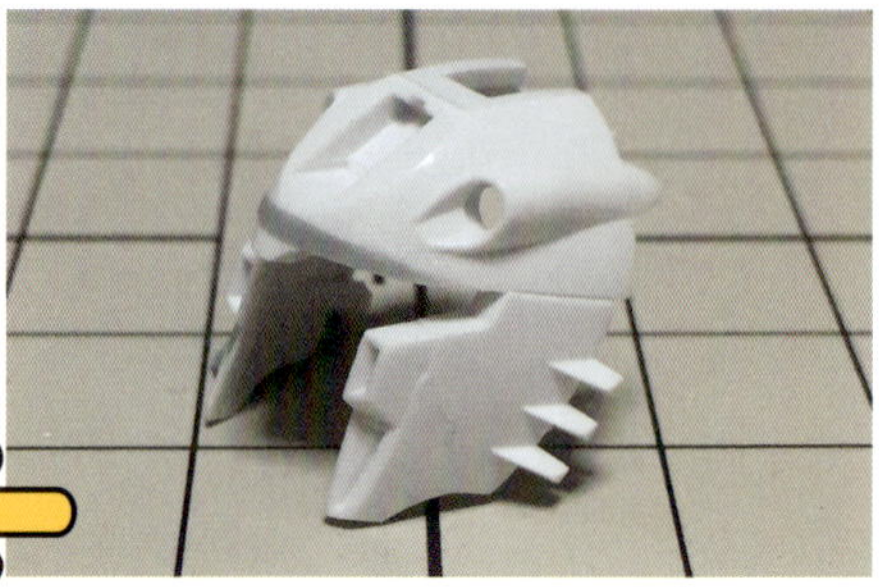

▲今回はプラ材でヒサシを張り出させることにしたので、ヒサシの下側にプラ板を貼り、キットパーツ側のラインに合うように削って整えます。プラ板の厚さで張り出しをコントロールできます

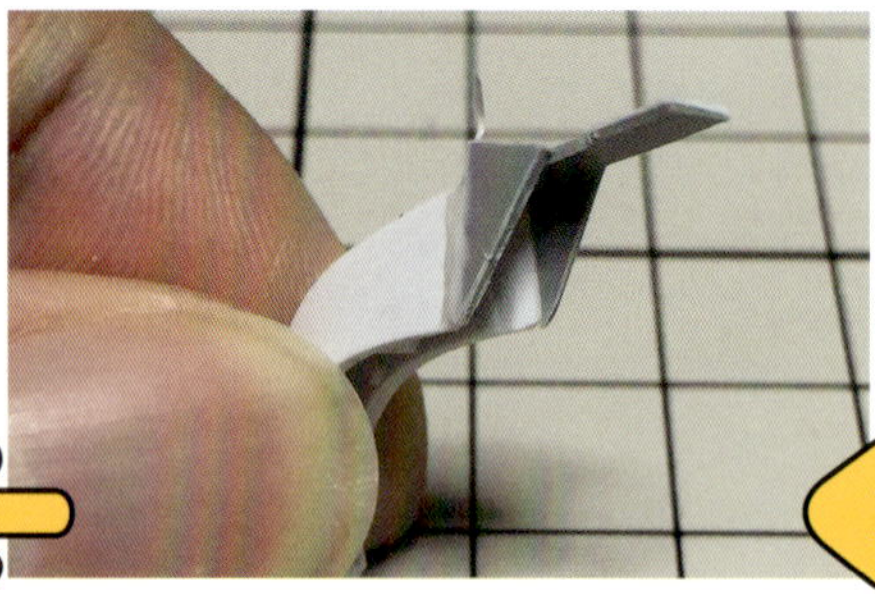

▲ヒサシを張り出させたのに合わせて、次は頭頂部の“トサカ”も前方に張り出すようにします。ヒサシ同様、狙った形状より大きめになるようプラ板を大ざっぱに接着していきます

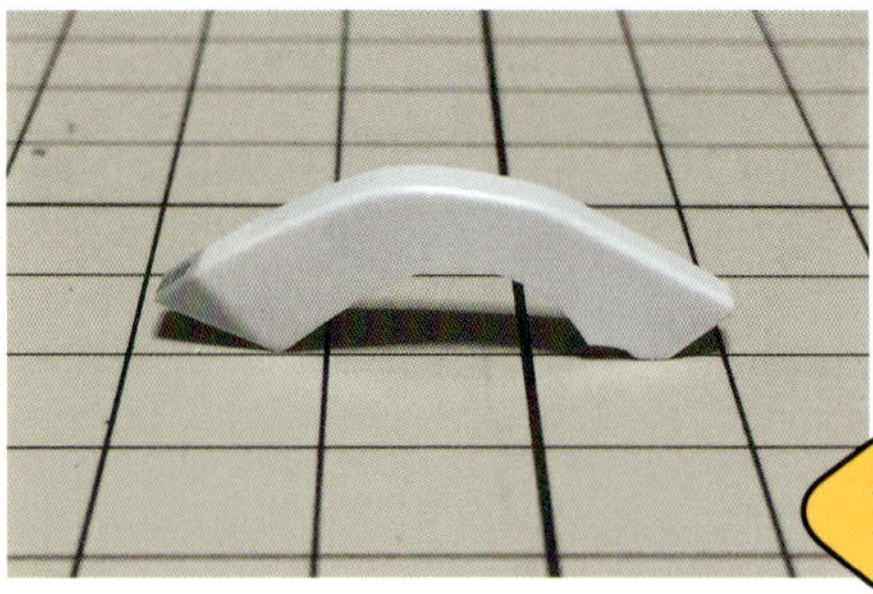

▲接着したプラ材の余分なところをキットパーツ側のラインに合うように削って整えます。はみ出させておいてパーツに合わせて削る手法は簡単かつ、きれいにできるのでおすすめです

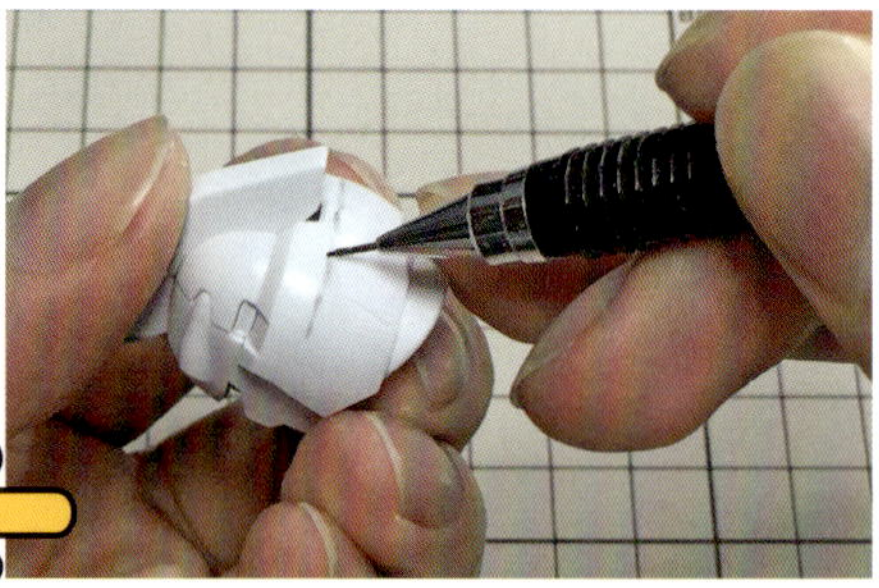

▲今度は後頭部を張り出させます。全体をなんとなく膨らませるとメリハリのないバランスになりやすいので、もっとも出っ張るところのエッジの位置をはじめに決めます

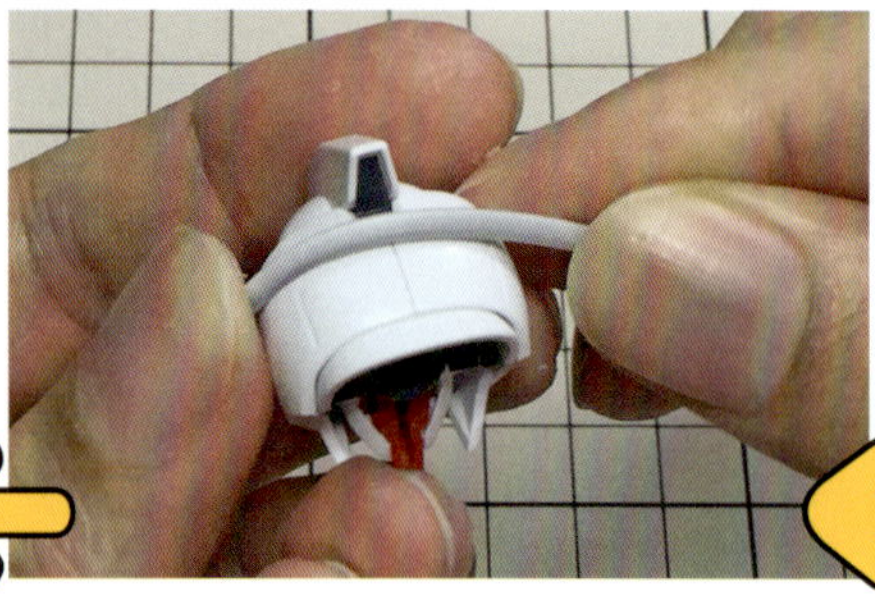

▲エッジのところにプラ材を接着してパテ盛りと整形のためのガイドにします。三角柱のプラ材を曲げてから接着しておくことで、エッジのピークと曲面をきれいに決めやすくなります

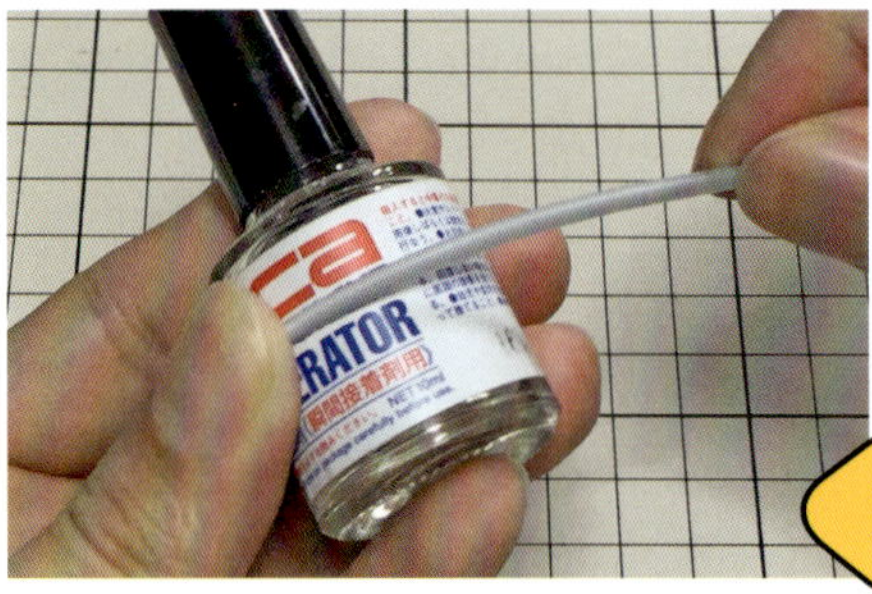

▲接着しながら曲げようとするとうまく隙間なく接着できません。先にプラ材を筒状の物に巻き付けて曲げておき、キットパーツに合わせて形を調整しておいてから接着しましょう

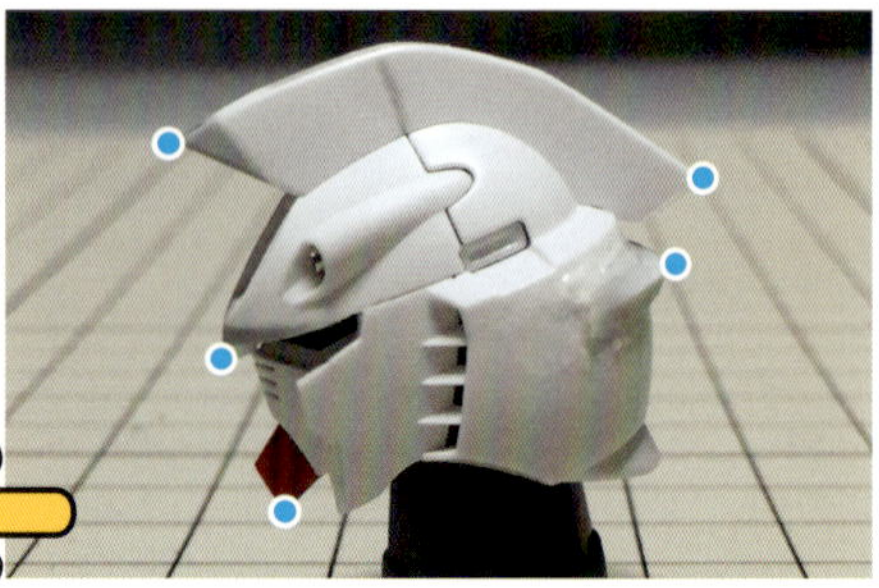

▲青丸で示したポイントの張り出させ方をコントロールすることで、頭部本体の大きさを変えなくても印象を大きく変えられます。張り出しを大きくすると対比でフェイスが小さく見えます

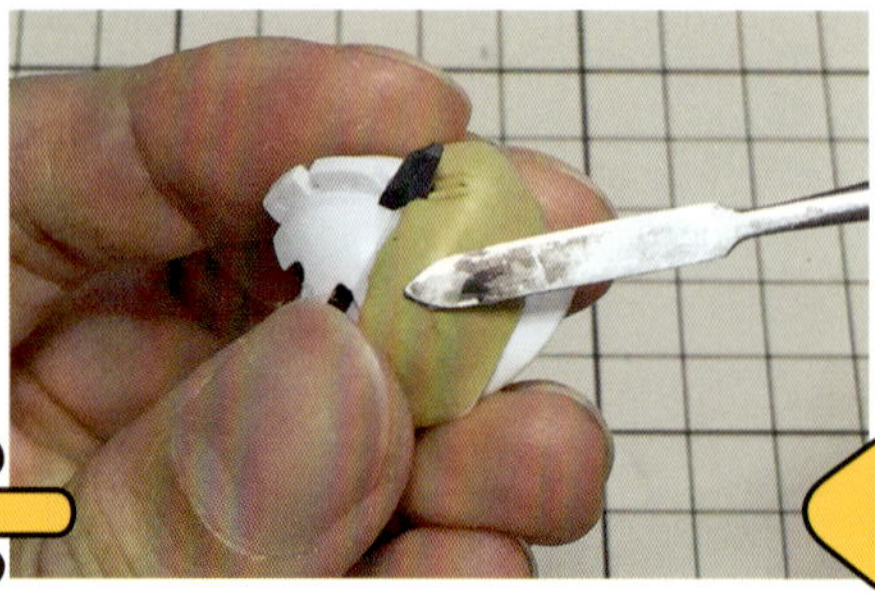

▲後頭部だけにエポキシパテを盛ってふくらませます。スパチュラやつまようじに水をつけて形状を整えていきましょう。パテはべたつきが少なく密度が高いタミヤの速硬化タイプです

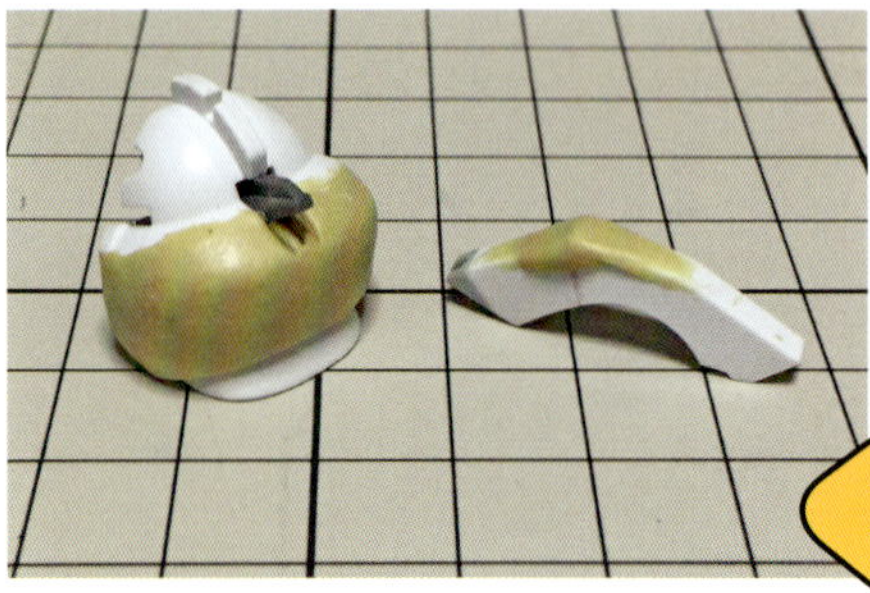

▲エポキシパテを使う場合は、硬化前になるべく形状を決めていくようにします。ヘルメットのパーツを組み合わせてみてバランスをチェック。納得いく形状になったら硬化を待ちます

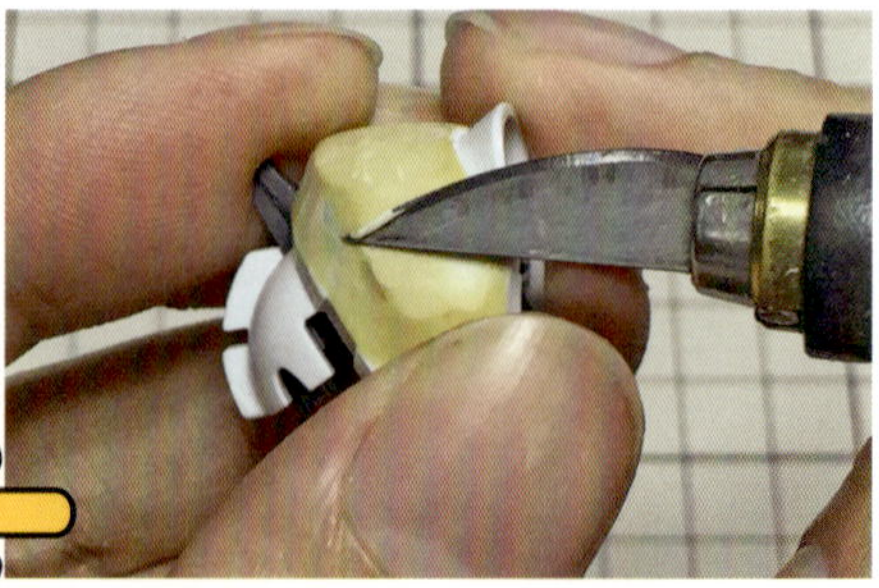

▲パテが硬化したら曲刃のアートナイフで荒削りしていきます。こういった曲面部は、曲刃だと狙ったところ以外に刃先が入りにくく、思ったような形状に削りやすいでしょう

▲ナイフでの荒削りができたら、#320から#600の紙ヤスリで整形していきます。パーツが小さいので、パテを盛っていないところを削らないように注意してヤスリをあてます

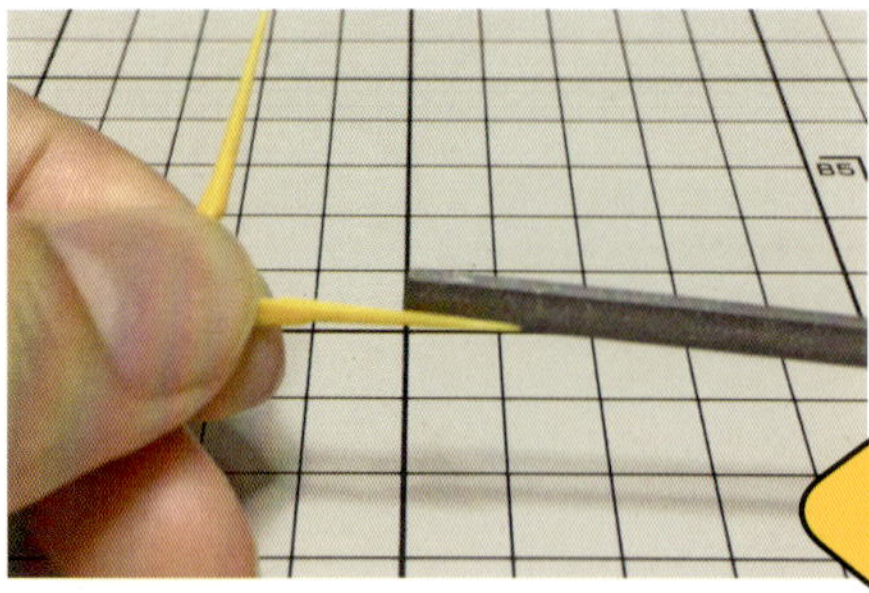

▲アンテナはヤスリで削って先を尖らせます。いきなり目のこまかいヤスリをあてるとエッジを丸めやすいので、金ヤスリなどよく削れるヤスリでエッジをシャープに出してから表面を整えます

▶ここまでで説明したように、ヘルメットの張り出しを増やしたほか、頬とアゴの下端を削りフェイス部を小型化しています。ヒサシの延長の効果と合わせて、かなり目つきが鋭く顔面が締まった印象になりました。頬当ての凹モールドはノミで削り込んでくっきりさせています。バルカン砲のところは金属パーツに置換しました。市販の金属パーツに置き換えると、あまり手間をかけずにシャープなモールドにできます

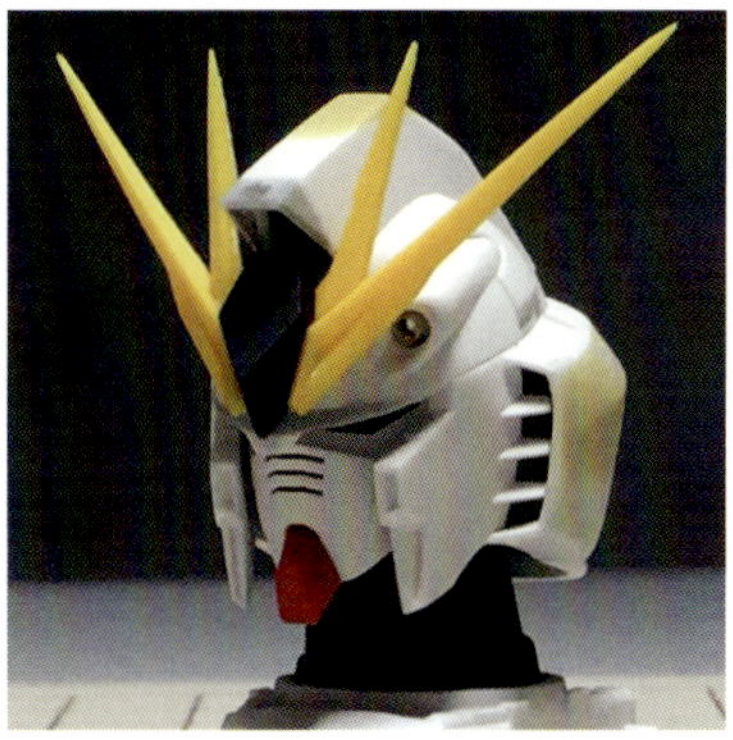

頭部から逆算して……

体をどこかワンポイントで変えるなら胴体の延長がオススメです

いにしえのガンプラ作例では脚を延ばすのが定番だった時期もありましたが、いまなら胴体を少しだけ伸ばすのがおすすめ。胴体の下端や腰だけを伸ばすことで、頭部を小さく見せつつ全身の力強さをより引き出すことができます。

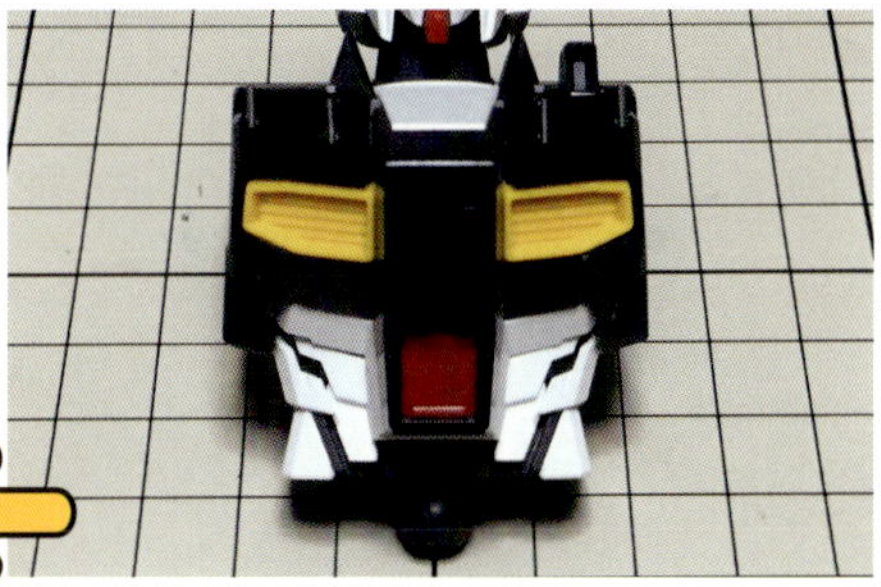

▲キットのプロポーションはとてもスマートで今風にカッコいいのですが、νガンダムの設定画あるいは劇中の力強さを強調するために胴体を少し延長してみることにしました

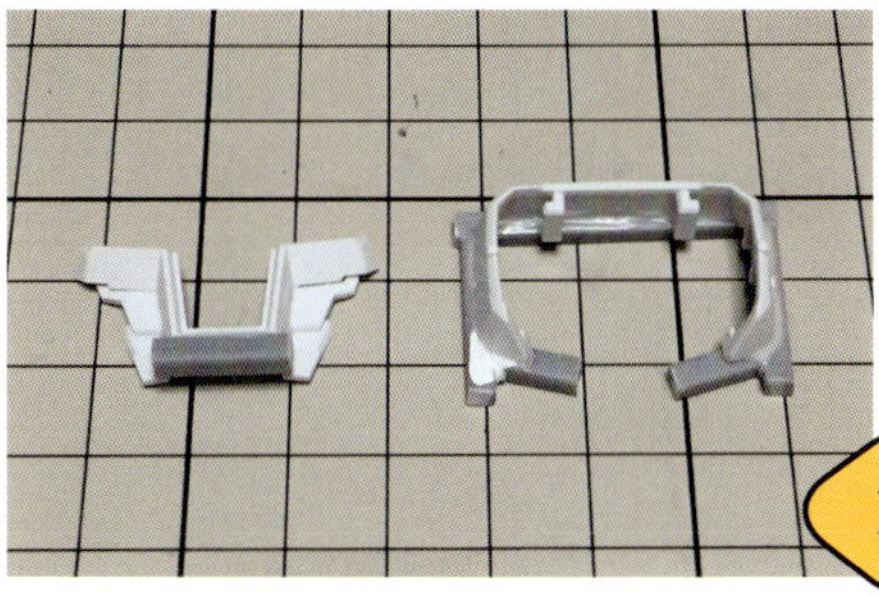

▲延長は主にお腹の白いところで行ないます。なるべく簡単にバランスよく工作するには、胴体下端側を延ばすのがおすすめです。まずは延長する箇所にプラ材を接着していきます

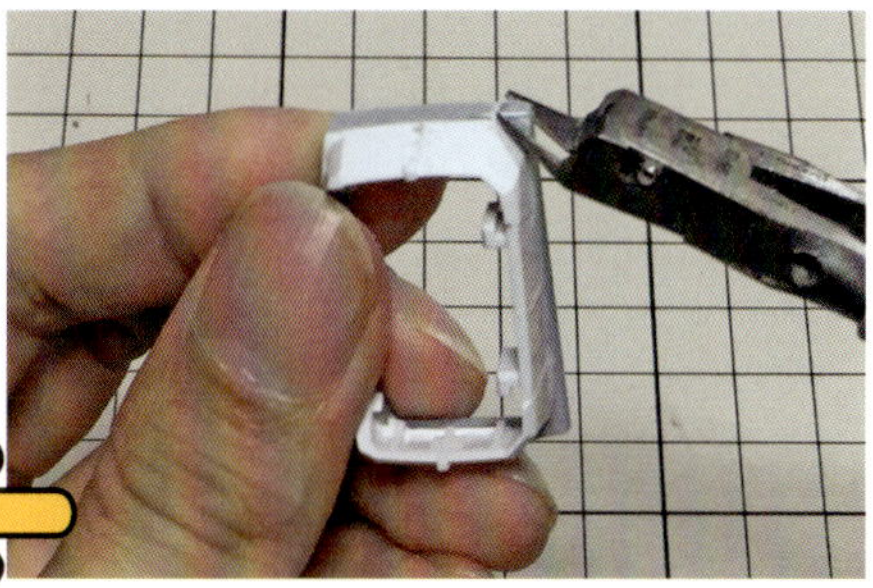

▲頭部の工作のときと同じように、はみ出すように接着したプラ材をパーツのラインに合わせて整形していきます。まずはニッパーで不要部分を大まかに切り出していきましょう

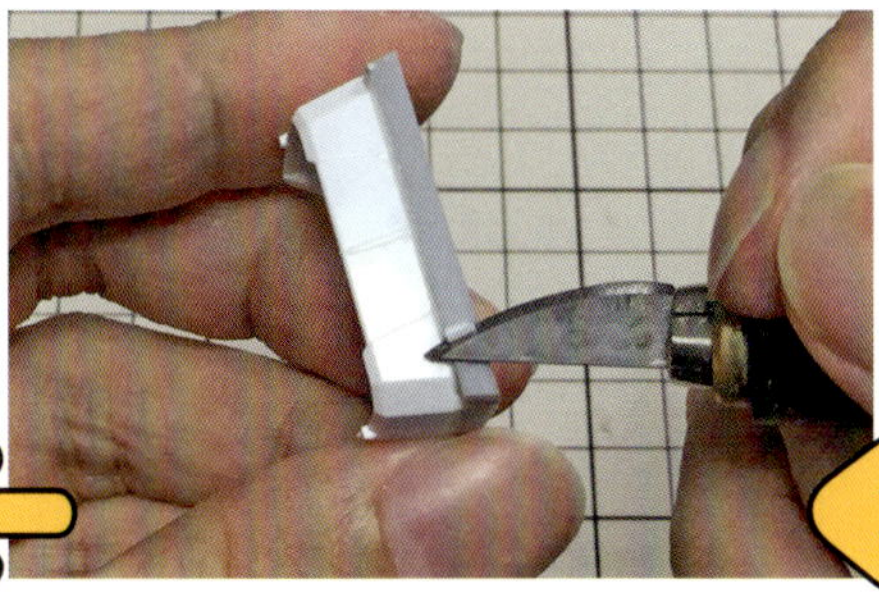

▲ニッパーでおおまかな形を出したらナイフで削り、その後#320から#600の紙ヤスリで整形していきます。荒削りの段階で削り過ぎるとパテが必要になるので注意しましょう

▲外装だけ延長すると腰の関節の長さが足りなくなるので腰関節も延長します。ジョイントのボール部をいったん切り離し、プラパイプに通した真ちゅう線で繋げると簡単かつ頑丈に延ばせます

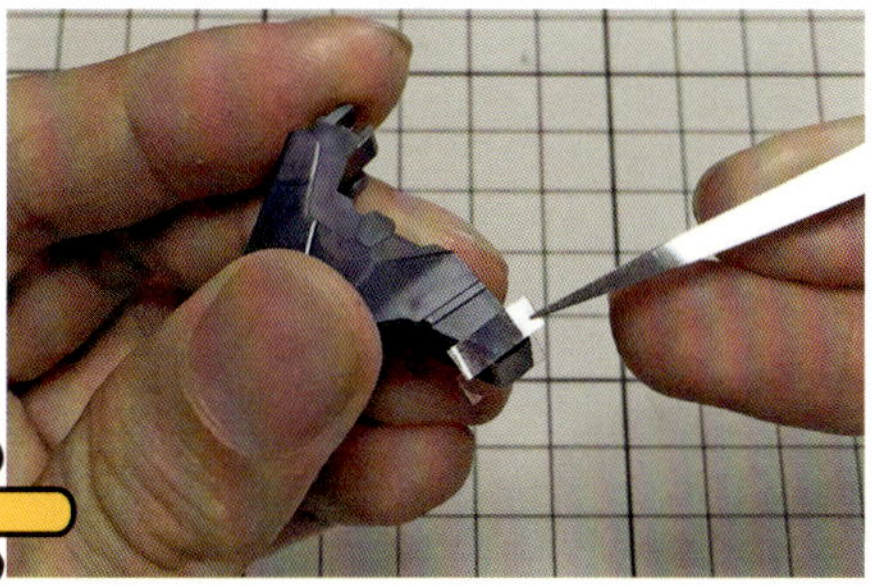

▲コクピットブロックも下側が足りなくなるので延長します。ここは下側だけでは形状を保ったまま延長できないので、中側を切りますが、まずはテープを貼ってガイドにします

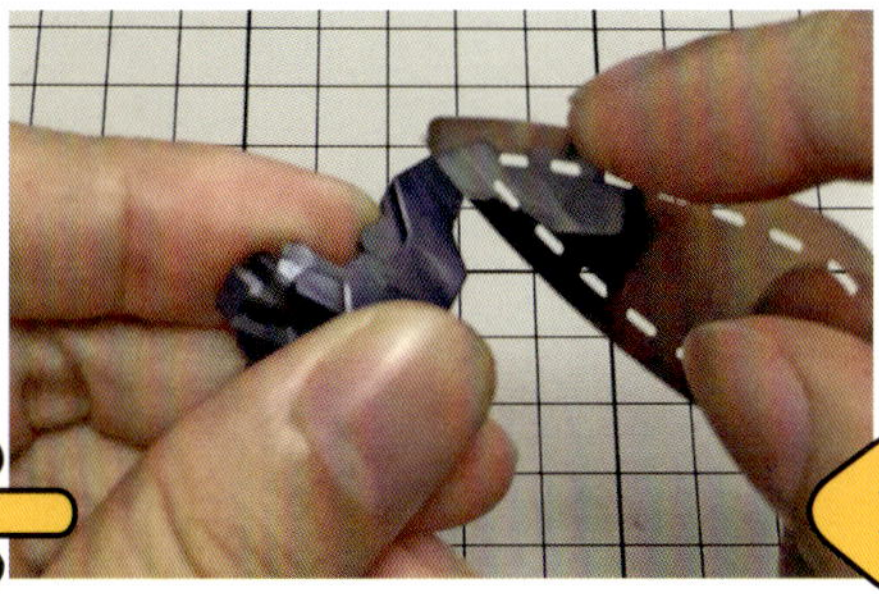

▲パーツの中側を切って延長する場合は、周辺のディテールをなるべく活かすためにエッチングソーを使います。ニッパーで切ると接着面を整形するときに周辺のモールドがなくなります

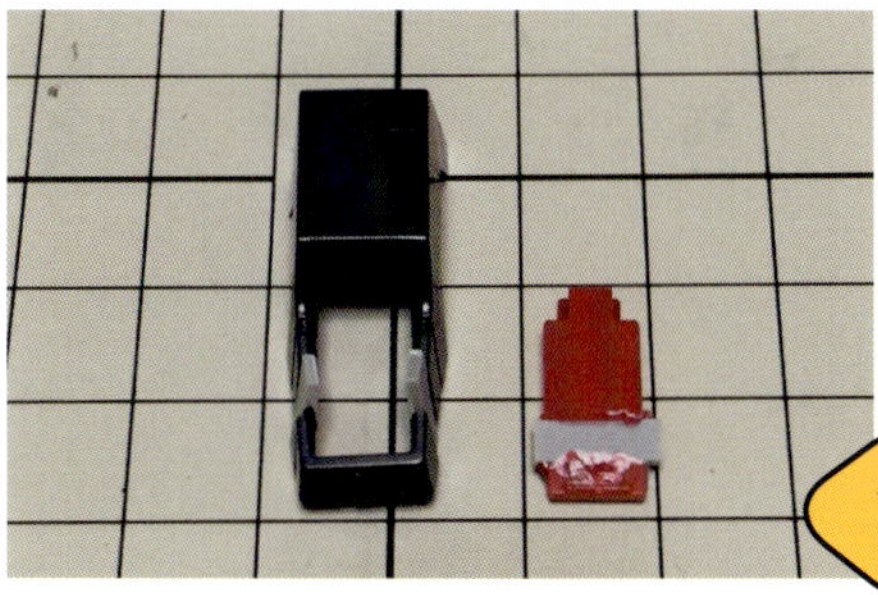

▲延ばすところにプラ材を挟み込んで接着します。ここでも少しはみ出させてから不要部分を削って形を整えるようにします。接着面が狭いのでヤスるときの力のかけ具合に注意しましょう

腰を入れたポーズにすることができるちょっとしたアイディア

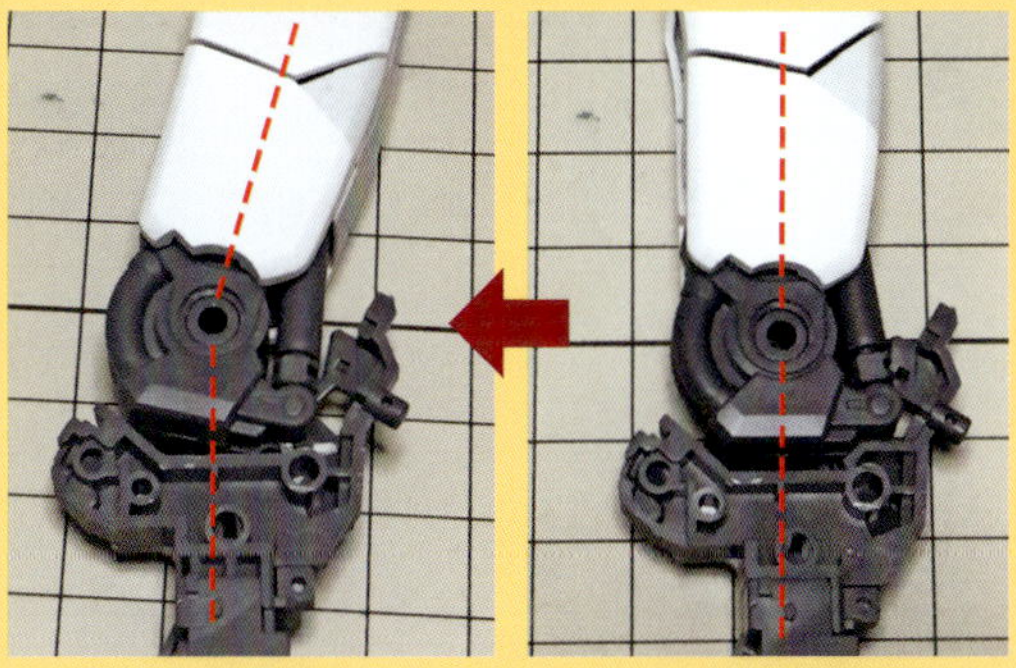

▲▶ヒザ関節が軸可動の場合、ヒザ側の関節ユニットに干渉する箇所を少し削り込むとヒザの可動域が拡がります。太ももが前に倒せるようになると、より腰が入った力強いポーズにしやすくなります

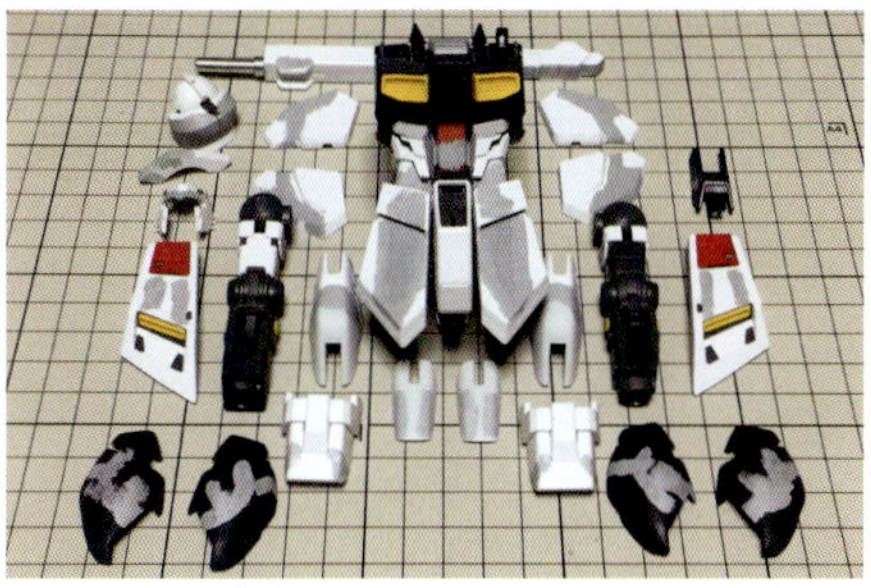

▲プラ板/パテで加工したりスジ彫りを埋めたところは、ラッカー系の溶きパテを塗って表面に溝や段差が残っていないかよく確認し、塗装前に表面をきれいに整えておきましょう

+αの追加工作

ディテールに少しずつ手を入れて自分だけの完成品にしよう

昨今のガンプラはとても細かくリアリティーあふれるディテールが入っていますが、せっかく自分で製作するのですから、要所要所を自分なりにデコレートしてみてはいかがでしょう? 市販パーツを使えばお手軽に工作できますよ。

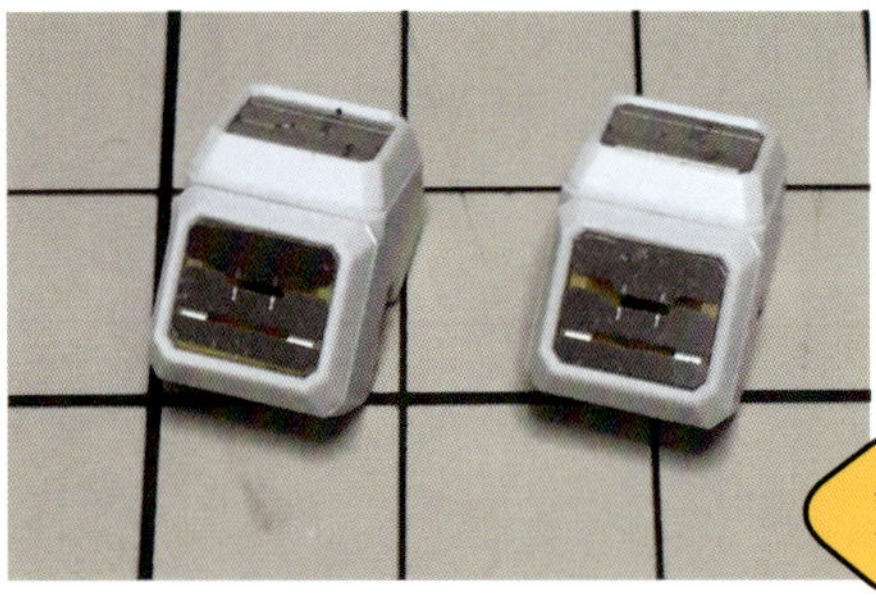

▲肩のスラスター(?)はエッチングンパーツでシャッターが閉じているようなディテールに。内側を作り込むだけでなく、こうやって部分的に閉じてみるとディテールに変化がつけられます

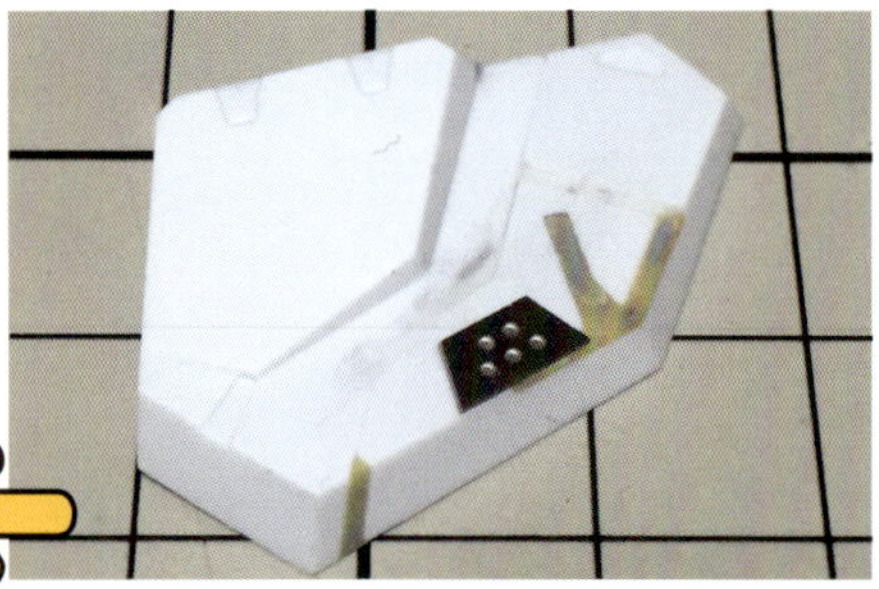

▲ギミックとディテールを埋めた肩アーマーはそのままでもよかったのですが、少しだけディテールを足してみることに。出渕メカですので、ベタですが穴ディテールをエッチングパーツで追加

▲肩関節の軸部分にも丸いエッチングパーツを貼り付け。ここはあえて無塗装で金属地を残し、周囲に赤でアクセントを入れてみました。フレームに色や質感のアクセントを入れると締まります

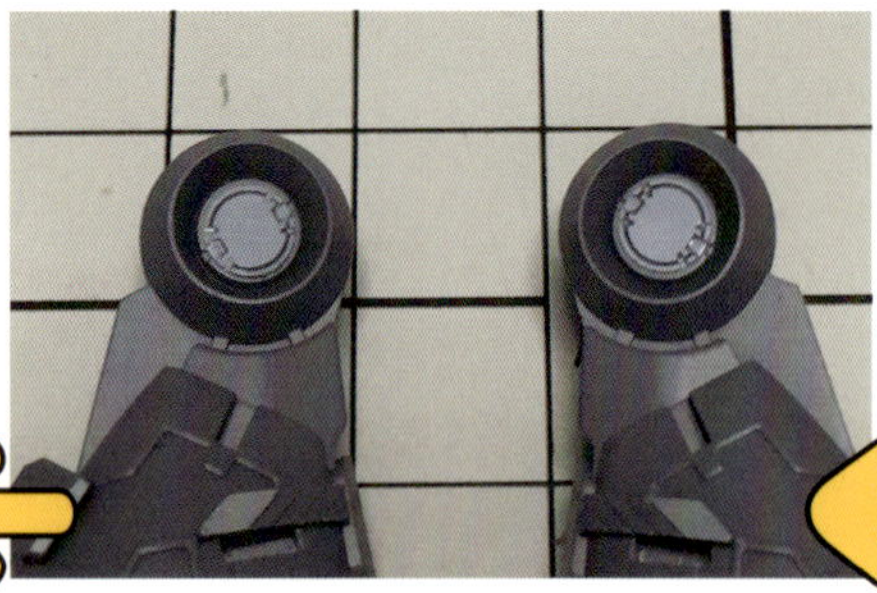

▲関節の丸いディテールは内側にフタっぽいエッチングパーツを貼り付けました。密度が増すとともに、メンテナンスハッチか防塵カバーのように見え、メカとしてのリアリティーも増します

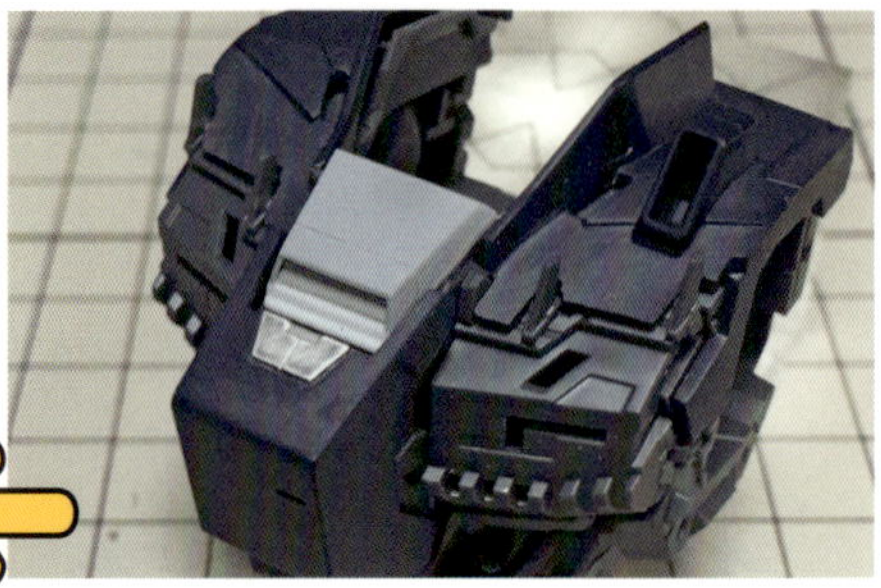

▲胴体コクピットブロック上面には台形のエッチングパーツを貼り付けました。この台形パーツは「ちょっとディテールがさびしい」ようなところに目立ちすぎず簡単にディテールが足せます

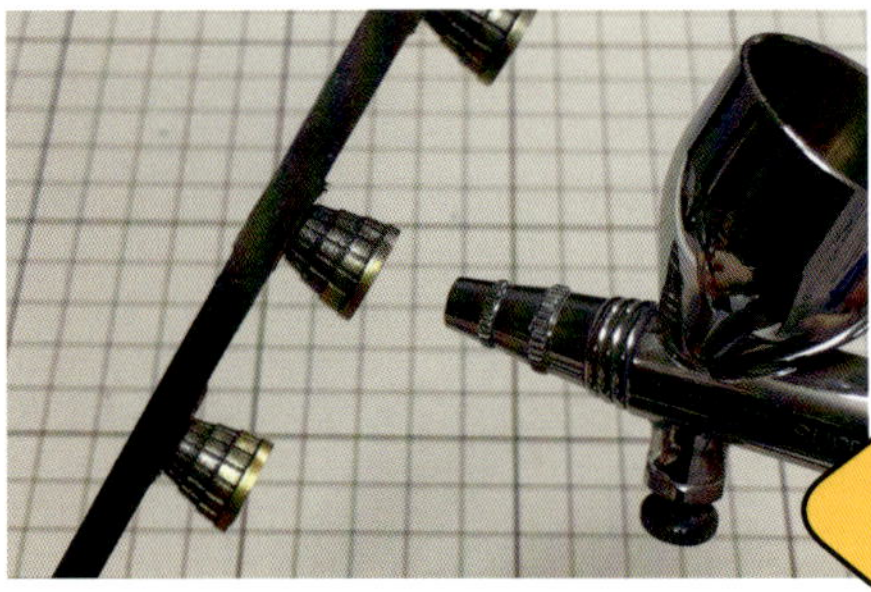

▲スラスターの外側にはMr.メタルカラーのアイアンを吹きつけます。この塗料は磨いて光らせたり、磨かずにすすで汚れたような状態で見せることができてとても便利です

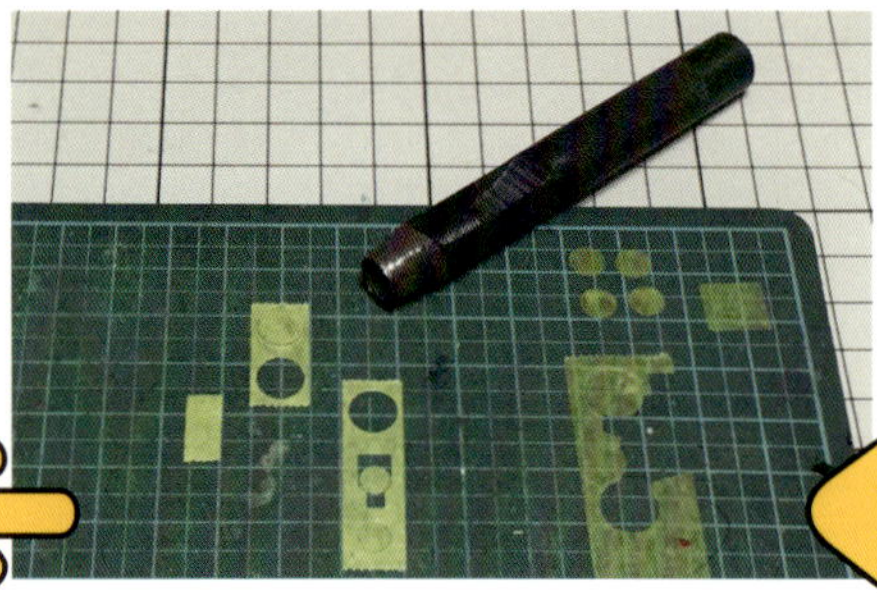

▲テープを丸く切り出すにはポンチがあるととても便利です。ガンプラのスラスターは3㎜、4㎜、5㎜といったキリがいい数値の径になっていることが多いので、何本か揃えておくとよいです

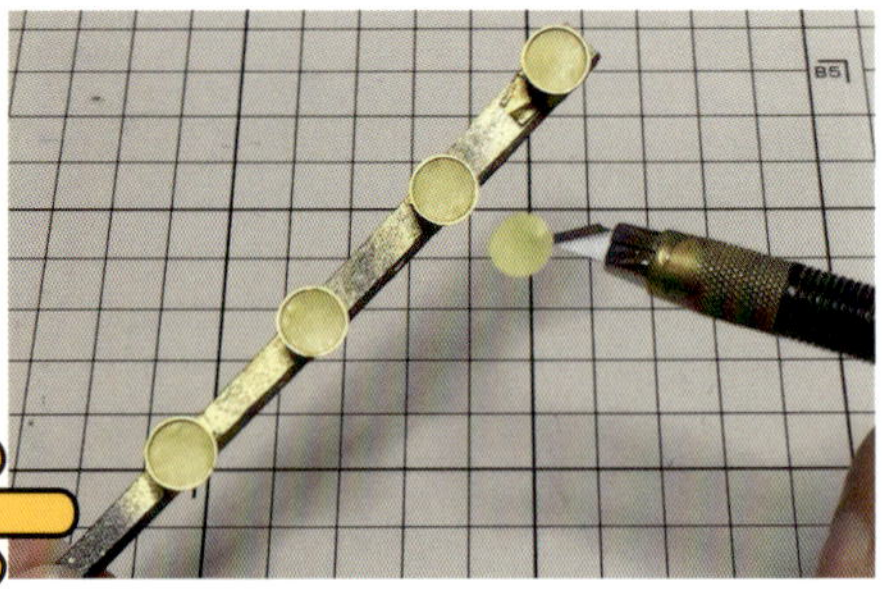

▲スラスターは内側と外側で塗り分けると効果的。先に内側を塗っておき、マスキングテープでマスキングをして外側を塗ります。今回は内側は金色で外側は黒っぽくすることにしました

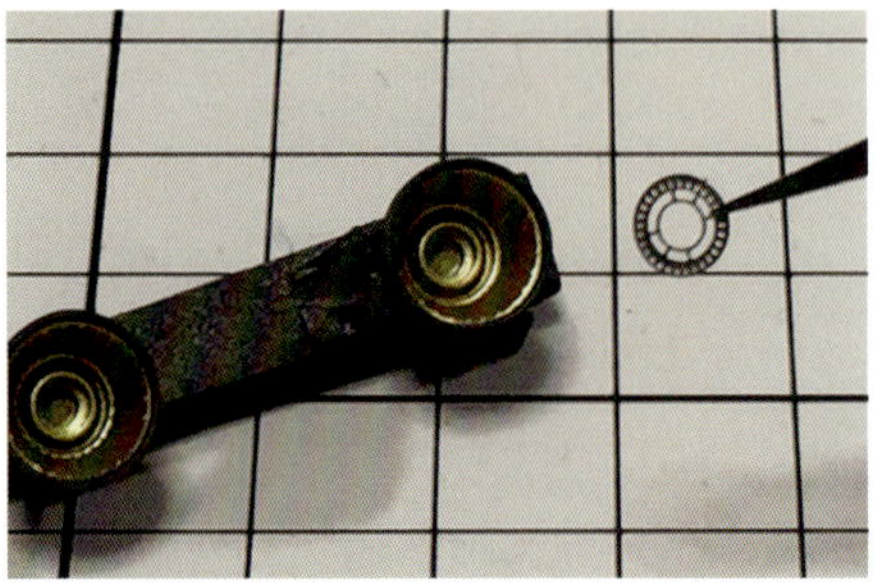

▲塗り分けが終わったスラスターは、内部にエッチングパーツを追加。ジェット戦闘機のノズル内形状のようなイメージで、お手軽にディテールを足して密度感を上げることができます

▲ニューハイパーバズーカの砲身尾部や弾にもディテールを足してみました。こういう覗き込まないと見えないところにワンポイントで手を入れると完成後に眺めたときにとても楽しくなります

便利なエッチング製ディテールパーツをお好みで追加してみよう!

ガンプラでは、「ここにちょっとディテールを足したい。でもちょうどぴったりの市販パーツがない……」というようなことがわりとあります。普通は市販のパーツをなんとか加工したりして使うものですが,「鳴かぬなら鳴かせて……」とばかりに、有澤氏が自分で作例用に使いやすいディテールパーツをデザインして作ってしまったのがこれら。「idola」というブランドで、ガンダム系インターネット通販ショップGPARTS(http://shop-gparts.com/)やイベントなどで販売中です。

雑誌作例を数多く手がけてきた有澤氏がこだわったのは、汎用性の高さとコストパフォーマンス。「大きさが微妙に合わない!?」「一枠買って使えるパーツがふたつだけ……」というふうにならないよう、ガンプラでよく使いそうな形状/大きさのディテールパーツを多めにパッケージングしています。

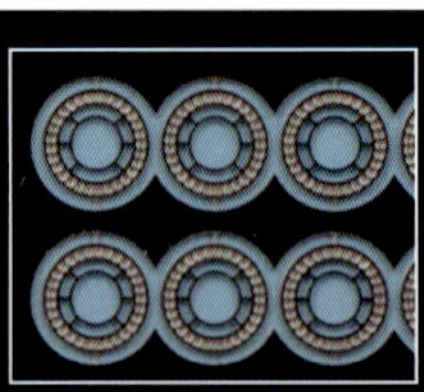

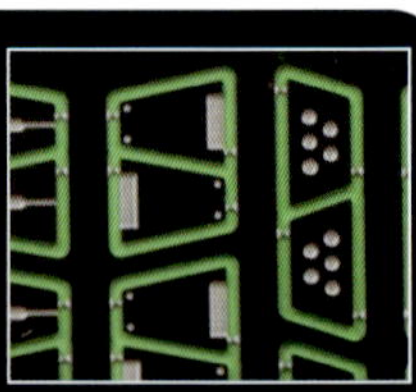

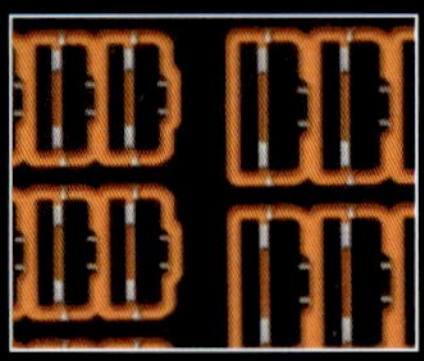

●個性が強すぎないディテールばかりが集められているので、汎用性が高いのと同時に、「さりげなく」ディテールを追加できる。また、サイズ違いも豊富に入っているのでぴったりのものがみつけやすい

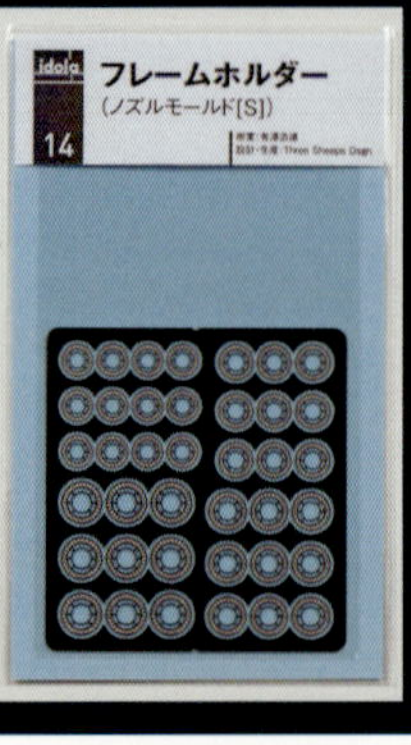

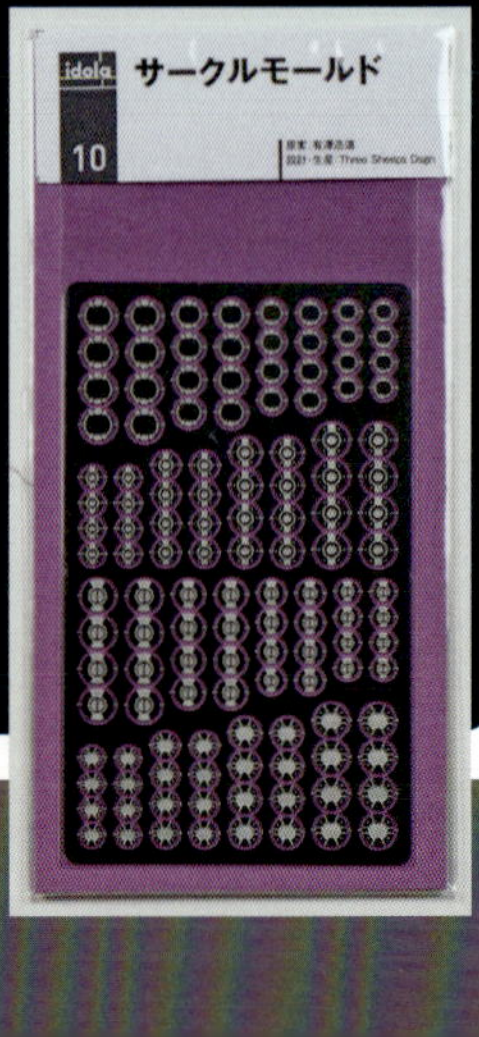

内部メカ／フレームは部分塗り分けで見映えアップ

▼塗り分けを施したシールド裏側パーツ。キットパーツのモールドのままですが、塗り分けることによりメカとしての説得力や立体としての密度感を一気に上げることができます

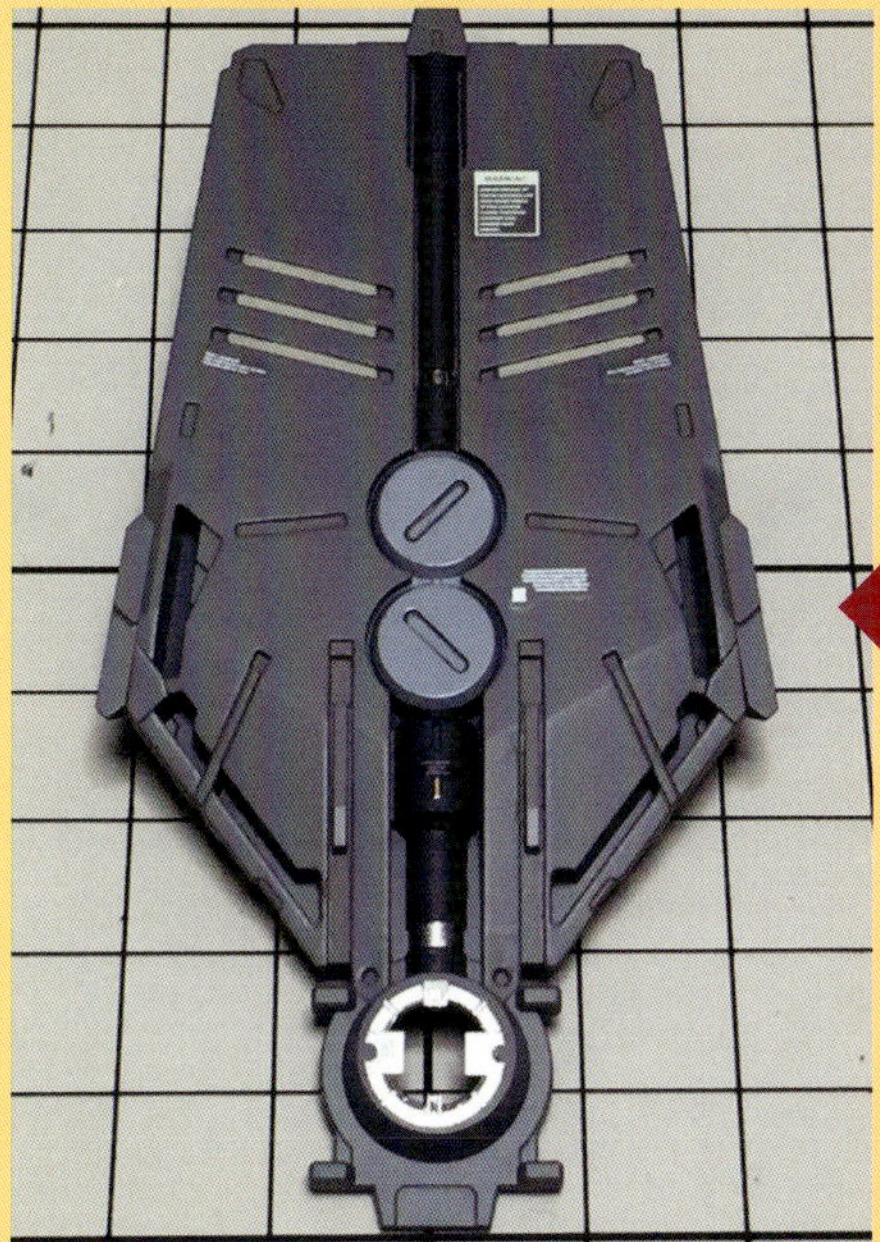

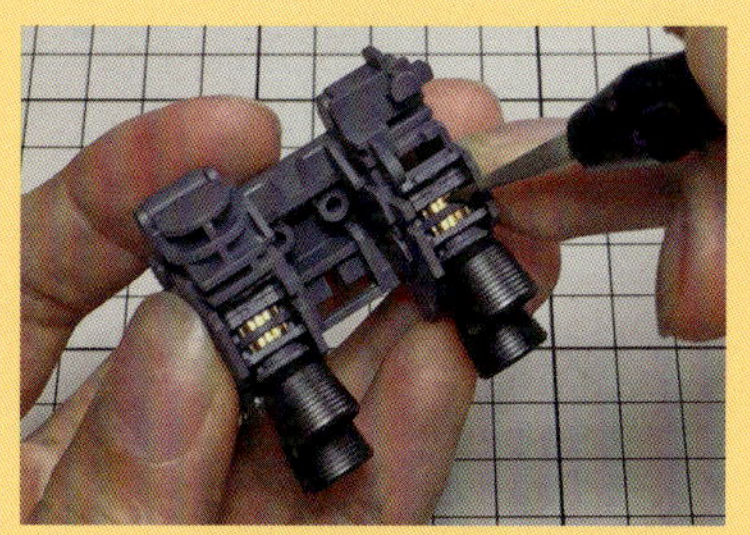

▲外装パーツの隙間から見える内部メカ／フレームは部分的に塗り分けると効果的。塗り分け箇所の面積が狭いときは筆塗りで塗り分けてしまいます

▶大きな塗り分け部分はマスキングしてエアブラシ塗装で塗り分けますが、比較的こまかい箇所はファレホを使った筆塗りなら筆ムラなしできれいに仕上がります

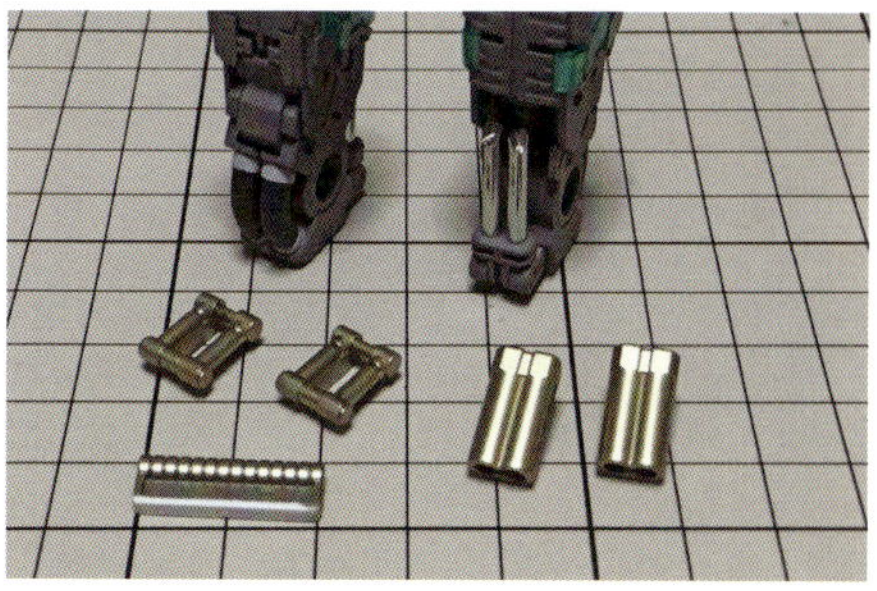

▲完成後も見えやすいフレーム部は、質感や色味が異なる数種の色で塗り分けておくと見映えがします。ヒザなどのダンパーシリンダー（？）はハセガワのミラーフィニッシュでギラッと

▲ハセガワのフィニッシュシートは部分的な仕上げにとても便利。シールドの裏側にはカーボン地調のシートを貼り込んでみました。大まかに切って貼ったあとで余分を切除することもできます

塗装

下地色と質感に注意するとよりきれいに仕上がります

発色が良い色で塗るときは下地の色に注意すると手間をかけずにきれいに塗れます。また、ツヤあり、ツヤ消し、パール仕上げなど、質感にこだわって部分ごとに変化をつけることで、全体の情報量が増え見映えがアップするでしょう。

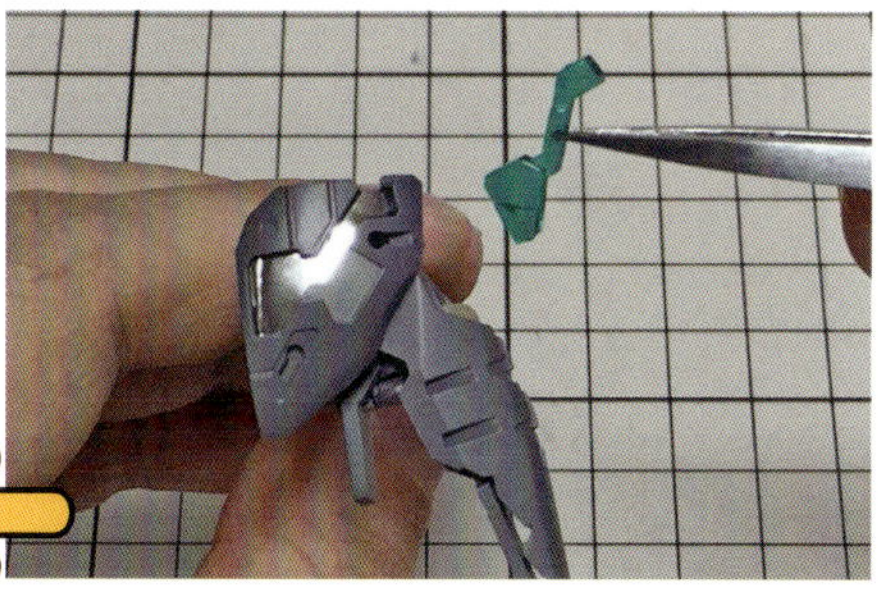

▲グリーンのクリアーパーツは、下側あるいは内側を反射するシルバーなどにしておくとグリーンがきれいに発色して見えます。キットにはシールが付属しますが今回は塗装にしました

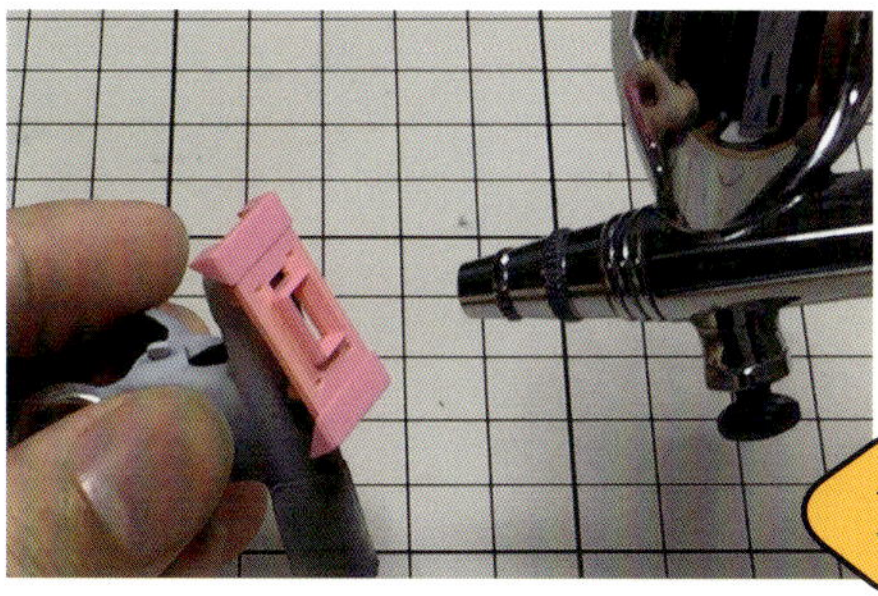

▲黄橙色のところは下地をピンク色にしておくと速く発色する＝薄い塗膜できれいに塗れます。黄色にピンク!?　と思われるかもしれませんが、黄橙色はきちんと発色しますのでご安心ください

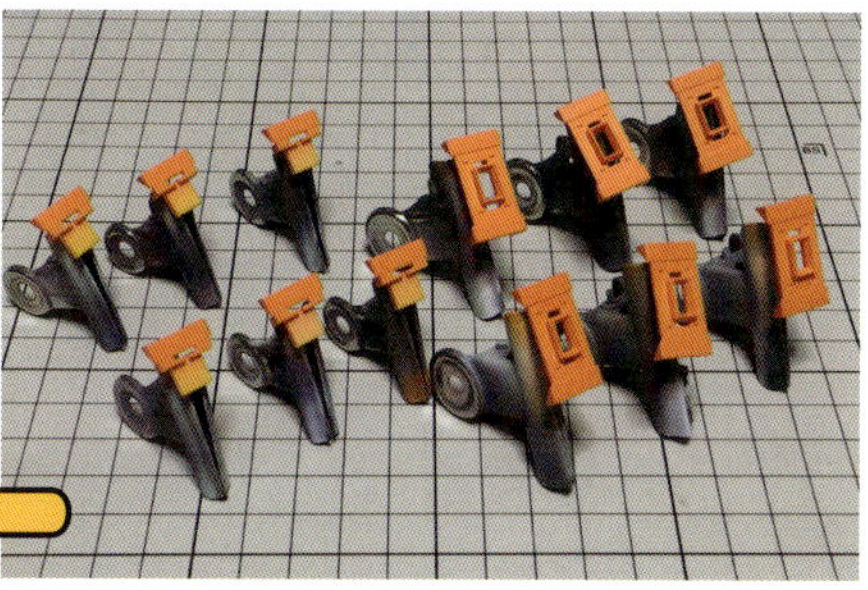

▲黄色やオレンジの下地は白のほうが良さそうなものですが、真っ白にすると黄色が鮮やかになりすぎます。また、白く塗るのは手間がかかり、塗膜も厚くなって見た目がダルくなりやすいです

▲νガンダムのスペシャル機感を出そうと、今回は白いところをパール仕上げにしてみました。手順としては、白を塗った上にパールが入ったクリアーを吹き重ねていくようにします

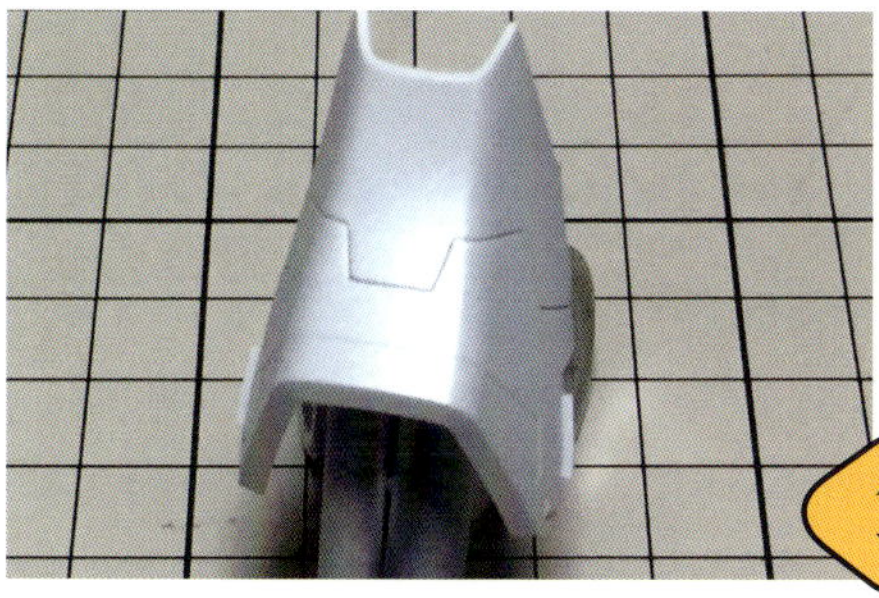

▲パール塗料は粒子の大きさや色味でいろいろな種類がありますので好みで使い分けます。パール粒子にムラができないよう、ハンドピースをなるべく均一に移動させていくようにしましょう

組み立てて完成!!

▶基本的にバラバラの状態で塗装しスミ入れまで終わらせてから最後にフレームに組み付けていきます。最後の最後で一気にかたちになっていくので盛り上がる瞬間ですね。組み立てるときに塗装を剥がさないように注意しながら作業しましょう

マテリアルの特徴を活かしたワンポイントディテール工作

ガンプラの完成品は、全体の質感が均一になりがちなので、部分的に透明で光を当てるときらっと輝くようなところを作ると効果的。というわけでワンポイント工作をしてみました。

▲透明な層はガイアノーツのUVジェルクリアで。工作派ジェルを盛って紫外線ライトをあてるだけ。10秒程度でしっかり固まり透明度も高いです

▲肩アーマーの凹んだディテールを、航空機の航空灯のイメージにしてみました。赤丸のデカールを張り、上に透明な層を作るだけのお手軽工作

01

Model Graphix
2014年12月号
掲載

RX-93ν2 Hi-νGUNDAM

再びのMG化を果たしたHi-νガンダム
その潜在能力をとことん引き出そう。

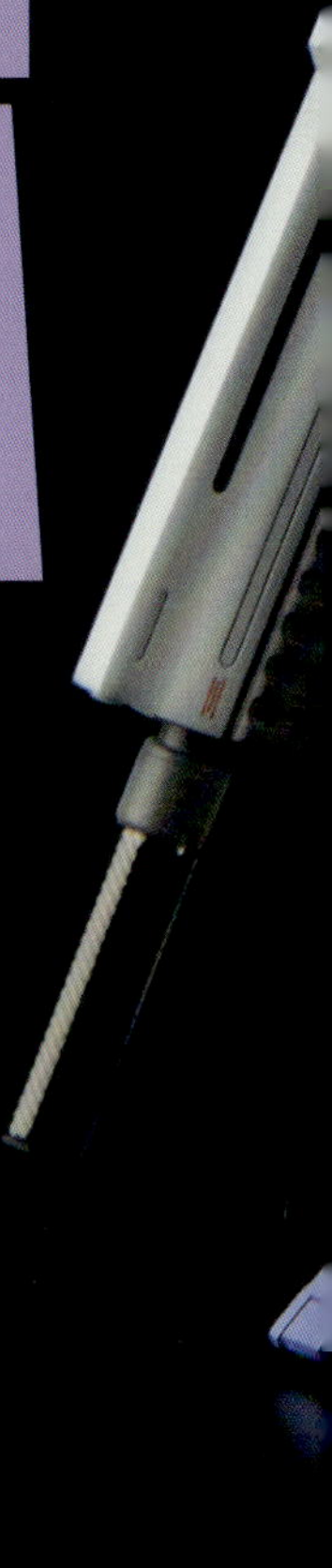

2007年のMG版発売から7年。カトキハジメ氏がコンセプトデザインを手がけるガンプラシリーズ「Ver.Ka」の新作としてHi-νガンダムがふたたび1/100の世界に降臨した。プロポーションの最適化やギミックの付与など、完全な新作としてのリメイクが施された本製品を攻略するのは、ご存じ有澤浩道氏。製品を活かしつつもこまかな改修でその高いポテンシャルを引き出していく。さあ、'14年版“MG 最強のアムロ機”を作ってみるのだ！

RX-93-ν2 Hi-νガンダムVer.Ka
バンダイ　1/100
マスターグレードシリーズ
インジェクションプラスチックキット
発売中　税込7560円
製作・文／**有澤浩道**

2
4
6

RX-93ν2 Hi-νGUNDAM

Hi-νガンダム再考

▲MG Ver.Kaでは、小説口絵の「νガンダム」のイメージに沿って立体化されている

▶'07年に発売されたMG版は細身の体型で、スプリッター迷彩的な直線的な色分けになっている

Hi-νガンダムは小説版『機動戦士ガンダム 逆襲のシャア ベルトーチカ・チルドレン』の口絵に端を発する。小説中でアムロが乗るのはあくまで「νガンダム」なのだが、その後『逆襲のシャア MSV(CCA-MSV)』に分類されたあたりから別機体として認識されるようになり、その後サンライズの公式設定として定着した。

アニメ版のνガンダムは、最終的に出渕氏がクリンナップしているものの、複数のメカデザイナーの案を集めて形作られたという経緯がある。小説の口絵を眺めると、出渕氏によるνガンダムのラフデザイン「Hi-Sガンダム（仮称）」の画稿に似た部分もあっておもしろい。『オーラファンタズム』等でアニメ作画的制約から解き放たれ作家性の強いメカデザインを次々と発表していた出渕氏が、小説化に際して「νガンダムを本来想定していた姿に引き戻したもの」と見ることもできる。Hi-νガンダムは模型雑誌の作例やレジンキャストキットの販売などによって知名度を高めていき、ついには'07年のMG版の発売と同時に「パラレルな存在のνガンダム」としての設定が完全に固まった。元は口絵のみ、あとは立体物主導で形作られてきた機体なため、シルエットの解釈は立体ごとにさまざまだ。初代MGは出渕氏自身の手で細身にアレンジされ直したが、今回発売となったMG Ver.Kaは、原典に回帰し手足の太いマッシヴなプロポーションとなっている。こういった「解釈の振れ幅」の広さを許容する懐の深さが本機の最大の特徴であり、ガンダムファンとガンプラモデラーの多くが四半世紀以上も「Hi-ν」を愛し続ける理由のひとつなのだろう。

▲▶製品パチ組みと比較。プロペラントタンクを外したのがパッと見でわかる変更点だが、ほかにも成型上の都合で省略されている部分や考証の甘い点を徹底的に洗い出して工業製品的な解釈で再構成するという、有澤氏らしい妥協を許さない作例となった

●頭部は好みでフェイス下端を少し削って小型化、アゴの角度も変更した。後頭部にはエポキシパテを盛ってボリュームアップし、アウトラインの頂点に消えるエッジを作り色気を足している。安易にプラ板を挟んで頭部を前後に伸ばすよりも簡単かつ効果がわかりやすいのでオススメの工作

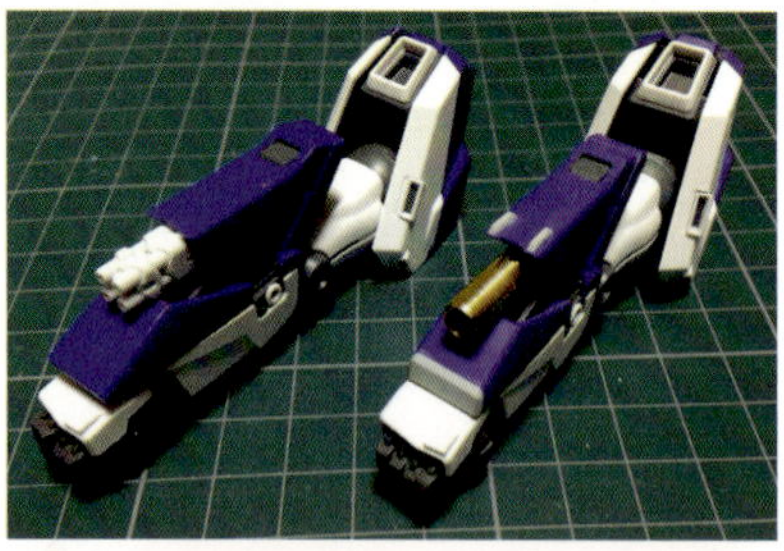

●右腕の収納式ビーム・マシンガンは砲身をメタルパイプに置き換えて大口径のマシンキャノン（?）という体にした。外装もプラ板を駆使して新たな面取りを設け、面に変化を持たせている

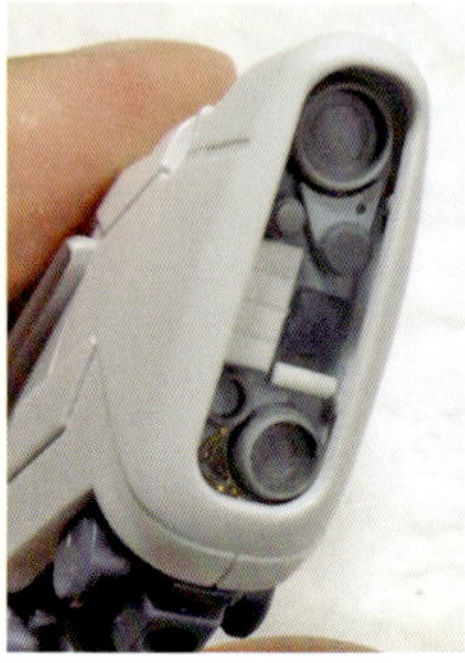

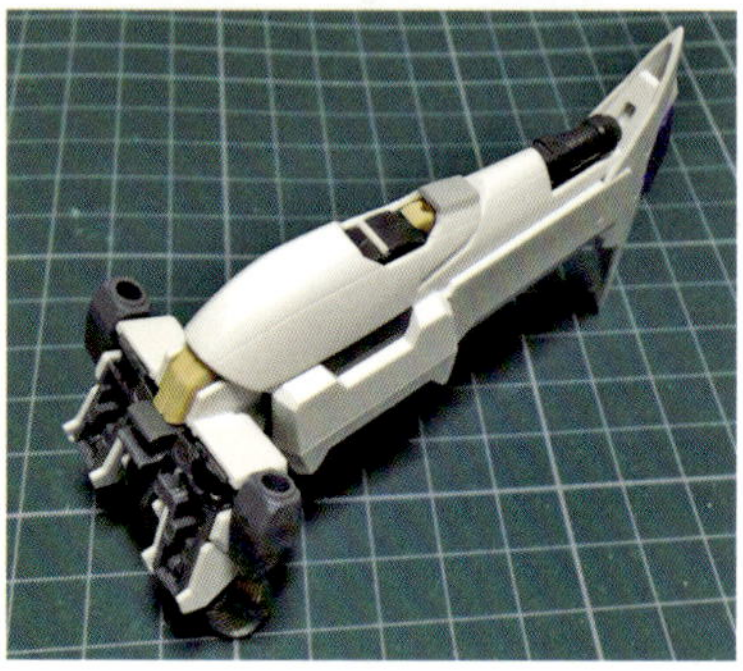

●バックパック左右のファンネルコンテナ側面は一部がブロックごとせり出してダクトからファンネルのチャージの際の熱を逃がすという脳内設定でウェーブのモールドプレートを使い、ラジエーター風に加工。ビーム・サーベルラックのふたの突起がややぞんざいな造形でスケール感を損なっていたため、切り取ってプラ材でフレーム状のモールドに変更した。後部のダクトはファンネルをバンバン飛ばすならセンサーも強化したほうがよさそうなのでEWACネロのレドームデザインを参考に、丸ノズルとプラ材の細切りから新造！

●バックパック中央ブロックはドーム状のパーツ（C2）の天面を平らに削り、台形に切り欠いてから内部にジャンクパーツとエポキシパテで新造したインコム（?）を組み込んだ。アムロならファンネルとインコムの使い分けも余裕のはず……

●ふくらはぎのダクトは平行四辺形状になっているが、長方形のダクトが縦に並んでいるのが本来あるべき形だと考えコトブキヤのダクトノズルを加工して取り付けた。スネのフレア（E3）は下端に4㎜厚の四角棒を貼って形状変更し外側のみ穴を追加。足の甲（E14）にはフロントスカート上部のパーツ（A20、A21）と同様に1.2㎜のBMCタガネで凹モールドを彫り込んでからフジミの1/700武蔵用のエッチングパーツを貼ってセンサー風に仕上げている

●シールドは裏面の4連グレネードをハセガワの1/72ロックアイを改造したミサイルにしてレールをプラ材で製作。中央のビーム砲は短くカットし、先端が表側から見えないように整形しつつ、S2パイプでディテールを追加した

●ライフルはプラパイプから削り出したマズルを取り付けてサイレンサー風に加工している。ハンドガード側面と下面にエバーグリーンのメタルサイディングの細切りを貼り付け、RAS（レイルシステム）的なディテールを設けた

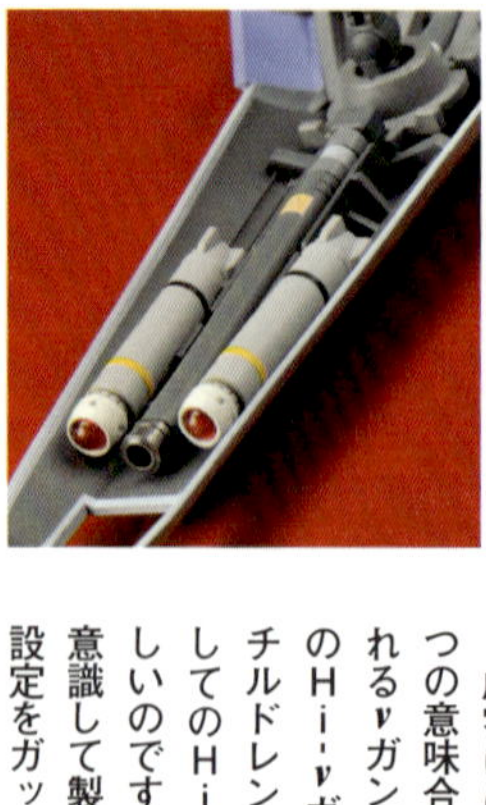

●原典のイラストだと段々のグラデーションが施されているフィン・ファンネル。だが、工場で塗ることを想像した際、マシンで一気に塗るにしてもグラデーション塗装は生産ラインが大変そうだなぁと思ったので、パーツごとの配色に変更してみた。デカールでのナンバリングも複数製造されているのを強調するため

◆アナザーなνガンダム

Hi-νガンダムという機体には謎が多すぎる。媒体によって機体解説も若干ながら異なり、調べれば調べるほどに謎が深まります。また、設定画も出渕氏の画風の変化による影響で、四肢が大きいマッシヴな体型から、'07年に最初のMGを発売する際にスリムな体型へと変更されていましたし、各種製品でもそのフォルムは調整と更新が繰り返されてきたようです。

◆製作

厳密には「Hi-νガンダム」にはふたつの意味合いがあり、ゲーム作品等に見られるνガンダムの強化型（完成形）としてのHi-νガンダム、小説『ベルトーチカ・チルドレン』に登場する「νガンダム」としてのHi-νガンダム……と少々ややこしいのですが、今回の作例では前者を強く意識して製作していきました。頭のなかで設定をガッチリ固めると製作の方向性も定まりやすくなるかと思います。

頭部は端正な顔立ちでかなりのイケメンです。製品のままでも充分ですが好みでフェイスと後頭部のラインを調節しました。また、首の受け（パーツ番号C27）は前方の白い部分が上付き気味で頭が埋もれて見えるため、いったんカットし2㎜ほど下げて接着。ついでにスネークチェーンでディテールを足しています。

胴体は上下につぶれて扁平な印象なので各部をいじってバランスを変更。まずダクトはなぜか上側だけ白い装甲（C31、32）からはみ出しているので取り付け基部をカットして奥まった位置に移動。左右幅も1・5㎜幅詰めして小型化しました。腹部フレームは伸ばした状態で隙間にプラ材を挟んでガッチリ固定しています。

肩アーマーは天面（B11）を切り欠いてバーニアを露出させ、プラパイプとプラ棒でシリンダー状のモールドを追加し白と紫のパーツのあいだにラインチゼル0・7㎜で凹ラインを作りました。エモーションマニピュレーターSPはランナーから切り離すだけで全指フル可動の手首ができ上がる

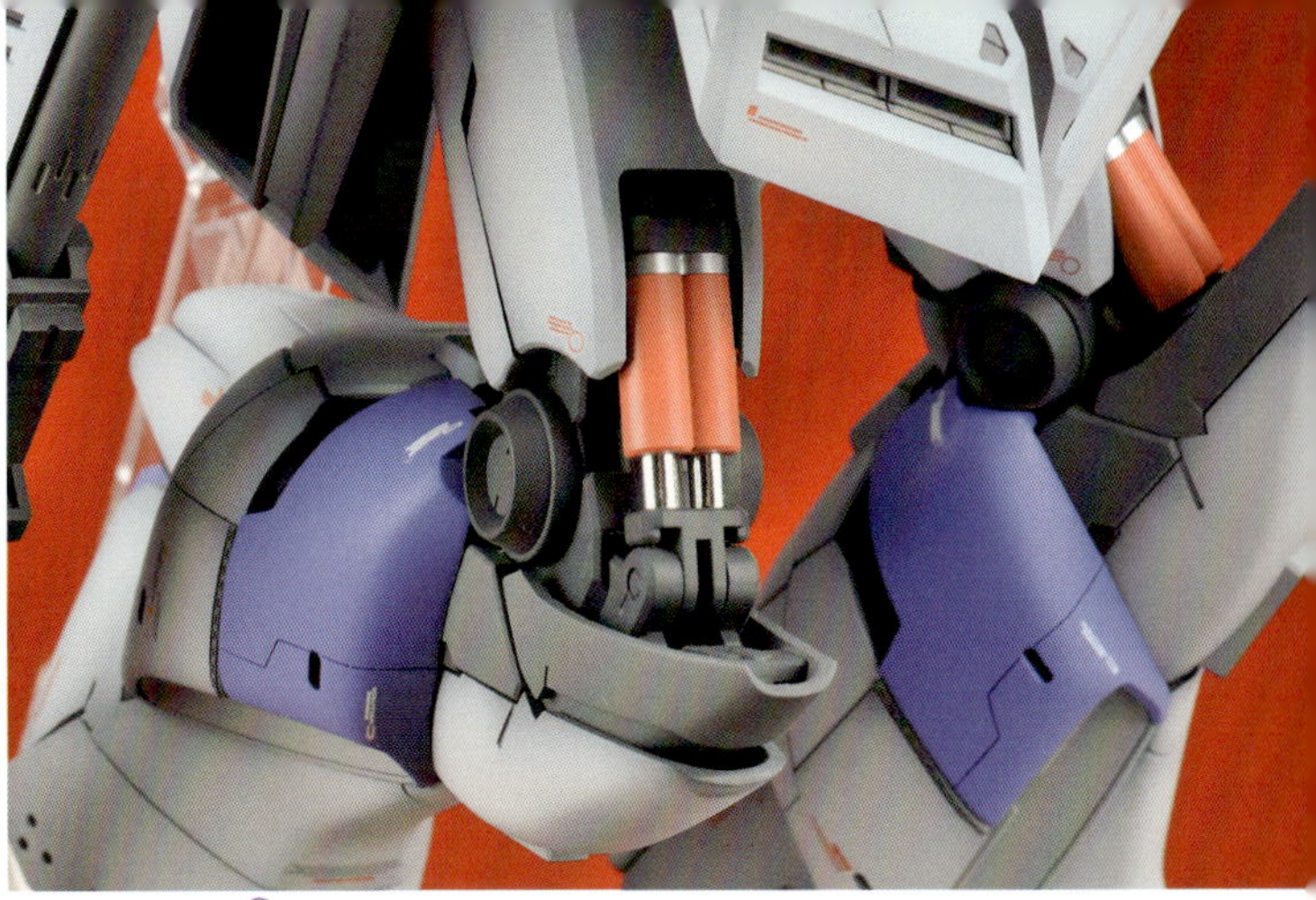

1/100 RX-93ν2 Hi-νGUNDAM

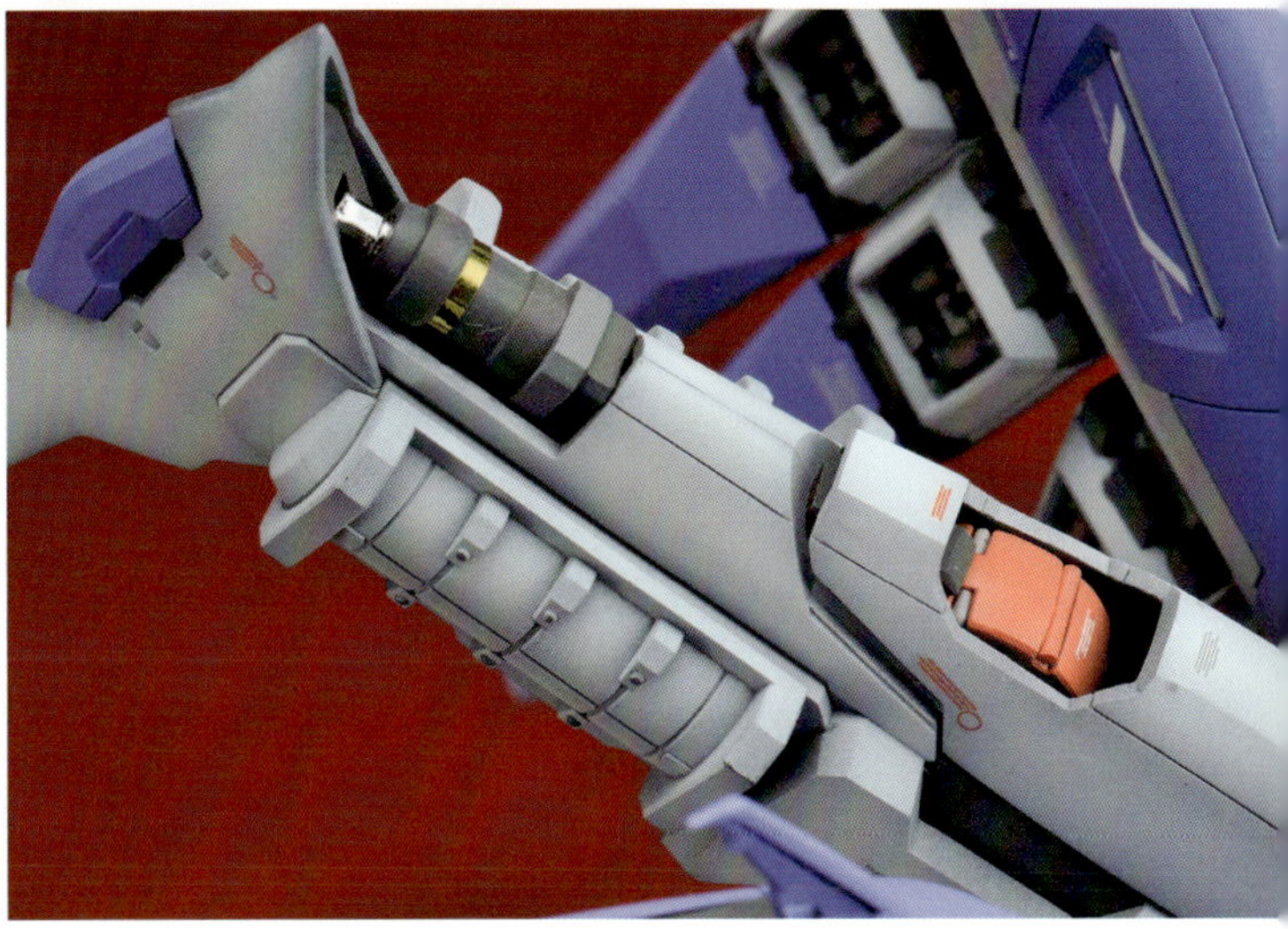

スグレもの。しかし、ゲートの数が多く素材も若干ケバ立つので表面処理がやや難。なので、優れた切削性、耐久のコバックスの耐水性サンドペーパーに水をつけてパーティングラインを処理することに。#320→#500→#800の順に番手を上げていきました。

脚部は外装を切り欠いてフレームを露出させたりパーツ同士に隙間を作ることによって巨大感を演出。車の給油口やボンネットのまわり等の、パネルラインが振動による塗装剥がれ防止の隙間となっているところからヒントを得ました。

◆塗装

いつもどおりパーツの透け防止と重厚感を出すため下地をサーフェイサーエヴォブラックで作りエッジを残すように基本色を面吹きしています。

白は隠蔽力の高いアルティメットホワイトにごく少量のニュートラルグレーⅢを加えた灰みがかったホワイト。青は顔料系のウルトラマリンブルーをベースにアルティメットホワイトと蛍光ピンクを加えたサルビアブルーです。白はニュートラルグレー、青はパープルでスミ入れを行ない段落ちモールドやフレーム状のパーツはできる限り塗り分けました。

黄色と赤は発色を上げるため下地に丸サフとエヴォホワイトを1：1で混ぜた薄いピンクを吹いてからキャラクターオレンジとシャインレッドを上掛け。スミ入れはエナメルのフラットアースです。フレームはダークグレー、ニュートラルグレーⅡ、ミディアムグレー等で塗り分け、ヒザのシリンダーはミラーフィニッシュシートを貼って質感の差を出しました。

マーキングは付属のデカールを活かしつつ、マルチパーパスコーションデカールやNCデカールの大判のものをアクセントとして配置しています。

デカールの乾燥にひと晩置いてから、ガイアノーツのフラットクリアーにプレミアムマットパウダー超微粒子タイプを少量加えたものを吹き付けて完成です。■

FA-93-ν2 HWS

プレミアムバンダイで発売されているMG Hi-νガンダムVer.Ka対応のHWS拡張キット。「HWSを装着するのはνガンダムだよ」という固定観念を見事に打ち砕いてくれたこの増加装甲作例、Hi-ν本体を製作した有澤氏に代わり黒川りく氏が仕上げるという合作形式でお届けする

掟破りのHi-ν+HWSその圧倒的迫力を楽しむ。

やってまいりましたHi-νガンダムVer.Ka。ただでさえボリューム満点なキットにさらにHWSがついて、より一層そのスパルタンな印象が際立つものになっております。こういう展開もガンプラならではですね！ 今回は有澤氏との合作ということで氏の無茶振り、もとい要望に応えつつ、自分らしくいじれるところはいじる。そのような方向性でやっていきました。

◆胸部装甲ユニット

本体に接続する兼ね合いから大きな形状変更はしていませんが、全体的にディテールの調整を行なっています、0・2㎜、0・3㎜のラインチゼルなどを使い分けつつ、製品にもともとあるスジ彫りをより深くして別パーツのように見せたり、途中で途切れているスジ彫りを延長してパネルラインの辻褄合わせをしました。

◆ハイパー・メガ・ライフル

とにかく大きくてゴツイ。「せっかくパイポッドがあるんだったら、可動しなきゃ勿体無い」ということでボールジョイントで可動式に。銃身上部のダクトはフチを薄く削りこみ、内部も削りこんだ後でエバーグリーンのモールド付きのプラ板でディテールアップ。マズルは新造し結果的に5㎜ほど延長。ほとんど見えませんが、内部は2重構造になっています。

◆塗装

「HWSはやや暗いトーンにする」という方向性を決めたあと、本体は手元になしで記憶を頼りに色のイメージを仕上げる……という無茶な手法で作業に取り組みました。

今回は主にガイアカラーを使用。エヴァブラックのサーフェイサーにホワイト、ダークイエロー、その他何色かで調色したフレーム色を下地にし、本体の白はニュートラルグレーⅡを主体にブラック、極小量のウルトラブルー、蛍光ピンク等を混ぜたもの、パープル色はウルトラブルーを主体に蛍光ピンク、蛍光ブルー、極少量のブラックなどを調色しました。■

●従来の設定ではHi-νガンダムはHWSを装備しないはずだが、「Hi-νがフルアーマー化してもおもしろいよね」というカトキハジメ氏の遊び心が炸裂した結果成立した（してしまった）のが本製品。バンダイとカトキ氏の強力タッグならではの“化学反応”なのだ
●頭部の横に並ぶミサイルポッドは、使用感を演出するため右側の2発分を開口
●Hi-ν Ver.Ka付属のビーム・ライフルに被せて再現するハイパー・メガ・ライフル。後部の可動式のツメで腕に固定できるアイディアが秀逸なこのパーツ、作例では各部のモールドを作りなおし、赤いパイプなども市販パーツでそれらしくディテールを追加した
●今回のHWS製品化にあたり考案されたのが、フロントアーマー装甲ユニット裏側の隠し腕。そのまま組み立てるだけでも差し替えなしで折りたたんだ状態から展開できる
●脚部装甲兼スラスターユニットは本体側のふくらはぎ側スラスターを展開する際に開く装甲のスキマにダボを差し込むかたちで固定。ダボ穴いらずの好設計だ

HWSパーツはドット迷彩にしてみました♡

●さらに模型的な遊びとしてHWSにはドット迷彩を追加。数色をマスキングでていねいに塗り分けてアクセントにした

Model Graphix 2014年12月号 掲載

RX-93-ν2 Hi-νガンダム HWS Ver.Ka
バンダイ　1/100　マスターグレードシリーズ
インジェクションプラスチックキット
プレミアムバンダイ限定販売　税込3024円
製作・文／**黒川りく**

1

●第2形態ではハイ・メガ・シールドを背中に装着される。シールド左右のパネルが割れ、そこから露出するフレームにニュー・ハイパー・バズーカ２丁をマウント、脚部スラスターユニットも割れて大きく開くという、類型のない異形の姿となる。背中にかかる負荷が半端ないのでスタンドはほぼ必須だが……そのボリュームはまさに圧巻のひと言

FA-93-ν2 HWS

"Second form"

「何者なんだおまえは!?」

Ver.Kaのさらなる進化形 Hi-ν HWS第2形態

製品化にあたりFA-93-ν2HWSという形式番号を与えられたHi-νガンダムHWS装備型だが、「Ver.Ka」ならではのさらなる遊び心として、誰も見たことのない「第2形態」が設定されているのだ。大型シールドと2丁のバズーカを背負った「νガンダムの最終進化形態」をご覧あれ！

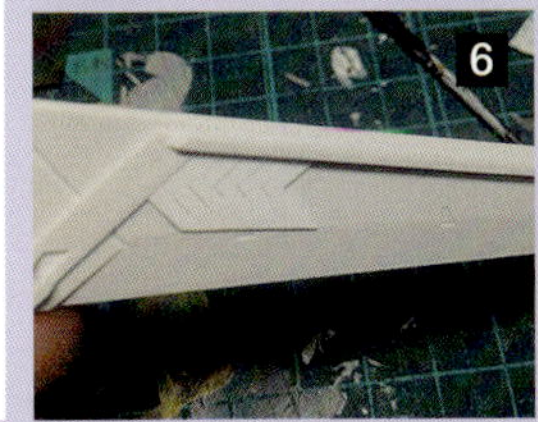

12今回黒川りく氏が製作したHWSパーツの一覧。ハイ・メガ・シールドに加えて通常の盾も用意したが、側面ダクトのディテールアップのほか、上部端にダクトをもうひとつ増設。パネルラインのスジ彫りに追加したという労作だ

3ミサイルポッドはエポキシパテで裏打ちしてからドリルで開口し、プラ板とエバーグリーンのクォーターラウンドプラ棒で開口部の奥をそれらしく作り込んだ

4フロントアーマーの上部に開いているダクト穴に斜めに入っている補強板を裏側から薄く削り、空いたスペースに市販パーツを入れてディテールアップ

5ハイパー・メガ・ライフル上部のダクトはフチを薄く削り込み、内部も削り込んだあとでエバーグリーンのモールド付きのプラ板でディテールを追加。マズルの上部にふたつ並んだセンサーは、レジンブロックから円筒形のセンサーパーツを削り出し、Hi-QパーツのVCドームを接着して製作している。塗装が終わったあとでUVジェルクリアを盛ることでシーカーポッド状のパーツに仕上げた。また、有澤氏が作る本体の意匠に合わせる意味も兼ねて、銃床のマウントパーツもプラ板で一から作り直している

268大型のハイ・メガ・シールド。下部の２連の筒は先端部を開口し、裏側からホイール系のパーツ、ダクトパーツなどを付け、メガ粒子砲としてそれらしく作り込んだ。羽根状のパーツ内側にはフィン状のディテールを追加し、2連装メガ粒子砲の膨大な放射熱を放熱システムとする。羽根自体も可動するのでフィンファンネル系の偏向ユニットとすることで放熱問題対策を想定してみた

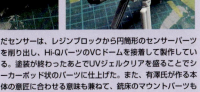

マスターグレード最新作
Hi-νガンダムを塗装で楽しむ!

幻の「アムロ最後の乗機」、マスターグレード Hi-νガンダム。その独特なスタイリングと類を見ないカラーリングで話題騒然のこのモデルは「ガンプラ」として非常に完成度が高いだけに、今回は下手に改造はせず塗装とマーキングに力を注いで製作するのが正解だろう。とはいえ作例でストレート組は味気ないので……問答無用であのイメージにカラーチェンジ！　これが意外と結構似合うでしょ？

●νガンダムのカラースキームをほぼ完全にトレースした形でHI-νガンダムを塗装。別売の「ガンダムデカール」などでマーキングを施した。色数が少なく白の面積が広い印象だが、各所に入ったディテールとこまかなマーキングを効果的に配置したことで間延びした印象はない。どういった種類のデカールをどのような位置に貼るのが効果的か、この作例などを参考に研究してみてほしい

Model Graphix
2007年4月号
掲載

RX-93-ν2 Hi-ν ガンダム
バンダイ　1/100
マスターグレードシリーズ
インジェクションプラスチックキット
税込7560円
製作・文／**POOH 熊谷**

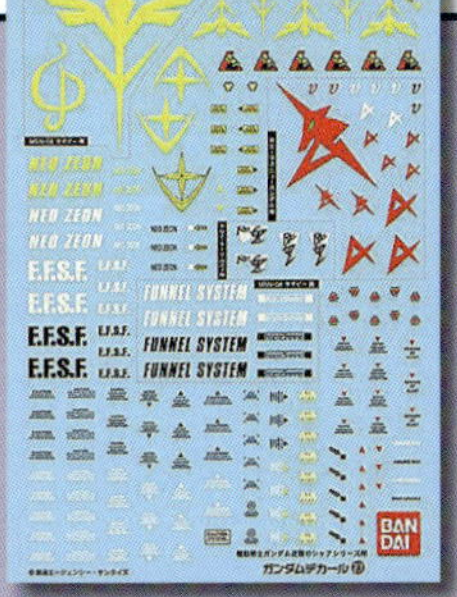

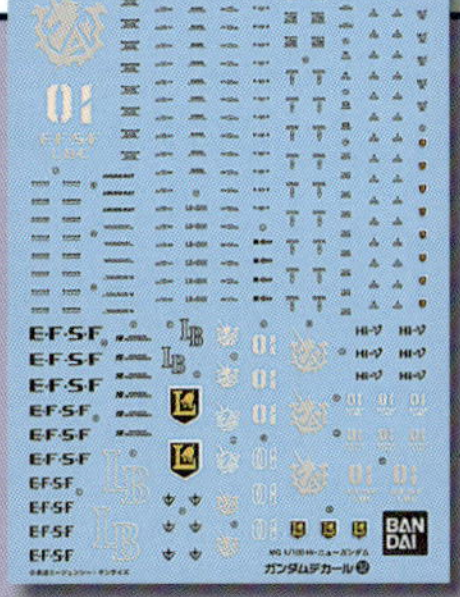

「イカしたデカールは七難隠す」!?

「なにがなんでもモビルスーツをかっこよく作りたい！」そう思ったときにもっとも重要なのは、じつは工作でも塗装でもなく、マーキングなのだ!!

いや、ていねいな工作やセンスのある塗装ももちろん重要ではあるのですが、ガンプラ製作の最後の最後に行なわれるマーキングによって作品の印象が大きく左右されるのは事実。

効果的なマーキングには、スジ彫りをはじめとするディテール工作と同じように、モデルに情報量を追加する意味合いや、カラーリングのアクセントとしての機能もあるのです。つまりマーキングには工作と塗装の両方を引き立てる効果があるんですね。まさに「イカしたデカール七難隠す」と言えましょう。

じゃあカッコいいデカールをたくさん貼ればいいんですか？というとこれがまたむずかしい。効果的な場所に適切な色と大きさのデカールを貼ることがセンスのよい作品をつくるキーポイントとなるわけです。イメージどおりのデカールをチョイスするところから戦いははじまっているのだ、と言えましょう。

そんなとき強い味方になってくれるのがバンダイから発売されている「ガンダムデカール」。各モビルスーツ用に発売されているので、今回のように「別機体のイメージを流用！」なんてワザもできちゃうのです。

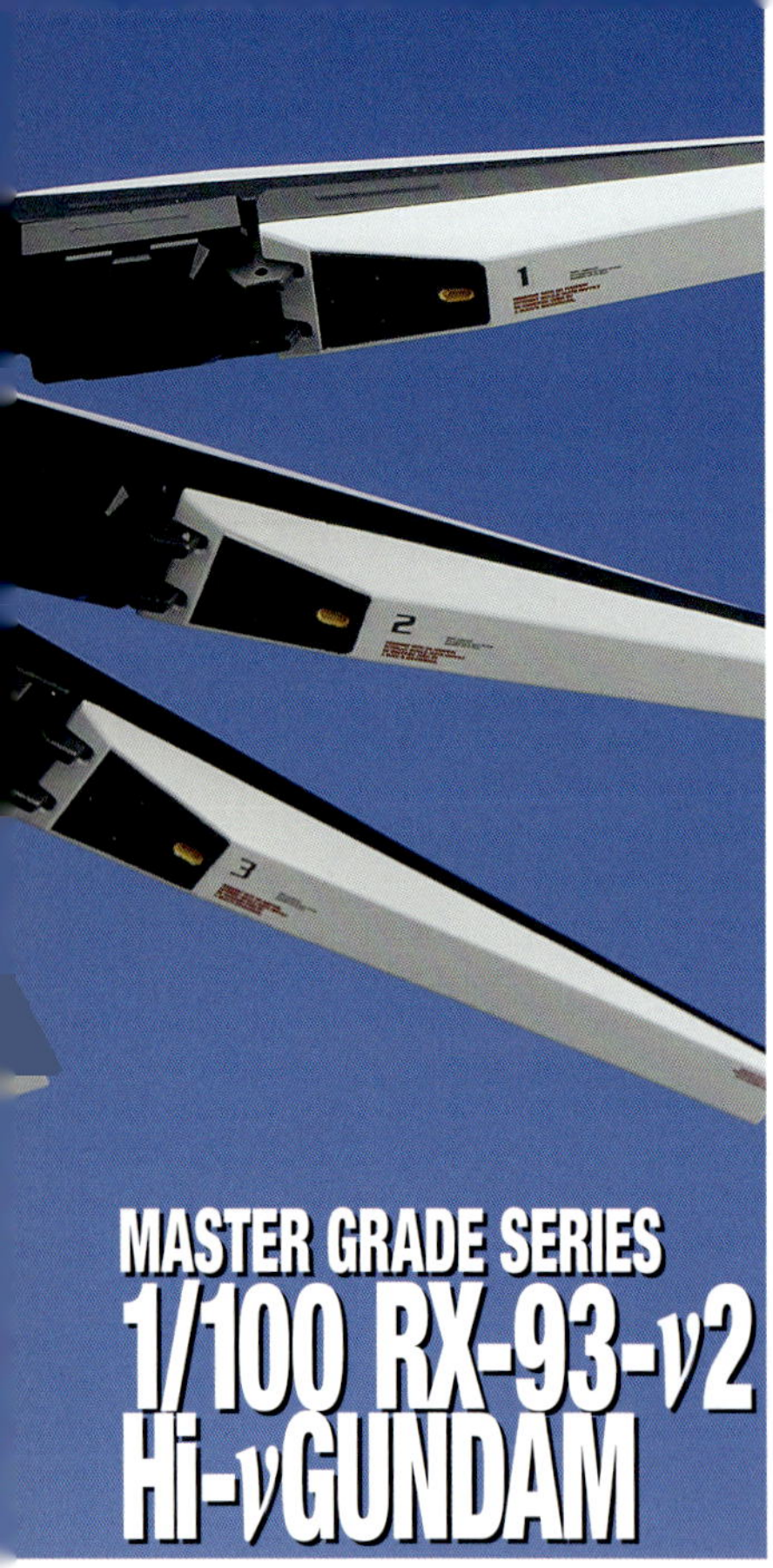

MASTER GRADE SERIES
1/100 RX-93-ν2
Hi-νGUNDAM

ベタでゴメン！ いや、ホントに……
でも、けっこうハマってるでしょ？

今回作例となっているのはマスターグレード最新作、Hi-νガンダム。「νガンダムのカラースキームで塗ったHi-νが見たい！」ということでキットのカラーリングとイメージががらーりと変わってしまったので、元になっている配色とキット内容をここでおさらいしておきましょう～。

●頭身が高くスマートな印象の全身像。ポリパーツをのぞくすべてのパーツが新規開発され、人気の高いモビルスーツをみごと立体化している。印象的な白と青のツートンカラーはすべてパーツ分割で表現されており、無塗装派にも配慮されている。シールドに施されたスプリンターパターンはパズルのようなパーツ構成で色分けを実現している

●各部の関節はABSパーツを多用することでコンパクトかつ保持力、強度は十分なものになっている。大型モビルスーツである上に背中に重量物を背負っているにもかかわらずしっかりと立ちポーズもアクションポーズも決まるのがうれしい

●背中のファンネルコンテナは基部が左右に可動。それぞれのファンネルの接続部は上下左右に動くため、かなり自由に表情をつけることができる。背中の2本のプロペラントタンク基部はメッキパーツ

●頭部は特徴的なHi-νガンダムのスタイルをよく再現したすばらしい造形。やや面長なマスク部もたくみなディティーリングで間延びした印象はない。胸部コクピットハッチは首後ろのヒンジを支点に大きく開口。もちろんコクピットにはアムロのフィギュアを着座させることができる

●計6本付属するファンネルは収納状態から展開状態へ変形。ビームの発振を表現したエフェクトパーツと噴射炎状のエフェクトパーツが用意されている

●今回はキットレビューということでほぼストレート組みとし、工作は後ハメ加工やスジ彫りの追加にとどめた。ファンネルコンテナやフェイス部分の後ハメ加工は目立つ部分だけに効果的だ。大部分は色分けを考慮したパーツ分割となっているため、接合線の処理に気を使いたい。作例では接合線と対称的になるようスジ彫りを追加したり、パーツのフチを削って段落ちモールドとすることでこれに対処している。こうした工作は無理に後ハメ加工をして強度を落とさないで済む

●このキット最大の特徴とも言えるスプリンターパターンどおりにパーツが分割されたシールドは白く塗装するために接着し、表面処理。アムロのパーソナルマークはガンダムデカールより流用した。デカールの質は上々で、発色やフィルムの厚さも良好

●バズーカを構えたポーズがしっかりと決まるのがこのキットの特徴。手首と接続するダボの部分が長円形をしており、グリップを握る位置が微妙に調節できるのだ。

◆キットについて

ゲームなどで人気の高い機体ながら、アニメに登場することがなかったため、「これが正解」という公式設定が存在せず、まさに「幻の主役機」であったHi-νガンダムも、今回マスターグレード（以下MG）化にあたって公式設定が起こされました。今回のキット発売は、その存在をオフィシャルなかたちで提示するものであり、こうしたMSV的ガンプラの今後の展開を期待させてくれるものであります。

さて、肝心のキットはと言うと、掛け値なしで「かっこいい」ものに仕上がっています。ゲーム等でのイメージが先行し、ちまたではキットの評価にも個人差があるようですが、平面と曲面が高次元で融合し、どことなく無骨で力強いフォルムは宇宙世紀ファンにとってはたまらないデザインとなっています。

まず頭部ですが、個人的にはこの「オッサン顔」が大好きだったりします（笑）。各関節の可動範囲もかなり大きく、とくにスカートアーマーの可動範囲が大幅に拡大され、股間軸の独立スイング機構や回転軸とあいまって前後に180度の開脚も可能となっています。従来のキットのなかには、せっかく脚の可動範囲が広くても、スカートアーマーが邪魔をして、結局あまり動かない……なんてものもありましたから、これはうれしい進歩と言えるでしょう。ファンネルコンテナの可動範囲もかなり大きく取ってあり、さまざまなポーズに表情をプラスしてくれることでしょう。欲を言えば左右だけでなく、上下にも動いてほしかったかな。ヒザアーマーの連動機構はギミックがシンプルでガッチリとしているので、強度的な不安はありません。

パーツ分割に関しては、スプリンター迷彩の色ごとにパーツ分割されているので、無塗装派、また設定色で塗装する人には何のストレスも感じずに済むと思います。とくにシールドのパーツ分割は完璧で、塗装する場合はきちんとクリアランスを取ってあげないと収まらなくなる可能性があるほどです（今回はカラーリングの都合上、接着してしまいましたが……）。

付属のディスプレイスタンドはアムロのパーソナルマークがモチーフになっております。泣かせてくれますなぁ。このスタンドには、各フィンファンネルを戦闘形態でセットすることができ、付属のエフェクトパーツを取り付けることによって臨場感あふれる戦闘シーンが再現可能です。

付属のビームライフル、ニューハイパーバズーカも精密に再現されています（ニューハイパーバズーカはマガジンを外すとなかに実装弾も再現してあります）。

◆工作

さて、今回の作例は、幻の「アムロ最後の搭乗機」らしく、νガンダムに準拠した仕上がりを目指してみました。

もともと非常に完成度の高いキットですから、キットのよさを活かすことも考え、ほとんどの作業は合わせ目の処理とカラーリングに終始しました。

今回合わせ目消しを行なったのは、頭部、ファンネルコンテナ、プロペラントタンク、シールドの4カ所です。

頭部はフェイス部を後ハメ加工します。メインカメラおよびツインアイの部分に当たるクリアーパーツのダボを切るだけではヘルメットに差し込んだときにメインカメラが内部に引っかかってしまうので、内部を削り込むかメインカメラを少し削ってやる必要があります。このキットはトサカが別パーツとなっていますので、比較的楽に作業できると思います。アンテナもシャープにしてありますが、以前のキットと比べると最初からかなり細くなっていますので、軽く耐水性サンドペーパーを当てるだけでも充分にシャープな仕上がりになります。

ファンネルコンテナは、後ハメ加工後、サーベルラックよりうしろ側だけ合わせ目を消し、前の部分は段落ちモールドとして処理しました。こうすることによって塗装後にサーベルラックを取り付けることができますし、ファンネルコンテナ基部との接続もしっかりとできます。

プロペラントタンクの合わせ目消しをするためには、接続部の後ハメ加工が必要です。後ハメをすると、接続部のメッキパーツをタンク側にただ差し込むだけになってしまいますので、強度保持のためにしっかり接着する必要があります。

また、左右前腕部に付くサーベルラックとバルカン砲は、パーツ分割が左右対称ではないので、対照的になるようスジ彫りを入れ、そのままパネルラインとしました。

さらに、比較的大きなパーツだったヒザアーマーとスネアーマーにスジ彫りを追加し、情報量を増やしてあります。

さて、最近のMG全般に言えることですが、塗装を前提とした場合、各パーツのクリアランスをしっかりと取ってあげないときちんと収まりませんので注意しましょう。

◆塗装

カラーリングは、見ての通りνガンダムをイメージしたものに。

ホワイト部はガイアカラーのEX-01ホワイトにニュートラルグレーとキャラクターブルーを加え、落ち着いた色味に。ブルーはミッドナイトブルーにコバルトブルーを80：20で配合してちょっと明るめに。レッドはガイアカラーのレッドにイエローを少々、さらに機体色のホワイトで輝度を調整しています。イエローは前述のレッドを加えて黄橙色に。グレーはニュートラルグレー。フレーム色はウレタンサーフェイサーにブラックを1：1で配合したもの。ウレタンサーフェイサーは塗膜が丈夫なので、剥がれる心配がありません。

デカールはバンダイ製ガンダムデカールの『機動戦士ガンダム逆襲のシャアシリーズ用』と、こまかな印刷がうれしいサテライトのコーションデータデカール（赤、白、黒）からチョイスして使用しました。

また、耳、フェイス横のダクト、スカートアーマーのスラスターにはモデラーズのカラーデカール（黒）を貼ってあります。奥まったところの塗り分けやカゲ部分をシャープに表現したいときにはお勧めです。

トップコートにはガイアカラーEX-04フラットクリアを使用しました。■

RX-93 νガンダム HWS Ver.Ka
バンダイ　1/100
インジェクションプラスチックキット
プレミアムバンダイ限定販売
税込1万152円
製作・文／**小森章次**

FA-93 νGUNDAM HWS

EFSF NEWTYPE USE
PROTO TYPE MOBILE SUIT
RX-93 Additional system
"Heavy Weapon System"

Model Graphix
2017年5月号
掲載

“フルアーマー” の最大の魅力を「ゴツくて強そうでカッコいい!!」とするならば、なかでも最右翼と言えるのがこのFA-93 νガンダム HWS。そんなHWSのフルアーマー的な魅力をさらにブーストすべく、キット4個イチでいけるところまで増加ユニットてんこ盛りにしてみたのが本作例だ。圧倒的な物量と独特で重厚なフォルム、これこそフルアーマーの真骨頂でしょ！

究極の戦術兵装ここにあり

一機で戦局を掌握するニュータイプ専用機強化計画 “フルアーマー” 構想を突き詰め全身を武器庫化した 高火力／高推力化の権化、ヘビー・ウエポン・システム

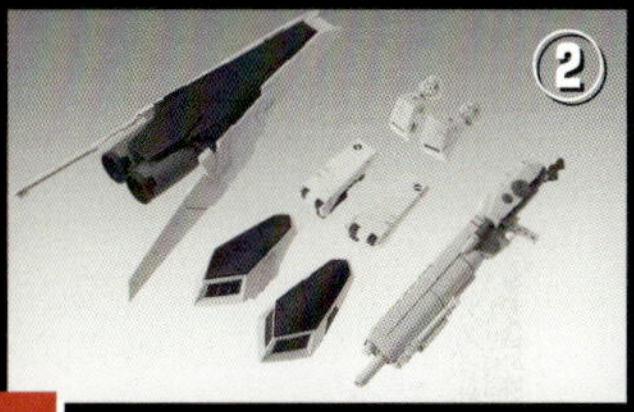

①本作例のベースキットとなった「MG νガンダムHWS Ver.Ka」('16年末発売　プレミアムバンダイ限定販売　税込1万152円)。'12年に発売されたMG νガンダムver.Kaに増加装甲とHWSパーツを追加、さらに『CCA-MSV』設定画の彩色を意識したウォーム調の成型色に変更＋専用水転写デカールを同梱した豪華版

②「MG νガンダム Ver.Ka用 HWS拡張セット」('16年末発売　プレミアムバンダイ限定販売　税込2592円）は、νガンダムVer.Ka本体が付属しないHWSパーツのみのセット。こちらからは巨大なハイパー・メガ・シールドを１枚、そしてνガンダムのスネ外側に装着する増加スラスターユニット×２を、「スネの内側にも」装着するために拝借した

③「MG ダブル・フィン・ファンネル拡張ユニット」('13年発売　プレミアムバンダイ限定販売　税込2160円）からは追加フィン・ファンネルと、νガンダムのバックパックに搭載するファンネルジョイントパーツを流用。これを使えば、無改造でνガンダムをダブル・フィン・ファンネル仕様にできるのだ

４個イチの"お大尽モデリング"で作る 究極の1/100ヘビー・ウエポン・システム 「強そう」は正義なのだ!!

①「MG νガンダムHWS Ver.Ka」をベースに、②「MGνガンダム Ver.Ka用 HWS拡張セット」、③「MG ダブル・フィン・ファンネル拡張ユニット」、④「MG Hi-νガンダム Ver.Ka」の合計４つものキットを使用している本作例。νガンダムVer.Kaに関連する製品をかき集めて可能な限り組み込み究極のフル装備仕様を追求した。合計すると２万円を軽く超えるお大尽モデリングだけれど、かなりカッコいいでしょ？

▶「MG νガンダムHWS Ver.Ka」の場合、先に発売された「MG Hi-νガンダムVer.Ka HWS」のHWSパーツを流用している。しかし、νガンダム本体にはHWS装着ジョイントが存在しないので、専用ランナーを１枚新造、新規にアダプターパーツを噛ませることでHi-ν用のHWSを装着できるようにしている（写真のS4、8が該当）

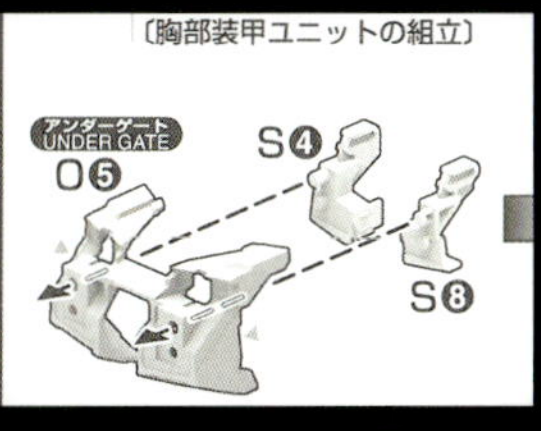

▲④「MG Hi-νガンダム Ver.Ka」('15年発売　税込7560円）からはプロペラントタンク×２とニュー・ハイパー・バズーカ×１を流用。このHi-νにはハイパー・メガ・シールドを背部スタビレーターに装着できる独自ギミックがあるので、このスタビレーターパーツもまるごと拝借した

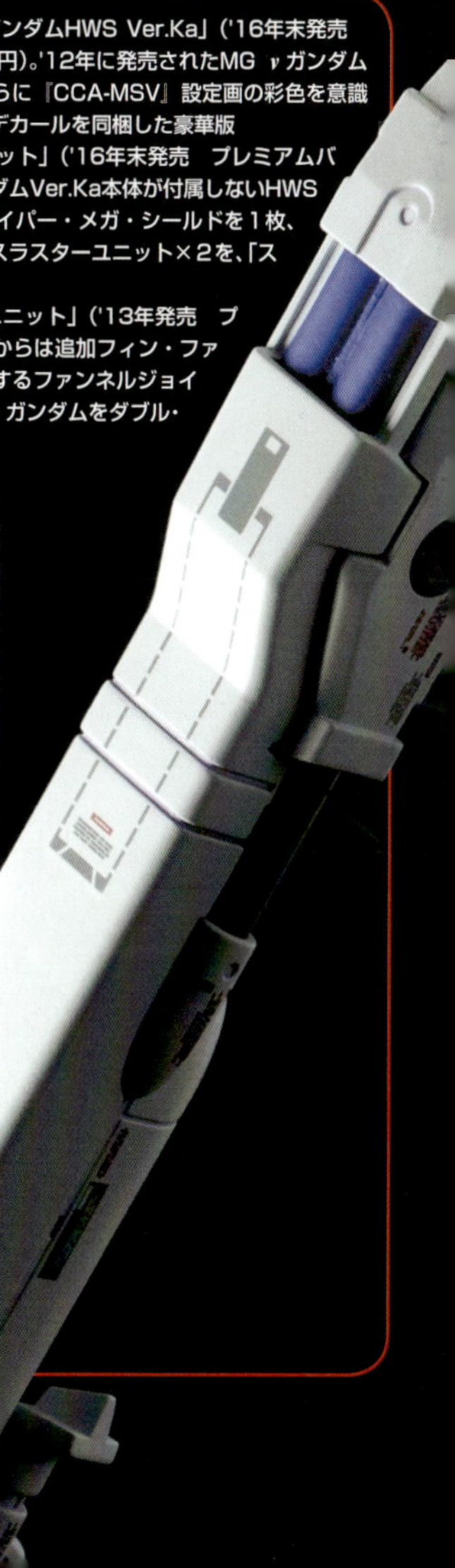

※本作例に関する記述は模型製作のための考証です。公式設定ではありません

キットを活かしつつ圧倒的物量を制す
最強のフルアーマー ミキシングビルド

FA-93 νGUNDAM HWS

BANDAI 1/100
MASTER GRADE based

●「そのままでも怪物的なスペックを誇るνガンダムHWSに、さらに追加装備を施したら？」というテーマで挑んだ本作例。バックパックの中心(バズーカラックのあったところ)にはHi-νガンダムのスタビレーターを移植、ハイパー・メガ・シールドを背負えるように。これにより背中と左腕に、本体のシルエットを隠すほどの巨大なシールドを搭載できる
●さらにはバックパック右にもファンネル用ジョイントを装着。合計10枚ものフィン・ファンネルを搭載可能
●スネの両側面に増加スラスターユニットを搭載した
●以上の工作により、作例は前後左右いずれから見ても三角形のシルエットを形成する。爆発的な推進力を誇る突撃用装備＝ロケットのような末広がりなフォルムを目指している。ほら、νってもともと白と黒のカラーリングだし（笑）

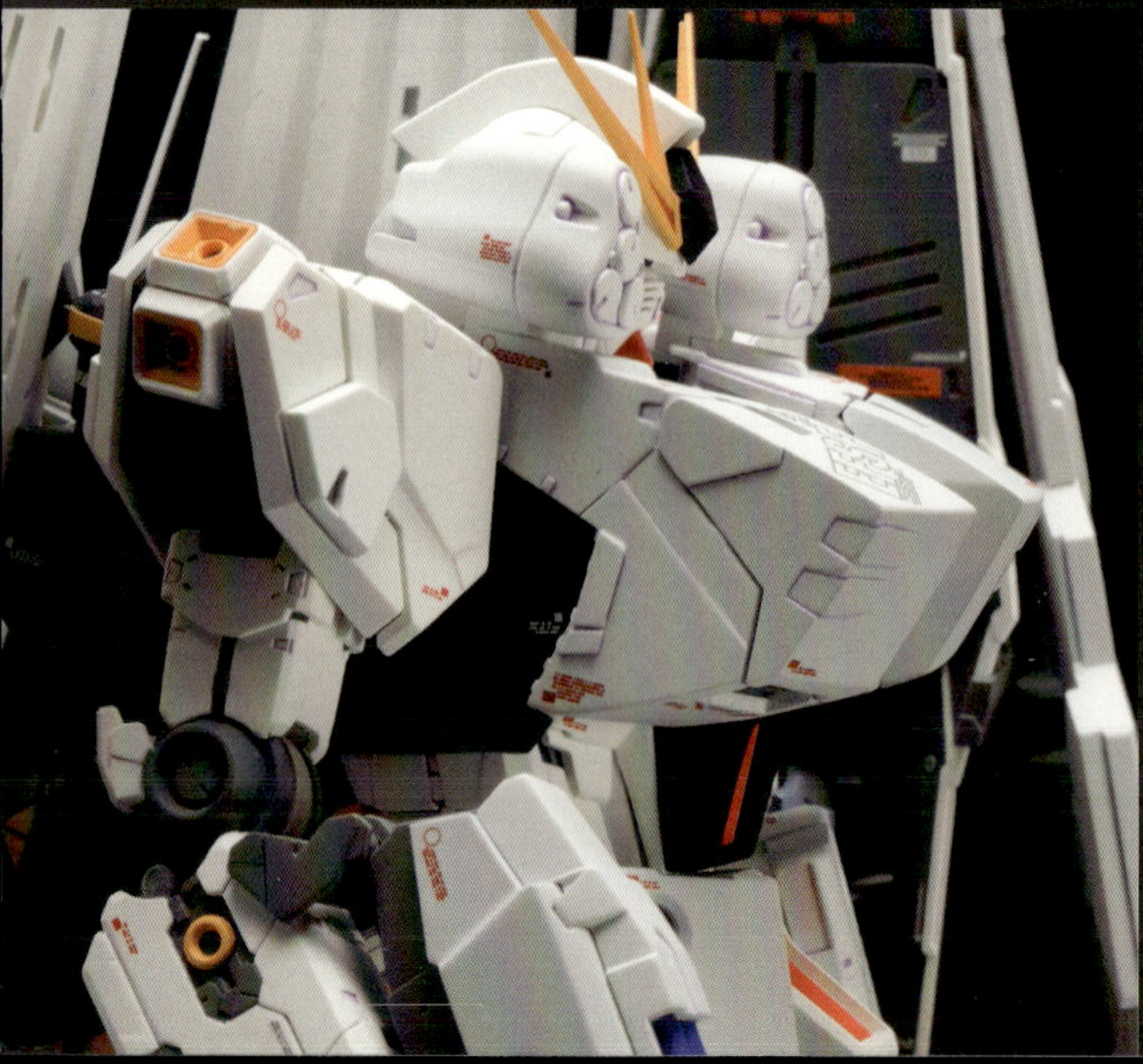

●「本プランはHi-νガンダムHWS用ハイパー・メガ・シールドの試験と、HWS各種ユニットの装着バランス検証を主目的としている。ハイパー・メガ・シールドを主推進器として背部へ搭載するなど推力強化のほか、パイロットの適性にあわせて過剰とも言える追加武装を提案しているが、劣悪な機体バランスとコスト面から採用は見送られ……」、なんてね。もちろん妄想なんですけれども、キットをかき集めるだけでこんな化け物機体がサクッと作れちゃう。いい時代になりましたよホント

■搭載武装
ハイパー・メガ・ライフル
ビーム・サーベル×2
90㎜バルカン砲×2
シールド（ビーム・キャノン、ミサイル×4）
フィン・ファンネル×10
ニュー・ハイパー・バズーカ×2
肩部ミサイルランチャー×8
胸部ミサイルランチャー×8
ハイ・メガ・シールド
隠し腕×2
（上は作例に搭載したパーツのリストであり、公式設定ではありません）

戦艦を凌駕するほどの圧倒的火力と
MSならではの高い機動性——
FAの極致がここにある。

FA-93 νGUNDAM HWS

BANDAI
MASTER GRA

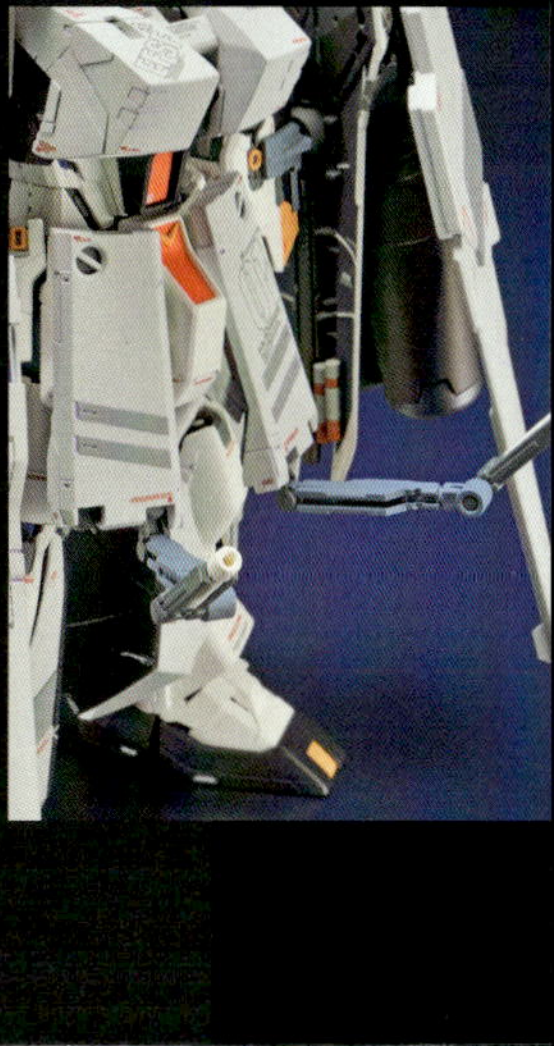

EFS
EARTH FEDERATION
FA-93
ANAHEIM ELECTRONICS
FA-93HWS
EARTH FEDERATION SPACE FORCE

フルアーマー特集ということで、お題はνガンダム ヘビー・ウエポン・システム（HWS）装備型です。HWS……25年以上前に『MS大全集』に載ったのを見たのが初見だったような。その後、Bクラブから1／144νガンダム用レジンキャストキットが発売され、自分も作ったと記憶しています。そして'16年末、最新商品としてMGνガンダムHWS Ver Kaが発売されました。HWSパーツは兄弟機（？）のHi-νガンダムと同じものですが、本体への接続パーツは新規のものが付属します。

自分は「ハイパー・メガ・シールドの円柱って、いまはメガ粒子砲扱いっぽいけど、もしかしてシールドブースターなんじゃないのかな？」と考えておりまして。今回はシールドを背中に付けられるようにして、もうひとつ左腕にも同じシールドを装着してみました。このあたりから楽しくなってきて、他製品から付けられそうなパーツはとりあえず全部付けてみることに。もちろんフィン・ファンネルもマシマシです！

◆製作

νガンダム Ver Ka本体は5年前のキットですが、いまなお色褪せない傑作です。顔は好みで頬まわりを少し削って柔らかい顔つきにしています。

HWSを取り付ける胴体ですが、外装を付けるとお腹まわり、とくにコクピット周辺が寸詰まりに見えがちです。そこでコクピットハッチを2㎜延長します。コクピットハッチだけ伸ばすとつじつまが合わないので下腹も2㎜延長。腰のボールジョイントは一度切り離してここも2㎜延長、ジョイント軸には太めの真ちゅう線を通して強度を確保します。背中に重量級の装備が付きますのでがっちり固めました。

膝関節はスネフレームが一部干渉してピシッと真っ直ぐに伸ばせないので、フレームL5、L6の干渉部を切り飛ばしました。大きく関節を曲げなければ見えません。

背中のハイパー・メガ・シールドはバックパック部分にHi-νのパーツを付けてあり、そこに接続しています。ここも負荷がかかりますので真ちゅう線を通し、がっちりと補強しておきます。

左腕に装着するハイパー・メガ・シールドはノズル部分を市販パーツでディテール追加したのみ。とにかく重いので、左の肩、ヒジ関節は思い切って接着、固定しました。

この段階で仮組みしてみて、自立しないのを確認（笑）、リアアーマーにHi-νのプロペラントタンクを取り付けました。自立できるように脚の代わりをしてもらいます。今回、負荷のかかる部分は軒並み接着してしまっているので、残念ながら装甲は脱着できません。ただ、自立に支障のない範囲でHWSパーツのギミック（胸部ミサイルハッチ展開やフロントアーマーの隠し腕など）はほぼそのまま残してあります。

◆塗装

下地はGSIクレオスのフィニッシングサーフェイサー1500ホワイトを塗布。目がこまかくてよいですね。使った塗料はすべてGSIクレオス Mr.カラーです。

白1／クールホワイト＋316番ホワイトFS17875　比率は1：1

白2／クールホワイト＋315番FS16440＋色の源 シアン極少量

藍色／71番ミッドナイトブルー＋色の源マゼンタ少量＋色の源 シアン少量

あまり青色になるとたんにカッコ悪くなるので、黒に近い紫色を目指しました。

黄色／58番黄橙色＋クールホワイト少量

赤色／79番シャインレッド＋クールホワイト極少量

関節色1／13番ニュートラルグレー＋色の源 シアン

関節色2／45番セールカラー＋クールホワイト＋ブラック少量

関節色3／72番ミディアムブルー＋クールホワイト

デカールはキット付属のものを使用。

設定を活かして遊ぶ、妄想するのはとにかく楽しいものです。今回はフルアーマーですから、パーツを追加するだけ迫力が生まれてとくに楽しめました。やっぱり、フルアーマープランは魅力がありますね。■

FA-93 ν GUNDAM HWS

BANDAI 1/100
MASTER GRADE based

●製品はHi-νガンダム用のHWSパーツをそのまま流用しているため、胸の増加装甲とνガンダム本体とのあいだにスキ間が。外装の端をプラ板で継ぎ足して空間を塞いだ
●肩のミサイルランチャーはνガンダムの頭の幅ギリギリなので、一度根本で切り離してから数㎜外側にずらして再接着している
●スネの増加スラスターユニットは外側だけだと寂しい、ということでスネ内側にも装着してみたら……これがカッコイイ！
●MG HWSのキットに付属するハイパー・メガ・ライフルのパーツは、νガンダムのビーム・ライフルのパーツにガワを被せる方式になっている。重くて腕関節が負けがちなので、内蔵するライフルはグリップなど一部を残し、外から見えない部分すべてを削り落とした

最大の敵は重量バランス。転倒防止策や関節固定など涙ぐましい努力が……

●ハイパー・メガ・シールドを背負ううえにバズーカ×2をそこに懸架、さらに計10枚のフィン・ファンネルを背負っている本作例。当然背中には過大な重量がかかるため、腰関節はのけぞらないように接着して固定。さらに転倒防止のためにHi-νガンダムのプロペ-ラントタンクをリアスカートに装着し、足首とタンクの4点で体を支える方式としている。それでもやはりのけぞってしまったため、ファンネルは当初の12枚搭載を諦め、外側2枚を省略した（泣）

Model Graphix

ガンダム アーカイヴス プラス

アムロ・レイ U.C.0079–0093

モデルグラフィックス編

編集●モデルグラフィックス編集部
森慎二
撮影●ENTANIYA
装丁●横川 隆（九六式艦上デザイン）
レイアウト●横川 隆（九六式艦上デザイン）
丹羽和夫（九六式艦上デザイン）
SPECIAL THANKS●サンライズ
バンダイ

ガンダム アーカイヴスプラス
アムロ・レイ U.C.0079-0093

発行日　2017年9月29日 初版第1刷

発行人／小川光二
発行所／株式会社 大日本絵画
〒101-0054 東京都千代田区神田錦町1丁目7番地
URL; http://www.kaiga.co.jp

編集人／市村 弘
企画・編集／株式会社アートボックス
〒101-0054 東京都千代田区神田錦町1丁目7番地
錦町一丁目ビル4階
URL; http://www.modelkasten.com/

印刷／大日本印刷株式会社
製本／株式会社ブロケード

内容に関するお問い合わせ先: 03(6820)7000 (株)アートボックス
販売に関するお問い合わせ先: 03(3294)7861 (株)大日本絵画

Publisher/Dainippon Kaiga Co., Ltd.
Kanda Nishiki-cho 1-7, Chiyoda-ku, Tokyo 101-0054 Japan
Phone 03-3294-7861
Dainippon Kaiga URL; http://www.kaiga.co.jp
Editor/Artbox Co., Ltd.
Nishiki-cho 1-chome bldg., 4th Floor, Kanda
Nishiki-cho 1-7, Chiyoda-ku, Tokyo 101-0054 Japan
Phone 03-6820-7000
Artbox URL; http://www.modelkasten.com/

ISBN978-4-499-23220-3